WAC BUNKO

命もいらず名もいらず

西郷隆盛

JN246670

北康利

WAC

命もいらず　名もいらず

西郷隆盛　目次

装幀　須川貴弘

肥後直熊画
「西郷南洲翁肖像」
紙本
（西郷南洲顕彰会蔵）
西郷の面影を最もよく伝えるとされる肖像画。末弟小兵衛の未亡人松子夫人に見せたところ「さながら眼前に翁がいらっしゃるようだ。世に多くの肖像画があるが、この右に出るものはない」（画記）と称賛されたという。

●事大小となく　正道を踏み至誠を推し
一事の詐謀《さぼう》を用うべからず

●人を相手にせず　天を相手にせよ
天を相手にして　己れを尽くし
人をとがめず　わが誠の足らざるを尋ぬべし

●命もいらず　名もいらず
官位も金もいらぬ人は　仕末に困るもの也
この仕末に困る人ならでは
艱難《かんなん》を共にして国家の大業は成し得られぬ也

（『南洲翁遺訓』）

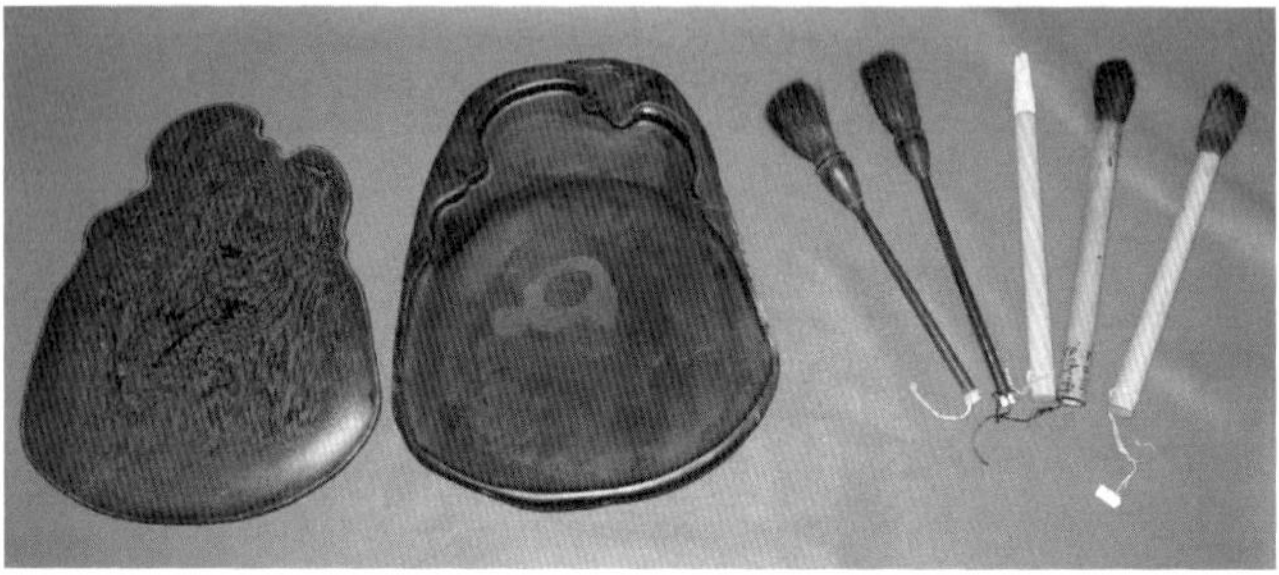

端渓《たんけい》の硯と筆

（中国〈清朝〉製）

第一次長州征討総督、尾張の徳川慶勝が、西郷の参謀としての功に対して贈ったもの。上部に茄子のヘタ部分が彫り込まれ、ふたと合わせると茄子の形となる。

西郷愛用の遺品

※金時計以外はすべて
鹿児島市立西郷南洲顕彰館蔵

浅葱《あさぎ》の抱き菊葉紋入り裃《かみしも》

（麻地）

十六弁抱き菊葉紋は王政復古の功により明治天皇から下賜されたものと伝えられている。明治2年の太政官布告で十六弁八重表菊紋が皇室の紋章と定められてからは、使用をはばかって三枚菊葉紋を使うことにした。

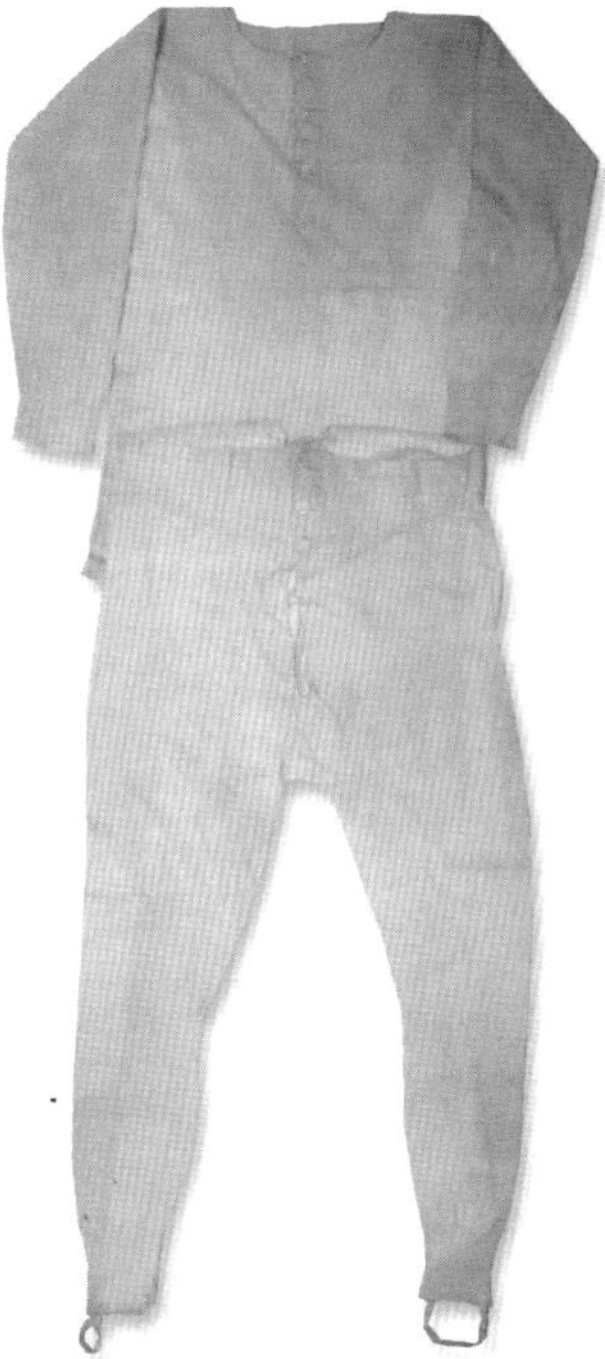

下着上下

(メリヤス・一部木綿地)

ズボン下は腰囲100センチ、股下77センチ、総丈110センチ。

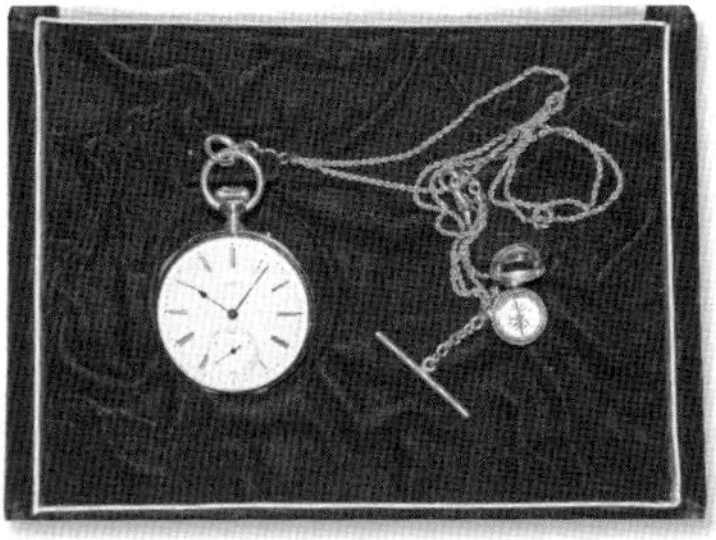

スイス・ロンジン社製・金側懐中時計

(鹿児島県・個人蔵)

西郷は三個の金側時計を所有していたとされる。これは藩主島津忠義から拝領したと伝えられるロンジン社製のぜんまい式懐中時計(クロノメーター付)。世界最初の竜頭(りゅうず)式時計で、現存する唯一の品。鹿児島県史料集『忠義公史料』によれば、文久3年(1863年)6月、薩摩藩がミニエー銃を大量に買い付けた返礼として英商人ゴーラルが「袂(たもと)時計」(くさり付)を同公に贈ったとの記録が見える。薩英戦争直前のことである。

金鎖の先に付いているのは子午線入り地球儀で、中に磁石が収められている。これを用いて太陽の「南中」を測り、「正午」を定めた。時間と緯度経度を測ることができるクロノメーターである。子午線は漢字表記なので、特注品の可能性が高い。西郷留守内閣が1872年12月に太陽暦を採用した際、標準時を定めるのに同種の時計を使用したとされる。中の機械の軸部分にはルビーがはめ込まれている。

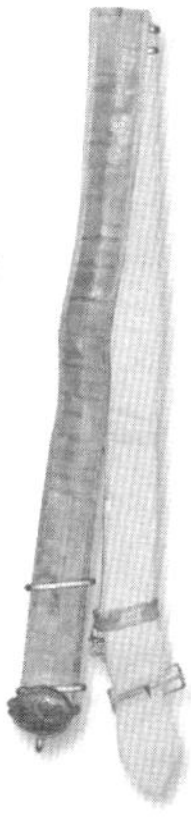

陸軍元帥／大将西郷隆盛着用のマント(フェルト地)**とベルト**

本書は弊社より二〇一三年六月に刊行された『西郷隆盛―命もいらず、名もいらず』を改訂した新版です。

命もいらず名もいらず

西郷隆盛

プロローグ　愛宕山から見たこの国の未来

江戸は、幕府が開かれて大政奉還がなされるまでの二百六十五年の間に、実に四十八回もの大火に見舞われている。

木と紙でできている家が稠密《ちゆうみつ》に建っているのだから、これほど燃えやすい町もない。そのたびに避難場所となったのが芝の愛宕山《あたごやま》だ。標高二十五メートル。江戸城下では最も高い場所になる。火除けの神様である愛宕神社が鎮座する山頂には泉がわき、非常時でも飲み水に困らない。江戸市民の守り神的存在であった。

愛宕山の山頂に通じる〝男坂〟は、上から見下ろすと足がすくむほど急な石段である。将軍徳川家光《いえみつ》の時代、丸亀藩の曲垣平九郎《まがきへいくろう》という藩士が見事馬に乗って駆け上がることに成功して恩賞にあずかり、以来、〝出世の石段〟と呼ばれている。

その石段の一番上に、背格好のえらく異なる二人の侍が、夕陽を背に浴びながら立っていた。

西郷、勝の両雄による江戸城明け渡しの会見を描いた「江戸開城談判」(結城素明・筆)
聖徳記念絵画館所蔵

羽織の袖を吹き抜ける夕間暮れの風はひんやりと冷たかったが、彼らはみじろぎもせず眼下に広がる風景に目をやっている。

相撲取りのような巨漢が西郷隆盛、小柄なのが旧幕府陸軍総裁の勝安房守《あわのかみ》(海舟《かいしゅう》)。

慶応四年(一八六八年)三月十三日(新暦四月五日)、官軍と旧幕府軍を代表する二人は芝高輪《しばたかなわ》の薩摩屋敷で久々に顔を合わせ、勝が西郷をここに連れ出したのだ。

勝はその理由を言わず、西郷もまたそれを問わない。

愛宕山からは江戸の町が一望に

できる。

英国人の写真家フェリーチェ・ベアトがここから撮影した当時のパノラマ写真が残されているが、それは当時人口世界一を誇った大都市が織りなす見事な甍《いらか》の波だ。だがそれも風前のともし火となっていた。

薩長をはじめとする雄藩は、旧幕府側のために、将来を嘱望《しょくぼう》された多くの人材を失った。

(将軍慶喜《よしのぶ》の首をとらねば終われない)

官軍の指揮権を握る西郷も、そう信じて江戸総攻撃を予定していた。

それは旗本八万騎をはじめとする旧幕臣たちとの全面戦争を意味するが、官軍の勢いをもってすれば、その勝敗はおのずから明らか。間違いなく江戸の町は、すべてが灰燼《かいじん》に帰するはずであった。

この時、勝は口には出さなかったが、西郷に謎をかけたのだ。

(おまえさん、本当にやるつもりかい?)

西郷はすぐにその意味を悟った。

真の政治家に求められるのは、〝何を守るために変革しようとしているのか〟を見失わない冷静さと、相手を〝赦《ゆる》す〟心の広さだ。

ベアトが愛宕山から撮影した江戸のパノラマ写真。正面の長い塀は長岡藩下屋敷。その先の地平線近くの木々は将軍の別邸である浜御殿(後の浜離宮)。右奥には江戸湾が広がる

明治維新は欧米列強の侵略からこの国を守り、独立国家であり続けるための社会変革であった。倒幕はその手段にすぎない。ところが血を流し流されるうち、人々は熱狂と憎悪の中で当初の目的を見失いつつあった。

だが勝は、西郷という男の器量を知っていた。

「あれは政治家やお役人ではなく一個の高士《こうし》だ」

彼は後にそう語っている。高士とは、志高く節を持すること堅い有徳の士をいう。

勝もまた、その胆識で幕府最後の切り札とされた傑物《けつぶつ》だ。〝英雄は英雄を知る〟という。彼は西郷にこの国の未来を託したのだ。そして西郷は勝の思いを受け止めた。

翌日、田町の藩邸に場所を替え、再度行われた西郷・勝会談において彼は断を下した。

「江戸総攻撃を中止する!」

江戸城無血開城は西郷のこの一言で実現した。彼以外の誰ひとりとして、不平分子の突出を許さず、全軍を従わせることのできた者はい

なかっただろう。それはまさに日本史上の奇跡である。

このことによって江戸の首都機能は明治新政府に引き継がれ、警察機構も自治組織も消防機能も、そして幕臣の行政能力も無傷で残った。そのことがわが国の近代化にいかに資《し》したか計り知れない。

日本という国は建国以来幾多の国難に遭遇し、さまざまな社会改革を通じてそれを克服してきた。その最大のものが明治維新と敗戦だったわけだが、前者は日本人が自らの意思で行った社会改革であるという意味でより重要である。

それは多くの血によって購《あがな》われたものであった。そして高杉晋作《しんさく》も坂本龍馬《りょうま》も木戸孝允《たかよし》も大久保利通《としみち》も大村益次郎《ますじろう》も、それぞれ大きな役割を果たした。だが誰が欠けていたら成り立ちえなかったかと言えば、それは間違いなく西郷隆盛その人であった。

西郷にとっての近代化は、先進技術を導入して国力をつけることではあったが、決して欧米化ではなかった。彼は帝国主義の覇道《はどう》を否定し、〝徳〟による王道で国家運営をしようとした。それが〝力〟で世界を支配しようとする欧米諸国に対してつきつけた、国家とはどうあるべきかという彼の答えだったのである。

偉人の生涯は、時間の経過によって美化されていくのを常とする。しかし西郷は当時にあってすでに伝説であった。それは西郷という人物が、同時代人のみならずわが国の歴史において屹立《きつりつ》した至高の存在だからである。

本書は、西郷隆盛という日本を代表する偉人の生涯を通じ、政治とは、国家とは、そして人間とはどうあるべきかを考えようとする試みである。

吾の源は菊池

西郷は、当時としては人並みはずれた巨軀《きよく》の持ち主であった。江戸末期の成人男子の平均身長は一五五センチ前後とされるが、西郷は五尺九寸（約一七九センチ）。晩年には肥満し、体重が二十九貫（約一〇九キロ）だったというから、〝土俵の鬼〟と呼ばれた名横綱の初代若乃花と同じくらいの体格だ。

欧米人も彼のことは大きいと感じたようで、英国公使館付通訳として彼と親交のあったアーネスト・サトウも〝筋骨たくましい巨大な人〟と表現し、〝黒ダイヤのように光る大きな目玉をしているが、しゃべるときの微笑は何ともいえぬ親しみがあった〟と日記に書き記している。

男ぶりもよく、イト夫人は、

「役者のようなよか男じゃった」

とのろけている。

残念なことに写真が一枚も残されていない。写真を撮るという行為が、彼の美学に反したからだ。こうしたところにも、彼の生き方に対するこだわりを感じる。ただ生前の彼を知る人が描いている絵が何枚も残っており、われわれが持っている西郷のイメージは実物からそうかけ離れてはいないはずだ。

西郷の肖像画で最も有名なのは、政府のお雇い外国人で、銅版画の名手であったイタリア人のエドアルド・キヨソネが描いたものだろう（本書表紙）。彼は西郷とは面識がなかったので、〝よく似ている〟と言われた弟従道《つぐみち》（海軍大臣、内務大臣）の鼻から上と、従弟である大山巖《いわお》（陸軍大臣）の口から下をモンタージュした上で、生前の彼を知る人の意見を聞いて修正を加えた。

この絵を描くよう命じたのは、薩摩藩出身で彼を深く慕っていた大蔵省初代印刷局長の得能《とくのう》良介《りょうすけ》である。キヨソネと言えば、多くの紙幣の肖像画を描いていることで知られる。得能は、いつかきっと西郷の肖像が入った紙幣を世に出すことのできる日が来ると信じていたのではあるまいか。

このわが国を代表する偉人の名前が、本当は西郷隆盛ではなく西郷〝隆永《りゅうえい》〟だったとしたら、きっと驚かれるに違いない。

当時の武士は何種類かの名前を持っており、通称は頻繁に変えた。西郷も幼い頃は小吉と呼ばれていたが、元服《げんぷく》すると吉之助（正式には吉之介なのだが、この表記で流布《るふ》している）と名乗り、その後、善兵衛、吉兵衛、三助、菊池源吾《げんご》、大島三右衛門、大島吉之助、西郷吉之助と名を変えている。ちなみに南洲は、自分が流された〝南の島〟を意味する雅号である。

正式な名前（いわゆる諱《いみな》）は、元服の時につけられて一生変わることはない。ところが彼のそれは、本当は隆永であって隆盛というのは父親の諱だった。

薩摩出身の警視総監である川上親晴《ちかはる》が西郷の友人である川口雪篷《せっぽう》から聞いた、次のような話が伝わっている。

明治二年（一八六九年）、西郷を戊辰《ぼしん》戦争の奥羽戦線から帰京させるに際し、明治新政府としての辞令が出されることになった。公式文書だから通り名の吉之助でなく諱で名前を記さねばならない。ところが日ごろ軽々《けいけい》に使うことを控えていることから〝忌《い》み名〟と書かれるくらいで、よほど親しい者でないと知らない。

大久保利通に問い合わせたところ、知らんと首を振った。不確かなことは答えないところが彼らしい。

次に幼少時から彼を知る吉井《よしい》友実《ともざね》が尋ねられ、

「たしか隆盛じゃった」

と答えたため、辞令には〝西郷隆盛〟と書かれて届けられた。西郷は黙って受け取ったが、帰京して吉井に会った際、

西郷従道

「あれは父の名でごわはんか。わしの名は隆永じゃ。おはんも知っちょるじゃろう」

と文句を言った。すると吉井は頭をかきながら、

「ほんにそげんじゃった」

と詫《わ》び、二人顔を見合わせて大笑いしたという。

だが西郷はあえて訂正しなかった。辞令は天皇陛下の名前で出されている。今さら宮内省に改めさせるのは不敬だと考えたからだ。

同様の話は、弟の従道にもある。薩摩弁ではラリルレロの発音がダヂヅデドになることが多い。従道の本当の諱は隆興《りゅうこう》なのだが、読みも漢字

も二重に間違われて〝従道《じゆうどう》〟にされてしまった。なおかつ世間では、これをさらに〝つぐみち〟と読んだが、文句は言わなかった。そろいもそろって心の広い兄弟である。

ともあれ、今に至るまで彼らは西郷隆盛《さいごうたかもり》、従道《つぐみち》で通っているので、本書もこれにならうことにする。


西郷隆盛は、文政十年十二月七日（太陽暦で一八二七年一月二十三日）、鹿児島城下、甲突川《こうつきがわ》左岸の下加治屋町《しもかじやまち》に、吉兵衛《きちべえ》、マサ夫婦の長男として生まれた。遠く錦江湾《きんこうわん》をへだてて霧島連峰を望み、薩摩の象徴でもある桜島が絶えることなく噴煙を上げる、雄渾《ゆうこん》で男性的な土地柄だ。

その鹿児島から北に離れた現在の熊本県菊池市七城町《しちじようまち》に砂田《すなだ》西郷という地名がある。ここにはかつて菊池家の出城の一つである増永城があり、城主は菊池家の二代目菊池経隆《つねたか》から分かれた西郷家。代々当主の名前には〝隆〟の字がついた。これが彼のルーツだとされている。

菊池家は後醍醐《ごだいご》天皇を支えた南朝の忠臣として知られ、西郷は自分にその忠義の血が流れていることを終生誇りとしていた。

後に奄美大島へ流され生涯をこの島で終える覚悟をした際、彼は〝菊池源吾〟と名乗っている。そこには〝吾《われ》の源《みなもと》は菊池〟という意味が込められていた。維新において彼が〝尊王〟であり続けたのは、藩の方針もさることながら、その出自《しゆつじ》からしても当然のことだったのである。

「西郷隆盛君誕生之地」碑
（鹿児島市加治屋町）

　ルーツは立派な西郷家だが、西郷が生まれた頃にはすっかり零落《れいらく》し、この下はもう足軽や郷士しかない下級藩士となっていた。父吉兵衛は御小姓組《おこしょうぐみ》として勘定方小頭《かんじょうがたこがしら》を務めていたが、禄《ろく》高《だか》は玄米に直して七十五石。それも藩の財政が悪化したため約半分を召し上げられて四十一石余りとなり、さらに西郷が幼い頃には、金を工面するために禄高を売り払って無高の状態となってしまっていた。

　畑があったから飢えることはない。それどころか男女一人ずつの使用人を置いて武士の面目は保っていたが、実態は農民と変わらない。城下から西に八キロほど行った西別府《にしべっぷ》に西郷家の畑と雑木林があり、夜明けとともに馬に肥桶をくくりつけて畑へと向かい、芋や麦を作り、林で薪《たきぎ》を拾って帰るという生活であった。

吉兵衛が無能だったかというとそうではない。島津家の分家である日置《ひおき》島津家(八千八百石)から家政上のことを扱う〝用頼み〟という役を任されていたほどだ。

余談だが、吉兵衛の母親は四元《よつもと》という家から嫁いでおり、その子孫には戦後、歴代首相の指南役として知られた四元義隆《よしたか》がいる。

母マサは〝この人が男だったらご家老にでもなりそう〟と近所でも評判のできた女性で、お盆や先祖の命日には魚などを一切口にしない、信心深くて意志の強い人だった。西郷は意外にも子どものころ身体が弱く、マサから鰹節の煮汁を飲ませてもらったりしたという。栄養のありそうなものと言えば、これくらいしか与えられなかったのだ。

貧しいのは西郷家だけではなかった。

基本的に鹿児島は米作りに適さない土地。台風の通り道である上、桜島からは絶えず火山灰が降り注ぐ。シラス台地は水はけがよすぎ、ちょっと雨が降るとしばしば崩落する。そんな厳しい風土が、薩摩隼人《はやと》の強靭な精神力を育んだのだ。

江戸から遠く離れた薩摩藩にとって、参勤交代も大きな負担だった。幕府はさらに彼らの体力を奪うため、しばしば大土木工事を命じた。藩内ではなく江戸や天領《てんりょう》（幕府直轄地）の工事である。

中でもよく知られているのが木曽川の治水工事（宝暦治水）だ。当時の技術では、城を築くよりも困難な事業だった。

「お引き受けできかねると返答して、幕府と一戦交えるべし！」

との声さえ出たが幕命にはさからえない。

予想通り、工事中の洪水などで多くの命が失われた。費用は当初の見積もりをはるかに超え、実に藩の年間予算の三年分にも及んだ。

宝暦五年（一七五五年）に何とか完成をみたが、喜びの声は起きない。予算超過の責任をとって総奉行の家老平田靱負《ゆきえ》以下、五十一名が自刃したからだ。

島津氏の居城は、形が鶴の翼を広げたようだということから鶴丸城《つるまるじょう》と呼ばれていた。外様の大藩ゆえに警戒されて天守閣を建てさせてもらえず、屋形造りの居館であった。

どの藩もそうだが、身分の高い上士《じょうし》が城近くに屋敷を構え、身分が低くなるに従って遠くに住む。西郷の家がある下加治屋町は、鶴丸城から南に一・五キロ離れた下級武士の住む地域で、さして広くもない町内に七十戸もの家が密集していた。

すぐ南を甲突川が流れており、洪水になればすぐ浸水する。西郷家のあたりは山之口馬場と呼ばれていた。下加治屋の北は高見馬場、東が馬乗馬場だったから、もともと甲突川の氾濫原《はんらんげん》一帯が馬場だったのだろう。

馬場ならまだいいほうで、従弟の大山巖の家などは〝猫のくそ小路〟というひどい名前の通りにあった。自分たちの身分の低さは子どもでもわかったに違いない。


この下加治屋町は、維新期に驚くばかりの人材を輩出する。

西郷の弟である従道（海軍大臣、内務大臣）と従弟の大山巖（陸軍大臣）のほか、東郷平八郎（海軍元帥）、山本権兵衛（首相）、吉井友実（枢密顧問官）、黒木為楨《ためもと》（陸軍大将）、伊地知正治《いじち》（宮中顧問官）、西郷の右腕であった村田新八《しんぱち》（宮内大丞《だいじょう》）、篠原国幹《くにもと》（陸軍少将）、井上良馨《よしか》（海軍大将）と枚挙にいとまがない。

〈いわば、明治維新から日露戦争までを、一町内でやったようなものである〉

司馬遼太郎はそう表現した。

下加治屋町に限らず、すぐ近くから松方正義、樺山資紀《すけのり》、小松帯刀《たてわき》、調所広郷《ずしょひろさと》、野津鎮雄《しずお》・道貫《みちつら》兄弟、税所篤《さいしょあつし》など、維新前後の日本を支えた人材が雲霞《うんか》のごとくにわき出ている。

優秀な人間がたまたまこの地に集まっていたのだろうか？　おそらくそうではあるまい。優れた教育があり、先輩が後輩の長所を見つけて引き立ててやるというよき伝統に恵まれれば、どんな若者でも才能を開花させることができるという証拠がここにあるのではないだろうか。

その秘密の一つが〝郷中教育《ごじゆう》〟である。

六歳以上の藩士の子弟たちが集まって学問や武術の鍛錬をする。元服の前と後とで〝稚児《ちご》〟と〝二才《にせ》〟に分かれ、二十五歳くらいになると結婚し、〝長老《おせんし》〟として郷中を卒業していく。

六歳になり下加治屋町郷中の一員となった小吉（西郷の幼名）もまた、二才たちの指導を受け、島津家中興の祖である日新公《じつしん》（島津忠良《ただよし》）の作った「いろは歌」を諳《そら》んじながら、信義を重んじ、礼節正しく、仁心《じんしん》を柱とする武士道の基本を叩き込まれた。

いにしえの道を聞きても唱えても
　わが行いにせずば甲斐《かい》なし

というのが、「いろは歌」の最初の〝い〟の歌である。

〝理（理屈）を言わず実行あるのみ〟というのが薩摩の藩風だった。そして「いろは歌」と並んで大切にされたのが「三つの戒め」である。〝負けるな〟〝嘘をつくな〟〝弱い者いじめをするな〟は、彼らの中では絶対だった。

午前六時頃、稚児は二才の家に行って〝四書五経〟を教わり、午前八時頃からは武道の修練をして体を鍛える。

薩摩の剣法と言えば示現流《じげんりゅう》が有名だが、それとは別に、下士や郷士が学んだ〝自顕流《じげんりゅう》〟というものがあり、後世この二つが混同されているそうだ(『薩摩の秘剣』島津義秀著)。

いずれも稽古法はきわめて単純。立木をひたすらに打つ。立ち合いの特徴は先手必勝。最初の一太刀(〝一の太刀〟と呼ばれる)ですべてを決する。それを外されたら死ぬまでだという潔さが彼らの誇りでもあった。

そのため新選組の近藤勇《いさみ》は、

「薩摩藩士を相手にする時は、一の太刀を外せ」

と部下に徹底していたという。

薩摩琵琶《びわ》や天吹《てんぷく》(竹笛の一種)も武士のたしなみの一つとして教えられた。薩摩藩士が戦場に赴いた折、しばしば戦場に琵琶や笛の音が流れたというが、どんな時にも平常心を保つための工夫だったのだろう。


藩庁に出仕している年長の二才は午前十時から午後二時まで職務に就《つ》き、それ以外の二才は藩校の造士館《ぞうしかん》に通う。彼らがいなくなると、稚児たちの待ちに待った遊びの時間だ。

下加治屋町の南を流れる甲突川の川原は広く、絶好の遊び場。少子化とは無縁で、遊び方も遊ぶ場所も、遊ぶ相手にも事欠かない彼らは、相撲だ、凧《たこ》揚げだ、竹馬（鹿児島では〝さんぎし〟という）だと思いきり羽根を伸ばした。

「泣こかい、飛ぼかい、泣こよかひっ飛べ！」

という言葉で知られる、高いところから飛ぶ度胸試しも薩摩独特のものだ。泣いているより行動を、という精神が遊びの中にまで徹底されている。こうして〝ボッケモン〟と呼ばれる、豪胆というと聞こえがいいが、無鉄砲で向こうみずな薩摩隼人独特の気質が生まれていった。

日が暮れてくると、稚児の中でも十歳以下の〝小稚児《こちご》〟は家に帰らねばならない。だが〝長《おさ》稚児《ちご》〟になると、二才たちが集まっている家に行くことを許される。ここでは日頃の生活態度の指導を受けるのだが、いつの世も若者たちの関心は異性にある。ここは同時に性教育の場でもあった。

長稚児は午後八時頃帰宅し、ここから二才だけの時間が始まる。

今の若者たちの集まりのように、笑い声が絶えない雰囲気ではない。郷中には〝三年片頬《かたふ》〟という教えがあったからだ。めったなことで人前で笑ったりせず、三年に一度、片方の頬だけでそっと笑うくらいでなければならないというわけだ。喜怒哀楽を表に出さない一見茫洋《ぼうよう》とした東洋的豪傑が薩摩武士の典型であった。

そして西郷隆盛もまた、不動心を身につけた人物というイメージが定着している。ところが実際には、感情の量が人に数倍する激しい性格を内に秘めていた。

〝三年片頬〟の教えはどこへやら、嬉しい時は満面の笑み、悲しい時は周囲がもらい泣きするほどの愁嘆場《しゅうたんば》を見せ、怒気を発すると周囲が風圧を感じるほど。彼が持って生まれた激しい性格を強力な自制心で抑えつけるのは、相当後年のことである。

怒ると〝刀の鍔《つば》を鳴らす〟と恐れられた。刀身を少し出して鞘《さや》に戻すとカチャッという金属音が出る。あれである。

(抜くなら、抜いてもいいぞ!)

と言うわけだ。

「小吉にうっかりかかわるな。あれはなかなかやかましいぞ」

そう噂《うわさ》された。

勉強も好きではなかった。ある時、使用人の休吾《きゅうご》に、隣家の子どもは毎日本を読んでいるのに小吉は遊んでばかりで恥ずかしいと諫言され、その後は心を入れ替えて学問に励むようになった。

「わしが勉強家になったのは休吾のおかげでごわす」

後年そう言って感謝していたという。

そのうち陽明学に通じていた大久保利世《としよ》のところに教えを受けに行くようになる。大久保家には西郷より三つ年下の長男がおり、幼名を正袈裟《しょうけさ》と言い、通称は正助《しょうすけ》、後に一蔵《いちぞう》と名乗った。西郷を語る時、どうしても外せない人物、後の大久保利通である。

大久保は下加治屋町とは甲突川を挟んで対岸（西側）の高麗町《こうらいまち》に生まれた。父親が沖永良部島《おきのえらぶじま》の横目付《よこめつけ》（代官付役）として赴任したことから、親戚のいる下加治屋町郷中に加わった。今で言う転校生である。

西郷同様、彼も幼い頃から同年代の少年たちの中で図抜けて背が高かったが、ひょろっとしていたため〝タケンツツボ〟（竹の筒）とあだ名されていた。消化器系が弱く、青白い顔をしてひ弱な子どもだったという。

ところがやんちゃな一面も持っており、入来《いりき》温泉（現在の鹿児島県薩摩川内市《さつませんだいし》）に行った時、湯を冷たくして湯治客を困らせたり、石や砂を投げ入れるといった悪戯《いたずら》をしたという逸話が残っている。

いかにも大久保らしいのが、友人の税所篤と桜島に登り、神聖なものとされていた桜島の噴火口に石を投げ入れた話だ。

「天罰など当たるものか！」

と言って平然としていたという。幼くして肝の据わったところがあった。

西郷は家計を支えるべく懸命に働いた。夜は夜で月明かりの中、弟妹とともに、竹を削って傘の骨を作る内職に精を出した。

貧乏人の子だくさんというが、西郷家も例にもれず子どもが多かった。彼を筆頭に、長女の琴、次男吉二郎、次女鷹、三女安、三男信吾（後の従道）、四男小兵衛の四男三女である。

長男は特別扱いされ、おかずが一品か二品多かったりするのが普通だった当時、むしろ西郷はいつも弟や妹に食事をゆずり、腹いっぱい食べたことなどなかった。兄弟姉妹は大変に仲睦《むつ》まじく、冬の寒い夜など一枚の布団に四方から足を入れて寝たりしたという。

武者人形のない弟たちのため、五月の節句になると武者絵を描いてお祝いしてやる心優しい兄であった。だが間違ったことをすると恐ろしい。三男の信吾はやんちゃだったため、しばしば踏んづけてこらしめられた。

逆に出来のよかったのが次男の吉二郎だ。気配りができ礼儀正しい。西郷が藩庁に出仕《しゅつし》するようになると、いつも玄関まで見送りに出てくれた。

西郷は妹たちに、

「女は負けて勝っておれ」

と諭《さと》した。男を立てることで女の値打ちが上がるのだ、という意味であった。

やがて彼は下加治屋町郷中の二才頭《にせがしら》になる。徳望のある青年が選ばれるため大変名誉なことだ。西郷吉之助の名は城下各郷中にとどろいていく。

「妙円寺詣り《みょうえんじまいり》」「曽我《そが》どんの傘焼き」「赤穂《あこう》義臣伝読み」という三大伝統行事は、士風を鼓舞《こぶ》する催しとして薩摩藩士に共通した原体験である。

「妙円寺詣り」は、鎧兜《よろいかぶと》に身を固めて行軍し、関ヶ原の合戦の折、島津義弘《よしひろ》が敵中突破した時の苦難をしのぶ行事。「曽我どんの傘焼き」は曽我十郎・五郎の兄弟が親の仇《かたき》である工藤祐経《すけつね》を討った故事にちなんだもの。そして「赤穂義臣伝読み」は、夜を徹して赤穂義臣伝を輪読する集まりである。

こうした行事は郷中単位で行われたが、それぞれに仲間意識があり、しばしば衝突を生むたねとなった。吉之助もまた事件に巻き込まれてしまう。

それは十三歳の秋、妙円寺詣りの時のこと。人家もまばらな横井原（現在の鹿児島市犬迫町）で、横堀三介という上士の二才に喧嘩《けんか》を吹っかけられた。下士《かし》の子弟であるにもかかわらず吉之助の評判が高いことを不快に思っていた横堀は、細い道でわざとぶつかり、

「貧乏もんの分際で道を譲らんとはなんじゃっちい！」

と因縁をつけてきた。

吉之助が怒鳴り返したところ、かっとなった横堀は強引に頭を下げさせようと、首根っこを持って上から押さえつけてきた。

多少腕に覚えがあったのだろうが、怪力の吉之助相手では無謀というものだ。反対に投げ飛ばされ、泥水の中に尻もちをついた。これを見た下加治屋町の二才たちはわっと歓声を上げ、泥だらけの横堀は、

「覚えちょれ！」

と捨て台詞《ぜりふ》を残して逃げ去った。

恥をかかされた横堀は恨みを晴らす機会を狙い続ける。彼が薩摩武士らしくなかったのは、卑怯《ひきょう》な方法をとったことだ。

翌秋、藩校からの帰り道、傘をさす吉之助を物かげから襲い、刀の鞘のまま打ちかかった。ところが力任せに殴ったので、鞘が割れて刀身が現れ、右腕にざっくり切り込んでしまう。血を流しながらも吉之助は刀をもぎ取り、ひねり倒すと散々に踏みつけた。

だがこの時の刀傷は運悪く腱《けん》を切っており、腕はもと通りには動かなくなってしまう。後々まで傷が目立ったことは、英国通訳官のサトウが着物の袖口から見える位置にあったとわざわざ書き残していることでもわかる。

手のひらにも喧嘩の傷跡があったというから、若い頃何度かこうした経験があったのだろう。西郷の意外な一面である。

生涯の主君・島津斉彬

吉之助は父親に似て書算に巧みであったことから、弘化元年（一八四四年）十七歳の時、郡《こおり》方書役助《かたかきやくすけ》として藩庁に出仕することになった。〝助〟は副担当という意味である。後に書役に昇格し、二十六歳まで勤務している。

農村を回って作柄を調べ、年貢を割り当てる農村行政の第一線の仕事である。手当は年三石余りというから、自分の食い扶持《ぶち》ぐらいは何とかなる程度。だが農民の暮らしを見ていると文句は言えない。当時薩摩藩の租税負担は七公三民といわれ、他藩と比べて著しく厳しかった。

ある時、藩内巡検の途中で暗くなり、たまたま近くにあった貧しい農家に泊めてもらったことがあった。夜中にふと目が覚めると、馬小屋に明かりがついて、人の気配がする。そっと戸のすき間からのぞいてみると、その家の主人が馬に別れを惜しんでいる。年貢が払えず、泣く泣く愛馬を手放そうとしていたのだ。

こうした貧しい民の暮らしを実際に目にしながら、何とか彼らを幸せにできないかという思いを抱いていった。

今も昔も役人には贈収賄《ぞうしゅうわい》の誘惑がつきまといがちだ。郡方の役人の中にも賄賂《わいろ》を受け取って年貢に手加減する輩《やから》がいたが、吉之助は朱に交わっても赤くはならなかった。人間の醜さと社会の矛盾を目の当たりにし、彼の道徳観はむしろ研ぎ澄まされていった。

幸いなことに上司には恵まれた。初めて仕えた郡奉行迫田太次右衛門《さこたたじうえもん》（利済《としなり》）は民を思うこと深く、清貧な生活ぶりで知られた信望篤《あつ》い人物であった。

賄賂を受け取らないため貧乏で、自宅の屋根の修理もままならない。西郷が雨の日に訪れた時も、座敷の雨漏りがひどいので押し入れの中に入って農民の困窮ぶりについて話し合ったという。

台風で凶作となった年のこと、迫田は年貢の減免を申し出たが、藩庁からは認めないと回答が来た。これに怒った迫田は奉行屋敷の壁に次の歌を墨黒々と書き残すと、職を辞してしまう。

虫よ虫よ五《いつ》ふし草の根を絶つな
　絶たばおのれもともに枯れなん

〝五ふし草〟とは稲のことで、〝虫〟は苛酷《かこく》な藩庁を意味している。武士と農民は運命共同体だとする考え方に西郷は強い共感を抱いた。そして迫田の志は彼の中に引き継がれていく。

この頃の西郷の足跡を伝えるものは少ない。わずかに現在のいちき串木野《くしきの》市にある万福池《まんぷくいけ》

（地元では〝せごどんの万福池〟と呼ばれている）と羽島漁港の防波堤、薩摩川内市の妹背橋《いもせばし》といった彼が手がけたとされる土木事業に加え、郡見廻《こおりみまわり》の福山忠左衛門友理が残した、西郷吉之助の名前の書かれた手控えが残されているだけだ。

灌漑《かんがい》用の溜め池である万福池は、予算をかなり下回って完成させることができた。西郷はその余剰金で現在の羽島漁港を改修したと伝えられ、当時の玉石積み防波堤が今も残されている。

妹背橋のほうは完成後に工事費の収支が合わず、会計担当者が責任を問われそうになった。当時の問責は〝切腹〟を意味する。この時西郷は、多少の計算違いくらい自分が責任をとると言って無事話を収めたという。

西郷は郡方に勤務したが、大久保は記録所に出仕することとなった。西郷は農民との接点を持ちながら庶民の厳しい暮らしを見続け、大久保は役所の中にいて行政の何たるかを学んだ。二人の性格の違いだけでなく、この出発点の違いが、彼らのその後の対照的な生き方につながっていく。

弟や妹が大きくなっていくと食費がかさむ。西郷家の生活は以前にも増して厳しくなっていった。父吉兵衛は、借金をして禄高《ろくだか》を買い、生活を安定させようとする。これは藩内で広く行われていたことだった。

弘化四年（一八四七年）、吉之助は吉兵衛に伴われ、借金を依頼するため水引村の板垣与右衛門《よえもん》の屋敷を訪れた。代々油問屋を営み、廻船問屋も兼営していて、

〝川内川の水は干上がっても、板垣家の金は減らぬ〟

と謳《うた》われた豪商である。

吉兵衛が吉之助を連れていったのは、おそらく自分の代だけでは返済できないことを覚悟してのことだろう。それでも板垣は、西郷父子の借金申し込みを快諾し、百両もの金を貸してくれた。現在価値にして一千万円ほどだ。

その金で一石に付き十二貫文という比較的安い値段で禄高を買い入れることのできた吉兵衛は、これからは安定収入が入ってくるとひと安心した。ところがここに不運が襲う。禄高が勝手に値決めされていることを問題視した藩庁が公定価格を一石二十貫文と決め、以前に売買された禄高にも適用するとしたのである。

西郷家は一石に付き八貫文の追徴金を支払わなければならなくなった。だが金はない。恥を忍んで事情を話し、板垣家に重ねて借金のお願いをした。

すると板垣は、またもこの申し入れを了承してくれた。元金の返済どころか利息の支払いも心もとない西郷家に、今で言う〝追加融資〟をすることなど常識では考えられない。実際、西郷家は一度利息を支払っただけで返済できなくなってしまう。おそらくこの親子の徳望が彼ら

の耳にも入っていたからこそ、返ってくる当てのない金をも融通してやったのだろう。
だが西郷家の生活は一向に好転せず、大きな借金を抱えていることが心の負担になっただけに終わった。
西郷が後年、アメリカ留学を前にした琴（一番上の妹）の次男市来《いちき》政直に与えた漢詩の中に、
貧居生傑士（貧居傑士《ひんきよけつし》を生み）
勲業顕多難（勲業《くんぎよう》多難に顕《あらわ》る）
耐雪梅花麗（雪に耐えて梅花麗《ばいかうるわ》しく）
経霜楓葉丹（霜を経《へ》て楓葉丹《ふうようあか》し）
という有名な一節があるが、〝雪に耐えて梅花麗しく、霜を経て楓葉丹し〟とは、まさに西郷の人生そのものであった。
この借金については後日談がある。
明治五年（一八七二年）、明治天皇の西国巡幸に随行して鹿児島に戻った際、西郷は元本二百両と利息二百両あわせて四百両（円）を用意し、板垣家に借金の返済をしたいと申し出た。しかし彼らは元本の二百両しか受け取らなかったという。
板垣家の人々は自分たちの眼力が確かだったことに満足し、あの大西郷にかつて金を貸したというだけで十分誇らしかったに違いない。

年貢の厳しい取り立てにもかかわらず、参勤交代や天下普請の負担もあって、薩摩藩の負債はいつしか五百万両という膨大なものになっていた。現在の五千億円近い。この藩財政が破綻に瀕していた時に登場するのが調所広郷《ずしょひろさと》という伝説の能吏《のうり》である。

彼は六年もの間綿密に計画を練り、天保六年（一八三五年）、財政再建計画を実行に移した。この改革により、日本一貧しい藩が日本一豊かな藩へと大変貌を遂げるのである。

従来、薩摩藩には他藩にはない特別な財源があった。有名なのが黒糖の専売である。奄美大島、徳之島、喜界島《きかいじま》の三島から生産された黒糖を薩摩藩が一手に買い上げるのだ。卸売価格の三分の一から五分の一の値段で買い上げて大坂の問屋に卸すのだから大もうけである。加えて琉球を通じ、清《しん》との密貿易も行っていた。

だが、それでも五百万両という膨大な借金は返せない。そこで調所は、金を借りている大名貸の商人たちを脅迫するようにして、返済方法を二百五十年の分割払いに変更させた。暴挙である。

果たしてこの一方的な財務リストラは日本経済を震撼《しんかん》させ、天下の台所と呼ばれていた大坂では金融恐慌が起こったが、薩摩藩には不思議とおとがめがなかった。調所はこの日に備え、幕府に十万両もの政治献金をしていたからである。

島津斉彬

密貿易に脅迫に贈賄《ぞうわい》、今のわれわれから見れば無茶苦茶だ。しかしこの強引な財政再建策によって、天保十一年（一八四〇年）の段階で、何と二百五十万両の蓄えができていた。このおかげで薩摩藩は、幕末に雄藩として全国に号令をかけることができたのである。

西郷を世に出し、彼が生涯恩人として慕い続けたのが第十一代藩主島津斉彬《なりあきら》である。薩摩藩は名君ぞろいだったが、彼はその中でも傑出している。いかに優れた人物であったかは、藩医としてそば近く仕えた松木弘安《こうあん》（後の外務卿寺島宗則《むねのり》）が敬意を込めて呼んだ〝二つ頭《びんた》〟という言葉が雄弁に物語っていよう。

ところが斉彬はなかなか藩主になれなかった。子が二十代にもなれば、父親は隠居して家督を譲るのが通例だったが、四十歳の声を聞こうとしているのに世子《せいし》（世継ぎ）のまま。斉彬は正室周子《かねこ》の子であり家督を相続するのに何の問題もなかったが、父親の藩主島津斉興《なりおき》は側室お遊羅《ゆら》の子の久光《ひさみつ》（斉彬の八つ年下）を藩主にしたいと考えていた。これが騒動の元になる。

お遊羅の出自《しゆつじ》については、詳しいことがわかっていない。麹町《こうじまち》の八百屋の娘とも、高輪の宿屋の娘とも、三田《みた》の大工の娘ともいわれているが、芸事《げいごと》上手の利発《りはつ》な女性だったようだ。行儀見習いとして三田の薩摩屋敷に奉公するうち、斉興の寵愛を受けるようになった。

〝由羅〟〝由良〟と書かれることも多いが、島津家の祭祀《さいし》関係文書（『御祭祀提要』）には〝遊羅〟と書かれており、斉彬が彼女に言及する際にも〝遊印〟という表現が使われている。

斉興が斉彬を嫌った理由は、斉彬が父親の斉興以上に曾祖父重豪の寵愛を受け、重豪同様の〝蘭癖《らんぺき》大名〟（蘭学に傾倒する大名のこと）であったためだと言われている。

蘭学研究に力を入れると出費がかさむ。ようやく黒字化した薩摩藩の財政を斉彬が再び悪化させることを恐れた調所たちも、久光を後継者にと望んでいた。彼らは後世〝お遊羅派〟と呼ばれている。

江戸幕府を震撼させ、明治維新への大きな流れを作った事件が嘉永六年（一八五三年）の黒船来航だとみな歴史の授業で教えられる。だが実際には、何年も前から幕府はその前兆を察知していた。

すでに八代将軍吉宗《よしむね》の時代から、ロシア船が毎年のように近海に近づいており、最上徳内《もがみとくない》が寛政三年（一七九一年）に蝦夷地《えぞち》（現在の北海道）から国後島《くなしり》にかけて調査したのも、そうした動きへの対処を考えるためであった。文化四年（一八〇七年）には、幕府は蝦夷地を直轄地《ちょっかつち》として奥羽諸藩に守らせたが、その後もロシア船はしばしば通商を求めてきている。

黒船来航の十六年前、すでに浦賀《うらが》にアメリカ船が来ていた。天保八年（一八三七年）六月、アメリカ船のモリソン号が、日本人漂流民七名を送り届けると同時に通商を求めてきたのだ。だが時の浦賀奉行は、幕府の方針である〝無二念打払令《むにねんうちはらいれい》〟に従って問答無用とばかりに彼らに砲撃を加えた。モリソン号は非武装の商船であったため反撃してこなかったが、武装船なら戦闘になっていたところである。この対応を渡辺崋山《かざん》や高野長英《ちょうえい》が批判し、蘭学者に対する大弾圧として悪名高い〝蛮社《ばんしゃ》の獄〟が起こった。

薩摩藩は琉球を通じて欧米列強の脅威の最前線に立っていた。天保十五年（一八四四年）三月、那覇にフランスの軍艦アルクメーヌ号が〝通信・貿易・キリスト教布教〟の三点を要求して来航している。要求を拒否すると、次は大艦隊を率いて来るぞと脅しをかけて引き揚げていった。

この二年前、アヘン戦争で清は敗北し、香港を割譲させられている。わが国の為政者や知識層なら、みなそのことを知っているだけに、薩摩藩のみならず幕府内にも緊張が走った。

そして弘化三年（一八四六年）四月には、香港から英国船が来航し、キリスト教の布教を要求してきた。拒否すると、プロテスタント宣教師のバーナード・ベッテルハイムとその夫人を那覇に残して出航するという強硬手段に出る。

フランスにしても英国にしても、まずは琉球から鎖国をこじ開けようとしていたのだ。

英仏船が沖縄に姿を見せていた頃、斉彬はまだ藩主ではない。世子の決まりとして生まれた時から江戸の薩摩藩邸にいた。幕府は各藩の世子を人質として江戸から出さなかったからだ。そのため斉彬はずっと江戸言葉だったという。

いきおい幕閣と深い関係を築くことになる。このままでは琉球だけでも開港せざるを得なくなるかもしれないと、今でいう総理大臣の立場にあった老中阿部正弘《まさひろ》に相談した。

斉彬より十歳年下にあたる阿部は、二十五歳という若さで老中に抜擢された俊秀だ。老中に就任すると海防掛《かいぼうがかり》を常設職として強化するなど、海外からの脅威への対応が自分の最大の責務であることを意識していた。

沖縄に英仏船が頻繁に姿を見せ始めたことを重要視した彼は、世子は江戸から出さないという決まりを破って斉彬の鹿児島帰国を認め、情報収集しやすい現地で指揮を執らせた。異例中の異例だが、実に適切な危機管理だ。阿部の能力の高さを示すとともに、斉彬への全幅の信頼の証左《しょうさ》でもあった。

水戸藩の徳川斉昭《なりあき》は阿部のことを〝ひょうたんなまず〟と呼び、つかみどころのない人物だと評したが、それは阿部が、斉彬の考える開国による富国強兵策を支持し、斉昭の攘夷論に最後までなびかなかったためだろう。

幕府内の阿部の支持を背景に自分の抱負を実現したい斉彬だったが、いつまでも藩主になれないままでは幕府内での発言力も限られてくる。風雲急を告げる情勢を前に焦りは募った。自分が出ていかねば、薩摩藩だけでなくこの国自体が危うくなる。

そこで彼は一計を案じた。阿部正弘の協力の下、薩摩藩の密貿易を幕府内で問題にし、お遊羅派を追い詰める作戦に出るのである。自藩の恥部を問題にするのは、まさに苦肉の策だった。ところがこの動きを調所広郷が身を呈して食い止める。藩主斉興に累《るい》が及ばぬよう、密貿易に関する責任は一切自分にあるとして嘉永元年（一八四八年）十二月十八日、服毒自殺して果てるのだ。

難航する藩主交代に、斉彬を慕う人々はしびれを切らし行動に出る。船奉行の高崎五郎右衛門と町奉行兼物頭《ものがしら》である近藤隆左衛門を中心に、〝斉興隠居・斉彬擁立〟の動きを公然と始めたのだ。

これに斉興は激怒。久光とお遊羅の暗殺を計画したとして高崎、近藤の両名を捕縛し、切腹を命じる。その余波は周辺の人々にも及び、江戸詰家老の島津壱岐《いき》ら十四名が切腹。遠島十三名(九名説あり)、役免等処罰五十名以上に及ぶ大量の処分者を出した。

世に言う〝お遊羅騒動〟である。

江戸時代の切腹人数を藩別に集計すると薩摩藩が圧倒的な数を占め、二位の赤穂藩四十八人(浅野内匠頭《たくみのかみ》と四十七士)の倍以上になる。それは宝暦治水における平田靱負《ゆきえ》たちの切腹と、このお遊羅騒動が大きかった。

日置島津家の次男である赤山靱負《ゆきえ》も事件に連座し、切腹して果てた。西郷より四歳年長にすぎない二十七歳という若さであった。幼い頃から赤山に可愛がられていた吉之助は、遺言によって血染めの肌着をもらいうけている。そして彼の無念を思って涙した。後に西郷は、赤山の弟である桂久武《ひさたけ》と深い友情を結び、城山まで生死をともにすることになる。

嘉永三年五月、藩では人心の動揺を収拾するため、日新公が出陣の際、士気を鼓舞するために始めたという士《さむらい》踊りを復活させた。城下の人々はこれに熱狂し、暗かった藩内の雰囲気も明るくなったが、西郷はこの人気取り政策を不快に思った。郡方の中で一人だけその輪に加わらず、黙々と執務を続けていたという。

大久保は西郷以上にお遊羅騒動の影響を受けている。沖永良部島から戻って琉球館附役《りゅうきゅうかんつきやく》になっていた彼の父利世《としよ》は、この騒動に連座して喜界島への遠島を命じられているのだ。

この場合の遠島は、〝腹を切って自裁せよ〟という藩庁からのメッセージだ。

それでも彼は、

「今わしが死ねば、この騒動の真相を語れる者がいなくなる」

と、甘んじて刑に服した。

大久保も記録所書役助を罷免《ひめん》され、謹慎を命じられる。大久保家がたちまち貧窮したことは、今に伝わっているわずかな記録から見ても明らかだ。

お遊羅騒動の翌嘉永四年、母方の親戚に保証人になってもらって借用証を差し入れ、商人上がりの藩士である森山新蔵《しんぞう》から借金をしている。

さらに二年後の嘉永六年には、妹きち子の夫（石原近昌）に宛て、

〈当分、いかほど（金が）あっても足りあい申さず……八両が出来なければ、五両でもご都合下されたく〉

という切羽詰まった手紙を送っているのだ。

大久保利通

大久保の苦境を黙って見ていられず、西郷は自分の家も貧しいにもかかわらず、ふかし芋の差し入れをしてやったりした。〝苦境に居て真の友を知る〞という。この時の交わりが二人の絆を深めていったのだ。

そして艱難辛苦《かんなんしんく》が大久保の魂を磨き、独特の威厳をまとわせる。〝人斬り半次郎〞として恐れられた中村半次郎（後の桐野利秋《きりのとしあき》）でさえ、大久保に何か抗弁しようという時は素面《しらふ》ではできなかった。酒の勢いを借り、いざ口を開いても、

「なんじゃっちい！」（何だと！）

大山巖

と鋭い眼光で射すくめられると、二の句が継げなくなったという。

お遊羅騒動は当然のことながら、大久保以外の若者たちにも多大な影響を与えた。

（やはり斉彬様に藩主になってもらい、人心を一新してもらう以外にない）

そう考えた西郷たちは、有志グループを結成する。上下の加治屋町《かじやまち》郷《ごじ》中《ゆう》に加え、上之園《うえのその》郷中の伊地知《いじち》龍右衛門（後の正治）、高麗町《こうらいまち》郷中の有村俊斎《しゅんさい》（後の海江田《かいえだ》信義《のぶよし》）らを中心とする彼らは、後に〝誠忠組《せいちゅうぐみ》〟と呼ばれることになる。

二才頭《にせがしら》になるなど、同世代の指導者として祭り上げられることが多くなった西郷だが、彼は冷静に、自分の中にある性格的な欠点を知っていた。感情の起伏が激しいことだ。

それは彼の魅力でもあるのだが、冷静さを欠いては指導者失格である。そこで感情の奔出《ほんしゅつ》を抑えるすべを学ぶべく、円了無参《えんりょうむさん》という禅僧の門を叩いた。吉井友実の叔父にあたり、出家して短時日のうちに広く知られるようになった傑僧だ。

こうして西郷は毎朝熱心に参禅するようになり、失意の中にある大久保も誘って、ともに胆力を練っていった。城山にある丸山公園には、長さ二メートル、幅八十センチほどの自然石でできた〝西郷・大久保座禅石〟が今に伝わっている。

当時の西郷の生活を知る証言者の一人が、十五歳年下の従弟である大山巖《いわお》だ。日露戦争時、日本陸軍の大黒柱として衆望を集め、器の大きさでも知られた。余談だが『君が代』の歌詞は、大山が彼の好きだった薩摩琵琶《びわ》の名曲『蓬莱山《ほうらいさん》』の一節から採ったものだと言われている。

家が近所だったこともあって、六、七歳の頃から西郷に読書や習字の指導を受けていた。幼い頃天然痘《てんねんとう》を患《わずら》ってあばた面だった大山を、

「がんが面はにっぎゃけわい」（お前の顔はにぎやかだなあ）

と言いながら可愛がった。

勉強を教えてもらおうと大山が朝早く西郷家を訪ねると、西郷はすでに早朝の禅の修行を終えて帰宅しているのが常であったという。

こうして西郷は来たるべき日に備え人間修養を重ねていたが、そんな時、斉興が斉彬を廃《はい》嫡《ちゃく》しようとしているという驚くべき知らせが届く。

みなで相談した結果、斉彬の大叔父にあたる福岡藩主黒田長溥《ながひろ》に助けを求めようということになった。

黒田は期待に応えてくれる。嘉永三年に参勤交代で上京すると、徳川斉昭、松平慶永《よしなが》（春嶽《しゅんがく》）、伊達宗城《むねなり》などと相談し、阿部正弘に一肌脱いでもらうことになった。

阿部は早速動いてくれた。斉興の側近を私邸に招き、大目付《おおめつけ》（大名の監視役）が斉彬廃嫡の動きをすでに察知して問題視していることをにおわせ、そんなことをすれば移封《いほう》や減封《げんぽう》もあり得ると圧力をかけたのだ。お遊羅派は真っ青である。

ダメ押しもした。多年の功を賞するとして、斉興に〝朱衣肩衝《あけのころもかたつき》〟という名の大名物《おおめいぶつ》茶入を下賜《かし》したのだ。思い残すことなく隠居しろという意味である。

ようやく斉興は藩主の座を譲ることを決め、嘉永四年（一八五一年）二月二日、斉彬は薩摩藩第十一代藩主に就任する。

藩主となっても斉彬はお遊羅派の粛清《しゆくせい》を行わず、重臣たちをそのまま留任させた。そして何と久光の子忠義《ただよし》を養子とし、世子とする。お遊羅派を藩庁から駆逐《くちく》してもらいたいと思っていた西郷は、自らの狭量《きようりよう》を恥じた。

耐えに耐えてきた恨みを晴らすといった小さいことよりも、斉彬の心を占めていたのはこの国の未曾有《みぞう》の危機をどう切り抜けるかであった。〝赦《ゆる》す〟力は偉人に共通した美質である。西郷は斉彬からそれを学んだのだ。

藩主就任の二年後、大久保は赦免《しやめん》されて蔵役という重要な職務に就き、安政元年（一八五四年）には、遠島処分を受けていた大久保の父親も鹿児島に戻ってきた。

斉彬は藩主に就任すると、磯御殿《いそごてん》と呼ばれる別邸近くに工場群を建設し始める。いわゆる〝集成館事業《しゆうせいかん》〟の始まりである。反射炉建設による大砲、小銃製造をはじめとして、蒸気船建設や汽車の研究など広範な分野にわたっていた。

彼は当代一流の蘭学者のほとんどと蘭書購入の助言や翻訳などを通じて接点を持っていた。ローマ字で日記をつけるほど蘭学を自分の血肉としていた斉彬は、その本質を見極め、それをどう我が国の将来に活かすべきかを考えていたのだ。

驚くべきは、彼が語ったとされる次の言葉である。

現在の尚古集成館

〈究理《きゆうり》（物理学）と舎密《せいみ》（化学）は経済の根本なり。今日以後経済の基礎はこの二字より立つるべし〉

この当時、産業育成の基礎として物理と化学の水準を上げねばならないなどということを考えていた日本人が何人いただろう。彼はすでにこうした近代的思考を身につけていた。わが国で最初に〝化学〟という言葉を用いたことで知られる蕃書《ばんしょ》調所精錬方《しらべしょせいれんかた》（東大理学部の前身）教授の川本幸民を三田《さんだ》藩から薩摩藩に転籍させたのも、こうした考えが背景にあったのだ。

武器製造に集中する藩が多い中、民の豊かな暮らしを見据え、色ガラスの開発（薩摩《さつま》切子《きりこ》）、ガス灯設置、紡績事業、洋式の製塩、製糖や写真術の研究、電信機の実験、農作物の品種改良など、殖産興業をも視野に入れていた。

それだけではない。彼の関心は社会福祉にも向いていた。貧しい農家で子どもが間引きされている悲劇を減らすため、育児院を作れとも言っていた。実際には彼が急逝《きゅうせい》してしまうため実現しなかったが、後に英国に留学した薩摩藩士は、かの地で育児院が実際に運営されているのを目にし、斉彬が時代の先を歩いていたことにあらためて感服したという。

そもそも考えることのスケールが大きい。勝海舟との会話の中で将来のわが国の海軍や海運に話が及んだ時のこと、

「さしあたって咸臨丸《かんりんまる》ほどの大きさの蒸気船が、日本全体で軍艦として二百隻、商船として三、四百隻、それに風帆船が四、五百隻もあれば、かなり手広いことができよう」

と語って、大風呂敷で有名だった勝の度肝《どぎも》を抜いている。

黒船来航と将軍継嗣問題

斉彬の藩主就任を喜び合った翌嘉永五年（一八五二年）、西郷は上之園町の伊集院兼善《かねよし》の娘須《す》賀《が》を妻に迎える。後に子爵で貴族院議員となった伊集院兼寛《かねひろ》の姉である。結婚は人生最大の慶事の一つ。本来なら〝こんな幸せな年はなかった〟と振り返るべきところなのだが、逆に数々の不幸が一度に降りかかってくる。

まずは結婚して早々の七月十八日、祖父龍右衛門がこの世を去った。これは天寿であるから仕方なかったとしても、九月二十八日、一家の大黒柱である父吉兵衛が病死し、看病疲れから、母マサまでもがそのわずか二カ月後の十一月二十九日、後を追うようにして帰らぬ人となるのである。

両親の立て続けの死。人一倍孝行息子だっただけに、西郷の落胆ぶりは周囲も哀れを催《もよお》すほどであった。長女の琴はすでに市来《いちき》正之丞に嫁していたが、まだ六歳でしかない末弟の小兵衛を含め、祖母と五人の弟と妹がいる。悲しみに暮れている暇はなかった。家督《かとく》を継ぐことになった彼は名も吉之助から善兵衛に変え、一家を支えていく。

この年（嘉永五年）、茶坊主である大山正円（後の綱良《つなよし》）、有村俊斎（後の海江田信義）、樺山三円（後の資之《すけゆき》）に江戸詰が命じられた。三人とも西郷とはごく親しい間柄だ。

（いつの日かわしも……）

そう思わずにはいられなかった。

斉彬は衆知を集めることを目的に、藩士に意見書を書くことを奨励していたが、西郷はこれに応え、積極的に思うところを書いて提出した。

いかに税を絞り取り藩の財政を豊かにするかという視点からの建言が多い中、西郷のそれは異色だった。重税に苦しみ困難な生活を強いられている農民をどうやって救済するかに力点が置かれていたからだ。郡奉行の迫田の下で学んだ〝国家の基礎は農にあり〟という愛農思想そのものである。そのことが斉彬の興味を引いた。

さらに幸運も重なった。斉彬の信任篤い関勇助《ゆうすけ》という人が西郷をそば近くに置くべきだと推挙してくれたのだ。

やがて二人の間に、距離がありながら信頼の絆が生まれ始める。郡方奉行の相良角兵衛《さがらかくべえ》（迫田の後任）が上げてきた農民救済措置に関する意見書に、斉彬は西郷の意見をひそかに求めた。

（お前のことを頼りにしておるぞ）

という斉彬なりのメッセージであった。西郷が感激したのは言うまでもない。ちなみに相良と西郷は後に、妙な場所で妙な出会い方をする。


そして、最終的に彼に出番を与えてくれたのは、

太平の　眠りを覚ます　上喜撰《じょうきせん》
たった四杯で　夜も眠れず

の狂歌で知られる〝黒船来航〟だった。

アメリカ東インド艦隊司令長官ペリー提督率いる軍艦四隻が、浦賀沖にその姿を現したのは、嘉永六年（一八五三年）六月三日のことである。

歴史の授業では、ペリー艦隊は太平洋を横断して急に浦賀に現れたように教えるが、実際には上海からまず沖縄の那覇に行って首里城に入城し、その後、江戸湾へ向かっている。

ペリーの来航が後世特に大きく取り上げられるのは、彼が強硬な姿勢で日本に鎖国解除と通商を要求してきたからにほかならない。

すでにこの黒船来航は、オランダ商館長から前年に幕府は耳打ちされていた。しかし、アメリカとライバル関係にあるオランダの言葉を鵜呑みにしていいのかという意見もあり、十分な

「ペリー提督　横浜上陸の図」横浜開港資料館所蔵

準備がされてこなかったのだ。

急ぎ江戸に上ることにした斉彬は、西郷を中小姓《ちゅうごしょう》に取り立てて随行させることにした。嘉永七年（一八五四年）一月のことであった。

西郷にとって夢にまで見た江戸詰である。これまでの苦しい思い出を振り払うように旅支度を始めた。残していく家族のことが心配でないはずはないが、吉二郎は心中を察し、

「家のことは、そげん心配せんでも、あたいが立派に兄《あに》さんの代わりを致しもす」

と、力強く背中を押してくれた。

西郷はこのできた弟を終生誇りとし、

「年は下だが、お前はわしの兄だ！」

と言って感謝し続けた。

斉彬とのお目見えの機会は唐突に訪れた。鶴丸城を出立して一キロほど西へ向かい、やや急な勾配になる

水上坂《みつかんざか》で小休止をした時、

「西郷はいずれにおるか」

と彼を呼び、言葉をかけた。

駕籠《かご》の中の斉彬はこちらからは見えなかったけれど、自分を斉彬公が見てくださっていることが、嬉しくもありもったいなくもあった。

西郷が聞きしにまさる偉丈夫であることに満足した斉彬は、江戸薩摩藩邸に着くと庭方役《にわかたやく》を命じた。秘書役として情報収集などにあたる重要な役割だ。

「斉彬公が西郷どんを呼んでお話をなさる時は、たばこ盆をお叩きになる音が違った」

周囲からそう噂されるほど重用された。


斉彬は阿部正弘と協力して幕藩体制の刷新に乗り出していく。国難には衆知を集めることが重要だ。これまでの中央集権的な国家体制を改め、主要な藩の意見に耳を傾ける共和制形態に近づけていくべきだという考えで一致していた。

阿部はこの路線に従って、黒船来航の年、早くも大型船の製造解禁を行っている。これまで武家諸法度《ぶけしょはっと》により、諸藩が五百万石以上の大型船を作ることを禁じていたが、むしろ各藩がそれぞれ国防に力を入れるよう命じたのだ。

斉彬は阿吽《あうん》の呼吸で洋式軍艦の建造に着手。完成後〝昇平丸〟と名付けられたその船を幕府に献上している。国防は各藩の問題でなく、日本全体の問題であることを率先して世に示したのだ。そのことを象徴するように、昇平丸には島津家の家紋入りの旗のほかに日章旗が掲げられた。これが正式な船旗として日の丸が使われた端緒だと言われている。

斉彬の手腕に期待がかかっていた時、大変な問題が持ち上がった。斉彬の急病とその子虎寿《とらじゅ》丸《まる》の夭折《ようせつ》である。

斉彬は嘉永七年（一八五四年）六月三十日に発病。一時は大小用もすべて病床でするほかないほど重篤《じゅうとく》な状態に陥る。西郷は目黒不動に昼夜となく参詣して回復を祈った。

幸い回復に向かったが、ほっとする間もなく七月二十三日、当時満六歳だった虎寿丸が急に発病する。その日の昼頃から腹を下し始め、夜八ツ時分（午前二時頃）には息を引き取ってしまった。下痢が昼に十二回、夜に二十五回と異常な回数続いていることから、当時流行の疫痢《えきり》だったと思われる。

斉彬はすでに四人の男子を幼くして亡くしており、虎寿丸はただ一人残った男子であった。気丈な斉彬もこの時ばかりはがっくりと肩を落とした。

主君の胸中を察して慟哭《どうこく》する西郷の悲しみの大きさは、親友である福島矢三太（大久保とも親しかったが早くに死んだ）に宛てた手紙からもうかがえる。

〈誠に紅涙《こうるい》にまみれ、心気絶々《しんきたえだえ》にまかり成り、悲憤の情お察し下さるべく候……ただ今生きてあるうちの難儀さ、かえって生を怨み候胸にあいなり憤怒《ふんど》にこがされ申し候〉

〝憤怒にこがされ申し候〟とあるのは、虎寿丸の死はお遊羅《ゆら》の呪詛《じゅそ》によるものだという噂が藩内を駆け巡っていたからだ。西郷はそれを信じて疑わなかったし、斉彬もそう信じていた節がある。しかし、斉彬は耐えた。

西郷はお遊羅派を一掃するクーデター計画を立てるが、それを知った斉彬はせっかく進めてきた藩内融和が破れると言って叱り、西郷も泣く泣く計画をあきらめた。

そんな西郷のもとに、思いがけない知らせが届く。

妻須賀の実家である伊集院家から、彼女を引き取りたいと申し出があったのだ。西郷家は相変わらず貧しく、夫は江戸詰の身。伊集院家からすれば見ていられなくなったわけだ。引き留める言葉を持たない彼は、自らのふがいなさに歯がみするほかなかった。

その後、伊集院家との関係が悪化した痕跡はない。円満離婚ではあったが、彼は生涯このことを悔やんでいたという。須賀のその後については知られていない。

（この若者は必ずものになる！）

そう確信した斉彬は、深い情愛を持って西郷に接した。

〈私家来多数あれども誰も間に合うものなし。西郷一人は薩国貴重な大宝なり。しかれども彼は独立の気象《きしょう》あるが故に、彼を使う者私ならではあるまじく〉（『松平春嶽《しゅんがく》公伝』）という松平慶永《よしなが》に語ったとされる言葉に、その期待の大きさが表れている。

斉彬の偉いところは、彼を抜擢しただけでなく育てようとしたことだ。諸藩に使いをさせることで、幕政改革の基礎となる人脈を築かせていった。

まずは水戸藩の藤田東湖《とうこ》である。斉彬と並ぶ幕末の論客として重きをなした徳川斉昭の側近中の側近だ。水戸学の大家として知られる。水戸学は水戸藩で独自に発達した学問で、儒学を

岩倉具徳画「藤田東湖先生肖像」絹本
（西郷南洲顕彰会蔵）

基本にしながら日本古来の神道をも重視する〝神儒一致《しんじゆいっち》〟を基本とし、尊王攘夷運動の精神的支柱となる思想だった。

ところが西郷は東湖に会ってみて、想像していた人物像とあまりに違うのに驚いた。学者という言葉の持つ印象からあまりにかけ離れている。巨漢にして猪首《いくび》、黄麻《おうま》の着物に朱鞘《しゆざや》の長剣を帯び、浅黒い顔に太い眉。強い光を発するぎょろりとした目でにらまれると、心の奥底まで見通されてしまうようである。

（まるで山賊の親分のごたっ……）

それが第一印象だった。西郷この時二十八歳、東湖四十九歳。

風貌はどうあれ、その人格と識見の高さは噂にたがわぬものがある。斉彬のことを〝三百諸侯中随一の人物〟と尊敬していた東湖は、その寵臣《ちようしん》である西郷にも丁寧に接してくれた。

人格者と接すると、心洗われる思いになるものである。すっかり魅了され、陶然とした気持ちで水戸藩邸をあとにした。その時の感動を、彼は次のような最大級の賛辞で知人に書き送っている。

〈清水に浴し候塩梅《あんばい》にて、心中一点の雲霞《うんか》なく、ただ清浄なる心に相成り、帰路を忘れ候次第に御座候……天下真《まこと》に怖るべき人物なし。ただそれ真に怖るべきは東湖先生あるのみ〉

その後、西郷は東湖のもとに頻繁に足を向けるようになり、東湖も〝偉丈夫、偉丈夫〟と言って可愛がってくれた。

西郷より前から面識を得ていた有村俊斎は、

「東湖先生は舌先から三寸はなかなか明かさん人じゃった」

と語っているが、それは彼が東湖の信頼を勝ち得ていなかったからだろう。それに比べ西郷は東湖をして、

「我が志を継ぐべきものは独《ひと》りこの青年あるのみ！」

とまで言わしめている。

ある日、彼は人払いした上でこう語った。

「もう幕府は立ち直れないところまで腐敗しておる。今必要なのは天皇を中心とした政治。そしてそれを支えるのはほかならぬ斉彬公でなくてはならぬ。全国の人心を一つにしてこの政体の樹立を図ることこそ、今日第一の急務。是非それに向けて尽力したまえ」

水戸藩と言えば言わずと知れた徳川御三家。その水戸藩の重臣である東湖が、幕府中心の政治ではもうこの国は立ち行かないと本音を語ったのだ。西郷は身の引き締まる思いがした。

そしてこれは西郷への遺言となってしまう。

安政二年（一八五五年）十月二日午後十時頃、関東南部をマグニチュード七クラスと推定される地震が襲った。安政の大地震である。江戸後楽園の水戸藩上屋敷にいた東湖は、すぐに家

族を安全なところに避難させたが、母親が火鉢の火を消していないことに気づき邸内に戻ってしまった。

急いで後を追ったが、連れ戻す途中に運悪く余震が来た。ばらばらっと壁が剝がれ、頭上に太い梁《はり》が落ちてくる。何とか肩で受け止め、母親だけは逃がしたが、次の瞬間、大屋根が覆いかぶさるようにして崩れてきた。これではひとたまりもない。稀代《きだい》の英傑《えいけつ》藤田東湖は、あわれ圧死してしまうのである。

訃報《ふほう》に接した西郷は、数日慟哭することを禁じ得なかった。母の身代わりとなって逝《い》ったというのがいかにも東湖らしい。同時に彼の遺言の重さと、その志を継ぐのは自分だという思いが西郷の胸を熱くしていた。


そして斉彬が東湖同様親しく交わるよう命じたのが、越前藩主松平慶永の寵臣《ちようしん》橋本左内《さない》だ。きりりと眉上がり目元涼しげなこの青年もまた、西郷に大きな影響を与えた。

越前藩の藩医の家に生まれた彼は、わが国の歴史上、五指に入るであろう伝説的な秀才だ。西郷の七歳年下にあたる。幼くして四書五経をはじめとする漢学を究《きわ》め、次に蘭学を習得しようとした彼の学習方法は非凡なものであった。高名な蘭学者の門をかたっぱしから叩いて回り、第一人者から直接知識を吸収していったのだ。その姿はあたかも大家の実力を吟味して歩いて

橋本左内

いるようにも見えた。

まず手始めに大坂に遊学。緒方洪《こう》庵《あん》の適塾《てきじゅく》に入門したが、長年秀才を見続けてきた緒方をして、

〈彼は他日、わが塾名をあげん。池中の蛟竜《こうりゅう》である〉

と感嘆させている。

一旦福井に戻ったが、再び江戸へ出た左内が教えを受けたのは幕府奥《おく》医師《いし》（将軍の侍医《じい》）であった坪井信《しん》良《りょう》である。坪井もまたこの大秀才の圧倒的な知性に驚嘆し、兄に宛てた手紙の中で、

〈小子も年来遭《あ》う人千百人、如斯人《かくのごとき》は初めてなり。実に可畏《おそるべく》可羨《うらやむべき》一俊才にござ候〉

と手放しで褒《ほ》め称《たた》えている。

学ぶべき学問がほぼ尽きたと見て取った彼は、今度はそのあふれる才能を国事に用いようとし、藩主松平慶永の懐刀《ふところがたな》となる。まさに、行くとして可ならざるはなし、といった雰囲気だ。

彼の知識の豊富さと見識の高さに西郷は圧倒され、

「吾《わ》れ先輩に於《お》ては藤田東湖に服し、同輩に於ては橋本左内を推《お》す。この二人の才学器識《きしき》は、吾輩の及ぶ所ではない」

と語り、年下の左内に〝兄事《けいじ》する〟（兄として事《つか》える）と謙虚に頭を下げた。

時の将軍は第十三代徳川家定《いえさだ》である。脳性まひだったと言われ、言語不明瞭で緊張すると不随意運動を起こした。

アメリカ公使タウンゼント・ハリスは『日本滞在記』の中で、彼と接見した時の様子を、〈大君は自分の頭を、その左肩をこえて、後方へぐいっとそらし始めた。同時に右足をふみ鳴らした。これが三、四回繰り返された〉

と描写している。

子どものように無邪気な性格で、庭でガチョウを追いかけたり、自ら厨房《ちゆうぼう》に立って芋や豆を煮たりしたとも言われている。一人息子なので将軍を継がせたが、およそその器ではないことは父家慶《いえよし》もわかっており、幕閣も早くから次の将軍を誰にするかについて考え始めていた。

斉彬の政治家としての非凡さは、幕政改革を進めるにあたって、大奥を味方につけることの重要性に気づいていたことにも表れている。

大奥は非力な女性の集まりなどではない。寛政の改革で知られる松平定信《さだのぶ》や天保の改革の水野忠邦《ただくに》など、大奥の歳費を削ろうとした者はことごとく彼女たちから陰に陽に足を引っ張られて失脚の憂き目に遭っている。

第十一代将軍徳川家斉《いえなり》の正室広大院《こうだいいん》は島津重豪《しげひで》の娘（斉彬の叔母）であった。斉彬の〝斉〟の字も家斉から賜ったもの。彼は広大院を通じて大奥の内情にも通じていたのである。

当時の大奥にとって最大の問題は、将軍家定の正室が二人続けて病死していたこと。最初に迎えた関白鷹司政熙《たかつかさまさひろ》の娘任子《ただこ》は天然痘のためこの世を去り、次に迎えた左大臣一条忠良《ただよし》の娘秀子は極端に小柄で病弱。婚礼の翌年に早くも病死してしまった。

次の正室をどこから迎えるかが大奥内の勢力図を占う上での鍵となったが、今度は公家の娘でなく身体の頑健な武家の娘がよい、との声が出ていた。そして斉彬は広大院から内々に、島津家から家定の正室を入れるよう打診を受ける。

斉彬自身には成人している娘はいない。そこで従妹である今和泉《いまいずみ》島津家の島津忠剛《ただたけ》の娘お一《いち》に白羽の矢を立てた。後の篤姫《あつひめ》である。

まずは阿部正弘に根回しし、幕府には斉彬の実子として届けた。そして、かつて広大院もそうしたように右大臣近衛忠熙《ただひろ》の養女とし、ここから徳川将軍家へ輿入《こしい》れさせようとする。

大藩とはいえ、外様大名である島津家から将軍家の正室に輿入れするというのは家格が不つり合いだ。そこで摂関家である近衛家から入る形にしたのである。ちなみに近衛家は島津家とはことのほか親密な関係にあり、西郷はその後も朝廷工作をする際には必ずと言っていいほど近衛忠熙を頼った。

島津家から将軍の正室が上がることに抵抗がなかったわけではない。意外にも盟友であるはずの徳川斉昭から異議が出た。十二代将軍家慶の正室は皇族の有栖川宮《ありすがわのみや》家から来ており、その妹が斉昭の正室だったからだ。

だがそうした声はすぐに止んだ。西郷が水戸藩重臣に働きかけ、篤姫輿入れに賛同させたからである。輿入れの際の調度品を整える役も彼が引き受けた。

こうして安政三年（一八五六年）十一月、晴れて篤姫は徳川家定の正室となり、その実現に奔走した西郷は彼女の深い信頼を得ることになる。

最初の黒船来航時、幕府は将軍家慶の病気を理由に一年の回答猶予を申し出、ペリーたちは一旦日本を離れたが、その翌年の嘉永七年（一八五四年）彼らは黒船を四隻から七隻に増やし

天璋院（てんしょういん）篤姫

てやってきた。

さすがに再度の猶予は受け入れられず、日米和親条約が締結される。三代将軍家光の時代以来守ってきた鎖国の扉が、ついにこじ開けられたのだ。そしてなかば強制的にロシア、イギリス、オランダ、フランスとも和親条約を調印させられ、欧米列強は続いて商取引の門戸開放をも要求してきた。

家定がこの国難に指導力を発揮することは望めない。斉彬は、次期将軍候補として、水戸家から一橋《ひとつばし》家に養子に入っていた一橋慶喜《よしのぶ》（後の徳川慶喜）に白羽の矢を立て、諸大名や幕閣の意見をまとめられる政治的指導者としてすぐにでも幕政の前面に立ってもらおうと考えた。

斉彬の正室英姫《ふさひめ》は一橋家から来ており、もともと島津家と一橋家には緊密な関係があった。慶喜は聡明で知られた人物であり、何より父親はあの徳川斉昭だ。こうして一橋慶喜を次期将軍にするべく動き始めた彼らは〃一

一橋慶喜
（後の十五代将軍
徳川慶喜）

橋派〟と呼ばれるようになる。

当初は一橋派が優勢に思われたが、しばらくすると徳川慶福《よしとみ》（紀州藩主で当時まだ十代半ば）を推す動きが出てくる。その中心人物が、紀州藩付家老《つけがろう》として影響力を持っていた水野忠央《ただなか》であった。

「血筋から申せば、次期将軍には一橋様よりも紀州様が適任でござろう」

彼は御三卿《ごさんきょう》の一橋家よりも御三家の紀州徳川家のほうが格上であるという血統論を掲げ、一橋派有利の情勢を軌道修正しようとした。彼ら〝南紀派〟は、斉彬たち共和政的な幕政を指向する改革路線に反対し、中央集権的な色彩が強かった時代に戻そうとする守旧派でもあった。つまりこの争いは、単なる将軍継嗣《けいし》問題にとどまらず、その後の幕府のありかたを占うものになっていくのである。

一橋派に大きな打撃となったのが、安政四年（一八五七年）六月十七日、老中阿部正弘が在職のまま急死してしまったことだ。三十八歳の若さだった。肝臓癌だったのではないかと言われているが、開国前後の国政を担った重圧が死期を早めたであろうことは疑うべくもない。

阿部の死に、最も大きな衝撃を受けたのが斉彬だ。自分が藩主になれたのも、幕政改革を進めてこられたのも、すべて阿部が幕府内にいて支えてくれていたからこそである。胸にぽっかり穴があいたような喪失感を禁じ得なかった。

逆に阿部の死は南紀派を勢いづかせる。ここで大きく斉彬たちの前に立ちはだかったのが彦根藩主井伊直弼《なおすけ》だった。後に大老となり、悪名高い〝安政の大獄〟を引き起こす人物である。

（慶喜は徳川斉昭の子。水戸藩は将軍位を簒奪《さんだつ》し、京都朝廷と結んで天下をわが物にしようとしているのではないか！）

そう曲解した彼は、一橋派に対して敵意をむき出しにする。

一橋派と南紀派が激しく火花を散らせる中、西郷は斉彬の意を受け、必死に慶喜を将軍職に擁立《ようりつ》しようと奔走する。その西郷が後に慶喜と対峙《たいじ》し、聡明な彼のために何度も煮え湯を飲まされることになるのは歴史の皮肉というほかはない。

島津斉彬の死と冬の錦江湾

西郷は大奥を味方につけるべく、篤姫と密に連絡を取りながら働きかけを行ったが、いかんせん徳川斉昭の評判が悪かった。幕府の財政難は大奥の無駄使いにあると公言していたからだ。そのため大奥は南紀派に丸め込まれてしまう。

ここで斉彬の考えた秘策は、朝廷から慶喜を将軍継嗣とする勅命を得ることだった。安政五年（一八五八年）三月、西郷は篤姫から養父近衛忠熙《ただひろ》に宛てた書状を持って上京する。近衛に朝廷工作をしてもらおうというのである。この時、力になってくれたのが近衛家に出入りし、忠熙とは歌会仲間でもある清水寺成就院《きよみずでらじょうじゅいん》の僧月照《げっしょう》であった。

当時、この国の将来に危機感を抱いていたのは、武士階級だけでなく、公家の中にも農民や商人の中にも、そして僧侶の中にもいた。月照はまさにそうした広い意味での志士の一人だった。彼らを指して〝勤王僧《きんのうそう》〟という呼び方をすることも多い。

もとは大坂の町医者の家に生まれたが、十四歳の時、親戚筋にあたる京都清水寺の塔頭《たっちゅう》の一つ成就院の僧に弟子入りした。厳しい修行の後、天保六年（一八三五年）、二十二歳の若さで院主となるが、寺院の経営改革に乗り出して挫折。彼同様、勤王僧として知られた弟の信海《しんかい》に院主の座を譲って自らは隠居する。

そんな時、国事に奔走する西郷と出会い、十四歳年長である彼は心強い同志となってくれた。

そもそも清水寺は近衛家の祈願寺である。篤姫輿入れの際にも、月照は近衛忠熙から祈禱《きとう》を頼まれている。西郷の人柄に惚れこんだ月照は、慶喜を将軍継嗣とする勅命を出してもらうよう近衛に働きかけてくれることを約束してくれた。

一方、橋本左内もまた、西郷と力を合わせ慶喜擁立に奔走していた。阿部正弘の次に老中主座となっていた堀田正睦《ほったまさよし》に接触。日米修好通商条約の勅許獲得に福井藩として協力する代わり、慶喜を後継将軍にすることを約束させる。

西郷もまた、月照のおかげもあって近衛家から好感触をつかんでいた。それは三月二十二日を期して堀田に対し、継嗣のことは〝英傑〟〝人望〟〝年長〟という三つの条件をもって選ぶよう勅語が下るというものであった。これなら幼い紀州の慶福《よしとみ》よりも人望があり九歳年長である慶喜を選べと言っているようなものである。

西郷と橋本の作戦は功を奏するかに見えた。実際、成功を確信した西郷は、安政五年三月二十日、京から江戸に戻っている。ところがここで大逆転が起こるのである。

井伊直弼は、右腕としていた国学者の長野主膳《しゅぜん》を使って関白九条尚忠《ひさただ》を丸め込み、勅語の内容を変更することに成功。三月二十二日の堀田に対する勅語を〈おにぎやかに〉（〝協議をつくして選べ〟という意味）に変えてしまった。西郷たちの努力は水泡に帰したのである。

それだけではない。堀田が江戸へ戻る前に、彼らは二の矢を放った。何と井伊は四月二十三日、老中より格上の大老に就任するのだ。一橋派に近い堀田を追い落とすため、彼の留守中を狙った陰湿な政変劇であった。

すぐに井伊の専横が始まる。中でも勅許なしの日米修好通商条約締結は波紋を呼んだ。すでに堀田の時代から、幕府は通商条約の締結やむなしと考えていたが、朝廷はそれを認めてこなかったのだ。

しびれを切らした米領事タウンゼント・ハリスは、

「英仏両国はアロー号事件で清国に勝利した余勢をかって、大軍で日本に開国を迫ろうとしている。今のうちにわが国と条約を締結するのが上策」

という強迫めいた言葉を口にした。

これに脅威を感じた井伊は、安政五年六月十九日、勅許なしで条約締結に踏み切ったのだ。これは同時に、幕府の復権を宣言する挑発的示威《じい》行動でもあった。

月照

堪忍袋を切らした尾張家の徳川慶勝《よしかつ》や水戸家の徳川斉昭、一橋慶喜などは、決められた登城日ではなかったがあえて江戸城に入り、

「将軍をして違勅《いちよく》の罪に陥らせるとは何事か！」

と井伊に詰め寄った。

しかし井伊は、のらりくらりとかわすばかりで聞く耳を持たない。

それどころか六月二十五日には、かねて推していた紀州藩の徳川慶福を将軍後継と定め、一橋派と南紀派の対立に終止符を打った。

そして七月五日、病床にあった将軍家定がこの世を去ると、これを好機ととらえた井伊は喪を隠して将軍家定の名の下、一橋派の弾圧を発表する。

不時登城の罪で、尾張家の徳川慶勝を隠居謹慎、水戸家の斉昭を蟄居《ちつきょ》謹慎、一橋慶喜を登城禁止に処したのだ。その後、慶福は家茂《いえもち》と名を改め、十四代将軍に就任する。

この時、井伊は斉彬をも処分しようと考えたが、他の閣老に必死に止められたのだという。薩摩藩にはあなどれない軍事力がある。斉彬が井伊の処分に従わず、一戦交えてくることを恐れたがゆえであった。この判断はおそらく正しかった。そうなっていたら、明治維新はもう少し早く訪れていたかもしれない。


西郷は傍若無人《ぼうじゃくぶじん》な井伊の動きに切歯扼腕《せっしやくわん》していたが、斉彬の命により一旦帰国することになった。そして鹿児島に戻ってきた西郷に、斉彬は〝率兵《そっぺい》上京計画〟という奥の手を明かす。それはまさに最終手段。斉彬自身が薩摩から兵を率いて京に入り、朝廷より勅許を受けて幕府に対して改革を迫るという、幕府軍との全面対決も辞さない大胆な計画であった。

(国家全体が知恵を出し合って国難を乗り切るべき時に、井伊の考えている中央集権国家復活は亡国につながる)

斉彬は覚悟を決めていたのである。それを聞いた西郷の大きな目に、みるみる涙の池ができた。

井伊直弼

（さすがはわが殿でごわんど……）

激しい感動とともに、改めて深い敬意がわき上がってきて胸がいっぱいになった。

井伊たちの目が光っているから斉彬本人は動けない。西郷の役目は重大である。福岡藩主黒田長溥《ながひろ》に計画を伝えて協力を仰ぎ、京に赴《おもむ》いて近衛など薩摩派の公卿たちに勅許を出してもらう根回しをしなければならない。大部隊を駐屯《ちゆうとん》させる土地の手配も必要だ。いくつ身体があっても足りない。

そんな中、西郷は吉井友実とともに京で梁川星巌《やながわせいがん》に会った。勤王の志士として知られ、その名声ゆえ公家の間にも慕う人間は多い。朝廷内の情勢を探るには格好の人物だった。

星巌から、朝廷内は井伊に対する強い不満で爆発寸前だということを教えられた。それほど勅許なしに日米修好通商条約を結んだことへの怒りは大きかったのだ。西郷は、機は熟したと判断。斉彬に率兵上京を願う書状を送る。

ところが返事は来なかった。その代わり、驚愕の知らせがもたらされる。安政五年七月十六日、島津斉彬が急な病によりこの世を去ったというのだ。

地割れ天崩れる思いである。声にならない獣のような咆哮《ほうこう》が、血を吐くようにしてのどから奔出《ほんしゅつ》した。そして身をよじりながら転げ回るようにして泣いた。巨眼からほとばしる涙が止まらない。

(殿の後を追って死に申《も》そう)

そのことだけが、頭の中を何度も何度も回り続けた。

確かに、斉彬はここ数年体調を崩しがちであった。

前年の正月、江戸で引いた風邪を二、三カ月も引きずり、一時は手紙も書けない状態になっていた。体調に不安を抱えるまま四月に鹿児島へ帰国し湯治をしたが、手足に吹き出物が出て再び三カ月ほど苦しむことになる。

鹿児島に戻った翌年の安政五年七月八日、斉彬は午前十時頃から調練場での調練と砲台での大砲試射を視察。午後五時頃に終わると、のんびり船釣りをして城に帰った。問題はそれからだった。翌日から激しい腹痛と悪寒《おかん》に襲われ、十日からは高熱も加わって一日に三、四十回という激しい下痢が続く。

ふだん斉彬を診《み》ている松木弘安は長崎に出張中で、坪井芳洲《ほうしゅう》が代わって治療にあたっていたが、手当の甲斐なく、七月十六日早朝、斉彬は黄泉路《よみじ》へと旅立ってしまうのである。まだ四十九歳という若さであった。

芳洲は当初死因を赤痢《せきり》としていたが、その後、コレラだと意見を変えた。要するに死因がはっきりわからなかったのである。すぐ毒殺説が流れた。お遊羅《ゆら》たちがやったというのだ。西郷もまた、怪しいと思っていた中の一人だった。

しかし、真実がわかったとて斉彬は返ってこない。墓前で切腹し、殉死することばかり考えた。感情の量の多い彼だけに、表情に出ないはずもない。尋常ならざる様子に、月照は後を追って死ぬことの非を諄々《じゆんじゆん》と諭《さと》した。

「突然のご薨去《こうきよ》は井伊によって命を削られたも同然。斉彬公の志を継いで井伊を倒し幕政改革を貫徹してこそ、真の供養になるのではござらんか」

さすが僧侶である。心のこもった言葉は五臓六腑《ごぞうろつぷ》にしみわたっていった。西郷は自分の短慮《たんりよ》を恥じた。そして、井伊を倒そうという敵討《かたきう》ちにも似た感情が、彼をもう一度立ち上がらせることになる。

斉彬の後を継いで藩主に就任したのは、彼が生前後継者に指名していた忠義である。すでに十九歳だったが、斉彬の父斉興《なりおき》が後見人として藩政を見ることになった。その結果、集成館《しゅうせいかん》事業のほとんどが廃止され、藩内は静まり返った。

斉彬亡き後、井伊打倒を託せるのは水戸の徳川斉昭しかいない。江戸にいる薩摩藩有志の間で、勅許なしに日米修好通商条約を結んだことについての説明を求めるという名目で、朝廷から水戸藩に幕政改革の勅諚《ちょくじょう》を出してもらおうという動きが出ていた。

これを聞いた西郷は、その支援に乗り出す。だが彼の危惧は、斉昭が蟄居謹慎させられていることもあり、勅諚が出ても水戸藩のほうが萎縮《いしゅく》していて、幕政改革に挑む心構えができていないのではないかというものであった。それを確かめるべく西郷は京を発って八月七日、江戸に入った。

水戸藩内の様子を探ってみると案の定、しばらく幕府に恭順していようとする勢力が台頭している。その夜彼は、しばらく計画は延期するべきだと月照宛ての手紙を書き、有村俊斎に託した。

ところが西郷の報告と入れ違いに勅諚降下が決定し、八月八日、水戸藩京留守居役の鵜飼吉左衛門《うかいきちざえもん》に手渡された。世に〝戊午《ぼご》の密勅〟と呼ばれる書状である。

幕府をなめてはいけない。〝密勅〟と言いながら、すみずみに張り巡らせている彼らの情報網にすぐに引っかかってきた。従来一橋派の動きを不快に思ってきた井伊だが、今度という今度は、これまでとは質の違う怒りが彼の全身の血を一瞬にして沸騰させた。

怒りが強い分、動きは迅速である。密勅の出された翌九月、早くも小浜《おばま》藩の儒学者梅田雲浜《うんぴん》が捕縛された。それこそ安政の大獄と呼ばれる粛清《しゆくせい》劇の幕開けであった。

戊午の密勅は彼の意見書が元になったと言われている。西郷も親交があり、その深い教養と信念の強さにかねて敬意を抱いていた人物である。

雲浜は捕縛後、上半身裸で縛り上げられ、箒尻《ほうきじり》という固い棒で力任せに殴られるという拷問《ごうもん》を受けた。皮が破れ、血が噴き出し、肉片が飛ぶほどであったが、背後関係等一切自白しないまま、翌安政六年十月九日、獄中で絶息する。拷問による衰弱と傷の化膿《かのう》による病死だった。

これまで朝廷との橋渡し役を務めてくれていた月照の身にも危険が迫りつつあった。西郷は近衛忠煕に呼ばれ、月照を奈良の寺に匿《かくま》ってほしいと頼まれたが、それくらいでは安心できない。より安全な場所として鹿児島を選んだ。薩摩藩内なら幕府もそうたやすく手を出せないからだ。彼の示したこの好意が、結局裏目に出ることになる。

伏見まで月照に同行し、そこから大坂までは有村俊斎に護衛を任せ、大坂で待つよう指示して自分は京へと戻った。急いでいる最中、あわただしく京に引き返したのには理由がある。

井伊の意を受け、老中間部詮勝《まなべあきかつ》が京都所司代に就任することになっていたからだ。〝井伊の赤鬼、間部の青鬼〟と並び称されていた彼が、井伊同様に粛清の嵐を吹かせたら京の町は大混乱になる。そんなことをしたら薩摩は黙ってはいないということを示しておきたかった。

そのために、参勤交代で帰藩途中の島津斉興一行をしばらく大坂にとどめて間部の着任を見届け、何かあったらすぐ駆けつける姿勢を示すことを思いついた。大坂に長くとどまれるわけではないが、異例の動きをすることで十分牽制《けんせい》効果はあると踏んだ。

斉興は難色を示したが、西郷は近衛忠煕と鷹司輔煕《たかつかさすけひろ》右大臣を動かして朝廷の意向だという形をとり、彼らを一時大坂藩邸に滞在させることに成功する。こうしてにらみを利かせ、間部が妙な動きをしないことを確認した上で斉興一行は帰国の途に就いた。

ようやく月照たちの待つ大坂に戻ることができた西郷は、安政五年九月二十四日、再び薩摩に向けて出発する。そして九州に入ったところで、今度は月照の受け入れについて許可をもらうため、北条右門《ほうじょううもん》という博多在住の元薩摩藩士に月照を託し、先行して単身薩摩に入ることにした。

ところがここで、思いもよらぬことが判明する。京を出た時から、京都町奉行支配の目明し二人にあとを付けられていたのである。西郷が出発した後、彼らが博多に潜入していることがわかった。

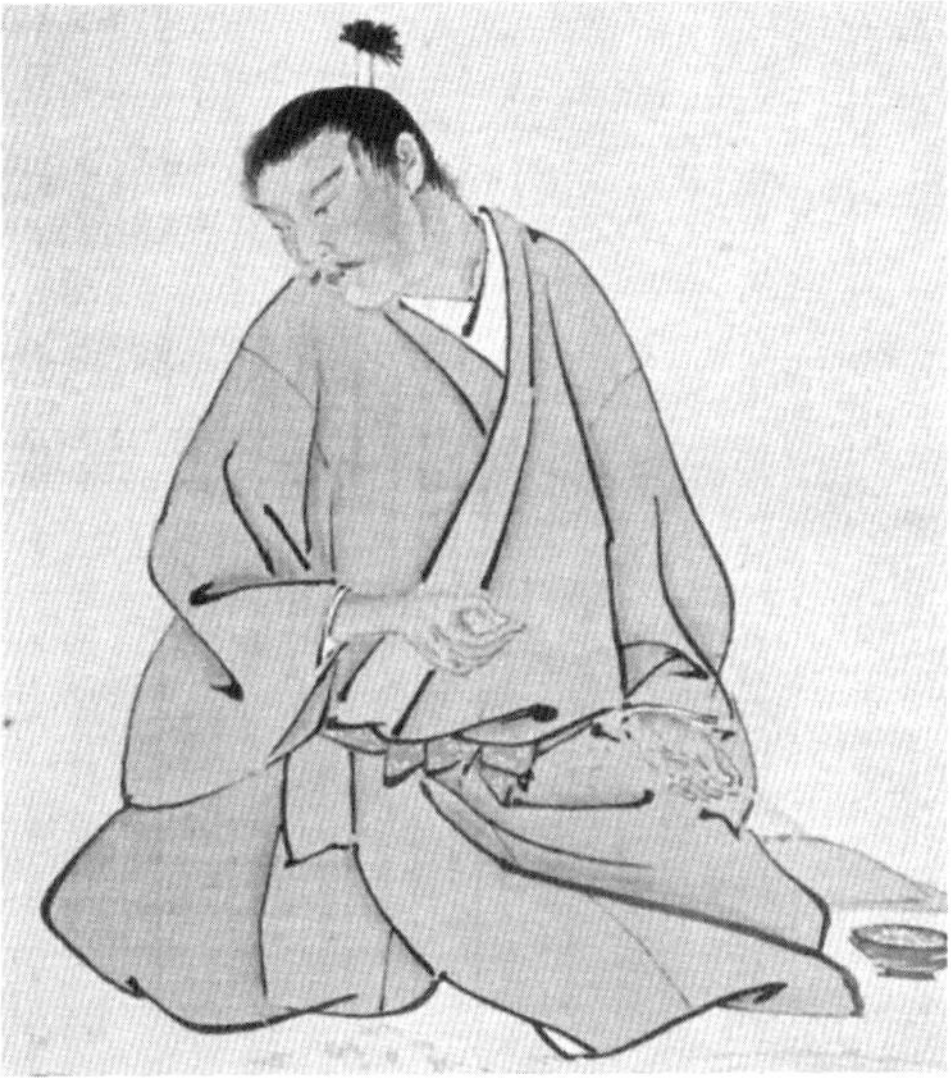
平野国臣

このままでは危険である。北条は西郷とも親交のある福岡藩出身の志士平野国臣《くにおみ》に頼んで、彼らを薩摩へ連れていってもらうことにした。

我が胸の燃ゆる思ひにくらぶれば
　煙は薄し桜島山

という雄渾《ゆうこん》な歌で知られる平野は、月照と彼の身の回りの世話をしていた重助ともども山伏姿に身をやつすと博多を離れた。

薩摩藩は幕府の間者《かんじゃ》（スパイ）でさえなかなか潜り込めないことで知られた藩である。思った通り藩境の関所で入国を拒否され途方に暮れたが、強引に海上からの入国を試みる。慣れない操船《そうせん》、早い潮の流れ、何度も生命の危険を感じながら、やっとのことで薩摩領内に入ることに成功する。

そして月照受け入れの根回しをする西郷だが、入国は迷惑だという意見が大半であった。月照がこれまで薩摩藩のためにどれだけ尽力してくれたかを話しても、藩重役の心は動かない。

一方、うまく薩摩に入国できたことを早く西郷に知らせたい月照は、十一月十一日の朝、重助を連れ、上之園《うえのその》町の西郷の屋敷を訪れた。何も知らず笑顔で入ってきた月照を前にして、西郷は息をのんだ。と同時に、嫌な予感がわき上がってくるのを禁じ得なかった。

果たして予感は的中する。月照の滞在していることが藩庁の知るところとなり、彼らの身柄は藩御用の旅宿俵屋《たわらや》へと移されるのだ。格の高い旅館だけに丁重にもてなされたが、外部との面会は禁止。西郷でさえ会わせてもらえない。体《てい》のいい軟禁であった。受け入れは無理だと言っているのに強引に入国してきたわけだから、藩重役の心証はよくない。

悪いことは重なるものだ。ここで嫌な情報が入ってくる。福岡藩の盗賊方《とうぞくがた》が二人、月照捕縛《ほばく》のため鹿児島城下に潜入してきているというのだ。この頃の福岡藩は勤王派と佐幕派に藩論が二分されていたから、佐幕派のほうの差し金だったのだろう。そして京都町奉行支配の目明かしのほうは肥後（現在の熊本県）の水俣《みなまた》に待機していて、福岡藩盗賊方からの月照逮捕の報告を待っているという。

すっかり動揺した薩摩藩上層部は、月照を日向国《ひゅうがのくに》（現在の宮崎県）の法華嶽寺《ほけだけじ》に追放することを決め、西郷に即日実行を命じた。薩摩藩ではこれまでも、幕府の密偵や他藩の人間をしばしば日向に追放しており、それは〝東目《ひがしめ》送り〟とか〝永《なが》送り〟と呼ばれていた。日向に送ると言いながら、実際には藩境で斬り捨ててしまうのだ。

薩摩は義に厚い藩のはずであった。誇り高い藩のはずだった。それが今、あれほど世話になった月照への恩を忘れ、幕府の追及に戦々恐々としている。

（殿が他界され、このような藩になり果て申した……）

そんな思いが生への執着を失わせた。彼は月照との心中《しんじゅう》を決意するのである。

西郷が足軽組頭の坂口周右衛門《しゅうえもん》とともに俵屋の二階にいる月照を訪ねたのは、安政五年十一月十五日（新暦十二月）真夜中のことだった。藩から派遣された坂口の役目は監視である。

西郷は寝床の上に正座した月照と平野の前に手をつくと、しばし無言でいた。ここまでくると月照も自分の置かれた状況がわかっている。三百メートルほど先は海。夜のしじまに潮騒の音は一層大きく聞こえてくる。一定のリズムを刻む音の存在が、静寂の深さを一層際立たせていた。

やがて西郷は絞り出すような声で藩命を伝え、

「なにとぞご出立《しゅったつ》のご準備を」

とうながした。

そして午前一時頃、月照、平野、重助に西郷と坂口を加えた五人は連れ立って宿を出た。浜辺には藩の用意した船が待ち受けている。元加治木《かじき》島津家所有の立派な屋形船だ。

みな無言のまま乗り込んだ。月がさえざえと海上を照らし出す中、船頭が帆を張ると寒風をいっぱいに受けて、船はすっと沖合にすべるように出ていった。桜島を右手に見ながら錦江湾を北へと向かう。

彼らが不審な行動をとらないよう見張っている坂口は藩内でも知られた能吏《のうり》であり、道理のわからない人間ではない。むしろ西郷に同情的だった。

月照を罪人のように遇すべきではないと考えた彼は、船中に酒肴《しゆこう》を積んでおいた。自分さえ目をつぶればいいことである。それをみなに振る舞い、最後の時間をせめて楽しく過ごさせてやろうと気を使ってくれた。西郷と月照はあまり飲めるほうではなかったが、平野はぐいぐい杯をあけた。それにつき合った重助などは、そのうちいい気分で横になってしまったほどだ。

やがて左手に磯御殿（島津家別邸）が見えてきた。そのずっと先に黒々とした影が見えるのは大崎ヶ鼻と呼ばれる岬だ。出港してから十キロほど来た計算になる。その向こうに常夜灯の明かりが小さく見えているのは心岳寺《しんがくじ》という古刹《こさつ》である。

その昔、島津歳久《としひさ》（日置《ひおき》島津家の祖）は豊臣秀吉の支配に刃向かった一揆の黒幕として切腹に追い込まれた。その最期の地に建立された寺であり、二才《にせ》の頃、友人と連れ立ってよく参った

（この藩に覇気がなくなってしまったことを、泉下の島津歳久公もさぞお嘆きであろう）

思い出の場所だ。

そう思いつつ、西郷は寺の由来を説明した。月照は深い感銘を受けた様子で、懐《ふところ》から数珠《じゅず》を取り出すと同寺の方角に手を合わせて遥拝《ようはい》した。

その時である。

「ごめんなったもんし！」

西郷はそう声をかけると、大きな身体で彼を抱きかかえるようにしながら海へと身を投げた。月照の無心の時を選んだのは、彼への心遣いにほかならない。

厳寒の海である。最初に気づいたのは船頭であった。さして広くない船内。大きな水音にはっとして振り返れば、誰がいないかは一目でわかる。

平野が、

「早く船を止めんかっ！」

と大声で叫んだ。二人が飛び込んだ場所から離れてしまっては救いようがなくなる。だが船頭はあわてていて要領を得ない。そこで平野は腰の脇差を抜き放つと、綱を切って帆を下ろし強引に船を止めた。

おろおろと泣き叫ぶ重助の様子は見るも哀れである。

「院主様っ！　院主様っ！」

必死に叫ぶのだが、声は海面を渡る風にかき消されるだけ。だが彼らの祈りが天に通じたのか、二人の身体が海面に浮き上がってきた。

「あそこだ！」

急いで海から引き揚げたが、すでに身体は冷たくなっている。平野と坂口は自分の着物を脱いで二人に着せると、水を吐かせながら船を急がせ、大崎ヶ鼻のすぐ南の花倉《けくら》の浜辺へとこぎ寄せた。

とにかく温めねばならない。二人を戸板に乗せて近くの長左衛門という漁師の家にかつぎ込むと、薪《たきぎ》をどんどん焚かせて部屋を暖かくした。懸命に身体をさすりながらも平野は思った。

（月照様は、このまま逝かれたほうがお幸せかもしれん。しかし西郷さんは死なせるわけにはいかん！）

おのずと手当は西郷に手厚いものとなる。西郷の顔にはやがて血の気がさし、一方の月照の息はついに戻らなかった。

近くに住んでいることから知らせを受けた四元義照《よつもとよしてる》（西郷の祖母の弟）は、駕籠《かご》と西郷のための着替えを三枚用意して長左衛門の家へと向かった。

そしてまだ意識のない西郷を再び船に乗せると、城下にあって人目につく大門口下の船着き場でなく、さらに南に行った人気《ひとけ》のない天保山の海岸に船をつけさせた。四元は、そこで再び駕籠に乗せると、上之園の西郷家へと連れ帰った。

自宅に戻った西郷は、こんこんと眠り続けたが、時折、

「月照どんなー、月照どんなー」

と、うわ言を繰り返した。

再び自死を試みないよう、弟の吉二郎は目のつくところに刃物類を一切置かないようにした。

やがて目を覚ました西郷は朦朧《もうろう》とした意識の下から、

「月照どんはいかがしやった？」

と周囲に問うた。

そして月照は死に、自分一人死地を得なかったことを知った彼の顔には、驚愕と悔恨《かいこん》の入り混じった表情が浮かんだ。だが嗚咽《おえつ》する力も残っていない。じっと瞑目《めいもく》するほかなかった。

この時の経験が、その後の西郷の人生を決定づける。

一カ月後、深い親交のあった肥後熊本藩家老の長岡監物《けんもつ》に宛てた手紙の中で〈私事土中の死《わたくしことどちゅうのし》骨《こつ》にて〉と書いている。〝私はもう死んだ身ですから〟という意味だ。彼はこの時から、誰もが持っている利己心などの〝私〟の部分を、完全に捨て去ってしまったのだ。

奄美大島と愛加那

藩の処分が待っていた。

入水《じゅすい》は藩命に逆らう行為である。切腹を命じられても不思議ではない。だが恩のある月照に無慈悲な対応をした負い目が藩重役にもあるためか、穏やかな処分が下された。

西郷も一緒に死んだことにし、幕府の追及を避けるため一時奄美大島に身を隠させようというのである。ご丁寧に墓まで造られ、菊池源吾《げんご》と名を改めた。名前の由来は本書の冒頭で触れたとおりである。役職は解かれたが、年六石の扶持米《ふちまい》が支給されることになった。

この一件に落胆の色を隠せなかったのが大久保だ。

彼は水戸、越前、熊本藩などと井伊対策について相談を重ねていた。どの藩も兵を挙げて井伊を討ちたいという思いはあったが、藩全体を動かすのは難しい。薩摩藩にしても、江戸にいる有馬新七《しんしち》が藩主島津忠義に率兵上京を訴えたが、逆に帰国を命じられている。

そうした中、誠忠組の面々は有志での要人暗殺を検討し始めていた。親幕派の関白九条尚忠《ひさただ》や京都所司代の酒井忠義《ただあき》をまずは除き、水戸藩と連携して江戸で大老井伊直弼を暗殺しようというのである。藩に迷惑をかけないよう、脱藩した上で実行に移そうとしていた。

大久保は悩んでいた。井伊大老に一矢《いっし》報いるべきか、はたまた様子を見るべきか。西郷が大島に発《た》つ直前、思い詰めて意見を求めた。

「おはんさあの気持ちはようわかる。じゃっどん、犬死にすることはなか」

井伊が憎いのは自分も同じだが、藩がこの体たらくでは、成功したとしても罪人扱いされたあげく家族にまで累《るい》が及ぶだろう。再考を促すと、大久保は静かにうなずいた。だが彼のいない間、果たして自分に代わりが務まるか。不安の色は隠せない。

別れ際、大久保は言おうか言うまいか迷ったが、

「吉之助さあ、肥後の長岡監物《けんもつ》どんのところへ逃げやったら如何《いかが》ごわんそかい」

とたずねた。すると西郷は大きくかぶりをふり、

「おいは、逃げ隠れしてまで生き延びようとは思わん！」

と責めるような口調で言った。

大久保は激しく後悔した。それ以上何も言わず、一礼して立ち去った。

安政五年（一八五八年）十二月下旬、西郷は鹿児島港を出帆した。

山川港《やまがわ》で二週間近く潮待《しおま》ちをし、福徳丸という船に乗って南下。一月十二日、ようやく奄美大島北部の龍郷湾《たつごうわん》阿丹崎《あたんざき》の港へと到着する。船のとも綱をつないだ琉球松が、今でも〝西郷松〟と呼ばれて残っている。

かつて奄美大島の島民はのんびりした暮らしをしていた。ところが慶長十四年(一六〇九年)に薩摩藩が琉球王国を征服してからというもの、島民の生活は一変する。砂糖増産のため、すべての平地はサトウキビ畑となり、地元民の食糧を確保するための水田や畑は最小限にさせられた。

極端な貧窮に陥り、家や畑はおろか自分の身まで売って〝家人《ヤンチュ》〟と呼ばれる奴隷になる者が続出する。多いところでは人口の四割が家人だったというからすさまじい。彼らは主人の屋敷内の小屋に家畜同然に押し込められ、食事も豚の飼料と同じ焼酎の絞り粕《かす》しか与えられず、昼夜関係なく働かされた。

西郷はひとまず龍左民《りゅうさたみ》という人のところに身を寄せ、丁重に遇された。龍はこの島で最初に郷士格に取り立てられた人物で、島内屈指の富豪である。それこそ家人を七十人以上も抱えていた。西郷は彼の屋敷の離れに住むことになり、家人の少女一人を召使いとしてつけてもらった。

だが、どうも居心地が悪い。数日で離れを出ると、近所の空き家を借りて自炊生活を始めた。

西郷が閉口したのは、とっかえひっかえ島民がやってきて、もの珍しげに覗《のぞ》き見していくことだ。びっくりするような大男が来たという噂が広まっていたらしかった。この頃大久保に宛てた手紙を見ると、相当ストレスがたまっていたらしく自嘲《じちょう》気味な言葉が並んでいる。

彼は三つの行李《こうり》にぎっしり本を持参していた。時には島の学者である操《みさお》家の蔵書も借りながら、暇を見つけては書物と対話し、自省する毎日を送った。晴耕雨読《せいこううどく》は文人の理想と言われているが、南国特有の雨の多さには閉口した。湿気が多いと体調も崩す。

この頃、西郷は彼を生涯悩ませる病気に罹《かか》っている。フィラリアだ。

今でも犬の寄生虫として知られるが、江戸時代には人体に感染するフィラリア症が全国で見られ、特に南方に多かった。

寄生されるとリンパ管が閉塞して組織液が滞留し、むくみの原因となる。陰茎《いんけい》、乳房、下肢《かし》などが腫《は》れるケースも見られるが、陰嚢水腫《いんのうすいしゅ》（睾丸《こうがん》が腫れ上がる症状）が最もよく知られる症状である。十二世紀に描かれた『異本病草紙《いほんやまいのそうし》』にも陰嚢が大きく腫れ上がった男性が登場しているが、西郷にはまさにこの症状がでていた。

後年、魚を捕っていると、隣にいた農夫が彼の褌《ふんどし》の膨《ふく》らみに目がいったらしく、

「先生は金玉が大きゅうございますなあ！」

と感に耐えない様子で口にしたことがあった。すると西郷は笑いながら、

「飯《めし》の時、膳《ぜん》に使うちょる」

と冗談を言ったという。

西南戦争で西郷とともに戦死する桐野利秋《としあき》の検死書にも〝陰嚢肥大〟の記述が見えるから、当時はそう珍しいことではなかったのかもしれない。


そうこうするうち島に来て一年近くが過ぎた。

薩摩藩では、正妻が藩内にいても島で別途妻をめとってよいことになっている。これを〝島妻《あんご》〟と呼んだ。大久保利通の父利世《としよ》も沖永良部島勤務中に島妻をめとり、彼女との間に二人の娘をもうけている。

西郷は江戸にいた時にも、藩士の多くが藩邸に近い品川宿の女郎屋に通う中、一向に足を向けようとしなかった堅物《かたぶつ》だが、健康な男性が女性を求めるのは自然なことだ。

彼も安政六年十一月八日、龍家の一族である於戸間金《おとまかね》という女性を島妻にした。目鼻立ちのはっきりした美人だった。結婚を機に愛加那《あいがな》と称し、後世こちらの名で広く知られている。西郷三十二歳、愛加那二十二歳であった。

島妻をめとるには決まりがある。島を離れる時、彼女を連れて帰ることは固く禁じられていたのだ。ただ、息子が生まれたら薩摩藩内で武士の子としての教育を受けさせることができ、

愛加那

島に帰ってくれば郷士格にしてもらえた。

西郷は愛加那を深く愛し、客前でも平気で彼女の身体を触るので相手は目のやり場に困ったという。彼女を通じ島民とも打ち解けてきた。畑仕事を手伝ったり、青年たちと相撲を取ったり。徐々に彼の表情に笑顔が戻ってきた。

この島で彼は、大島守衛方に左遷《させん》されていた日置島津家出身の桂久武《ひさたけ》と親交を結んだ。桂の兄はお遊羅《ゆら》事件で犠牲となったあの赤山靱負《ゆきえ》である。西郷は桂を生涯篤《あつ》く信頼し、二人の間に交された多くの書簡が残されている。

島暮らしも三年目に入った文久元年（一八六一年）春のこと、西郷の監視役である横目《よこめ》付《つけ》に旧知の木場伝内《こばでんない》が着任すると、気心の知れた仲だけにさらに暮らしやすくなった。

そんなある日、事件が起こる。サトウキビが不作で、決められた年貢が納められない農家が十数軒出たのだ。代官が彼らを監禁し、拷問を加えるよう命じたと聞いて、西郷は烈火のごとく怒った。

すでに日は傾いていたが、翌朝まで待てない。愛加那に馬を引かせると、月明かりの中、馬を飛ばして代官の相良角兵衛《さがらかくべえ》に面会を求めに行った。

この時の彼の怒りは、島民への同情という単純なものではない。そもそも相良は西郷が郡方で仕えた元上司なのだ。前任の迫田が素晴らしい奉行だっただけに、西郷は大いに不満だった。斉彬に相良の建言書について感想を聞かれた際も、それが上っ面だけのものであることについてさんざんに批判した。そして今回、彼が島民を拷問していると聞いて、さもありなんという思いだった。

迫田が〝虫よ虫よ五《いつ》ふし草の根を絶つな〟と奉行屋敷の壁に書き残したことが昨日のことのように思い出される。当時と何ら役人の意識が変わっていないことが、彼には悔しくてならなかった。

西郷は猛然と抗議したが、島内統治に自信を持っている相良は、西郷の忠告に耳を傾けようとしない。

（これではらちがあかん！）

西郷は大きな目に怒りの炎をともしながら、

「それでは、おいが直接殿に対し建言書を書きもす。おはんの日頃の態度もあわせて上申《じょうしん》するつもりでごわすから覚悟しておられよ」

そう言い放った。

この言葉に、それまでは傲然《ごうぜん》としていた相良も顔蒼《あお》ざめた。彼の言う〝日頃の態度〟には、苛政《かせい》だけでなく数々の収賄《しゅうわい》も含まれている。報告されては首が飛ぶ。

ここで間に入ってくれたのが木場伝内だった。彼が相良を説得し、農民たちはようやく解放されることになり、西郷は自ら代官所の鍵を持ち出して牢を開けてやった。これ以降、島民にとって彼は神にも等しい存在となった。


西郷不在の間にも時代は大きく動いている。

井伊大老の安政の大獄は苛烈《かれつ》さを増し、西郷が奄美大島に到着した年（安政六年）には慶喜が隠居謹慎、徳川斉昭は永蟄居《えいちつきょ》と、無勅許での条約締結に抗議した不時登城の時以上の厳しい処分が下り、内覧という摂政関白に次ぐ立場だった近衛忠熙も謹慎に追い込まれるなど、一橋派の大名や公家は次々と政治の表舞台からの退場を言い渡された。

そしてついに、あの橋本左内も若い命を刑場の露と散らすのである。

橋本が捕縛されたのは安政六年十月二日のことだった。そこはさすが天下の秀才。尋問にも理路整然と反論し、つけ入る隙を与えなかった。彼は幕府転覆など考えていたわけではない。むしろ雄藩で力をあわせ、幕府を支えていこうとしていたのだから当然だ。

理屈で勝てない奉行所は処分に困り、遠島を言い渡そうとする。ところが、ここで井伊が口を挟んだ。彼は自らの権限で死罪に変更するのである。

橋本左内が千住小塚原《せんじゅこづかつぱら》で処刑されたのは十月七日四つ半（午前十一時）のこと。まだ二十五歳の若さだった。逮捕からわずか五日後というあわただしさが、いかに恐れられていたかを物語っている。武士としての名誉を守れる切腹ではなく、罪人としての斬首であった。

〝四賢侯《しけんこう》〟の一人に数えられた松平慶永も、左内の死後は精彩を欠くようになる。その政策の多くが彼の脳髄から出たものだったからである。

幕末の能吏《のうり》として知られた水野筑後守忠徳《ただのり》は、幕臣の立場ながら彼に同情し、

〈井伊大老が橋本左内を殺したるの一事、もって徳川氏をほろぼすに足れり〉（福地源一郎著『幕末政治家』）

という言葉を残している。水野をしてそう言わしめた橋本左内、〝もって瞑《めい》すべし〟である。

橋本左内刑死の知らせが西郷のもとに届くまでには、実に四カ月もの日数がかかった。それ

を知った時の彼の驚きと怒りがどれほどのものであったかは容易に想像がつく。

大久保への手紙にも〈悲憤千万堪え難い《ひふんせんばんたえがたい》〉と身を震《ふる》わせるようにして記しているが、ともに国事に奔走した橋本左内の死は癒《い》せぬ傷となって長く心に残った。城山で最期の時を迎える日まで、生前送られた手紙を肌身離さず持っていたという事実が、橋本を失った彼の無念の大きさを物語っている。


斉彬の死後、忠義が藩主となり斉興が後見人に就任した薩摩藩のその後についてだが、斉興は斉彬の死の翌年に没し、代わりに後見人となったのが忠義の父久光であった。

彼は先述の通りお遊羅の子である。十分な政治的力量を持った人物であったが、斉彬に対する強い思慕の念が、西郷に久光を過小評価しようとする先入観を持たせてしまう。そのため維新後まで面従腹背《めんじゅうふくはい》を続けることになった。

一方、大久保は新体制にすぐに順応した。自分の習っている囲碁の師匠が久光の碁の相手と知って彼を通じて建言したり、久光好みの本を探し出して献上するなどし、側近に取りたててもらうことに成功する。

この大久保の如才なさを人は嫌う。しかし、大望というものは政治の中枢にいないと達成できない。斉彬という絶対的な精神的支柱が失われ、藩が空中分解するかどうかという時、それを未然に防いだのが大久保だった。

尊王攘夷を先んじて唱え、維新回天《かいてん》の中心はこの藩を置いてほかにないと思われていた水戸藩、武市半平太《たけちはんぺいた》を擁した土佐藩、平野国臣がいた福岡藩などは、すべて藩論が四分五裂して維新の推進役になれず、志士たちは脱藩して個人行動に走らざるを得なくなった。

海音寺潮五郎《かいおんじちょうごろう》は『西郷と大久保と久光』の中で、

〈明治維新という革命は、西郷の徳望と、大久保の腹黒い術策で成功した〉

と述べているが、大久保の術策があったからこそ、薩摩藩は維新の中心に立ち続けることができたのである。

ここで、井伊大老の横暴に一矢報いんと、薩摩藩若手藩士たちが進めていた要人暗殺計画のその後について触れておきたい。

西郷からの助言もあり、血気にはやる彼らの突出を何とか抑えようと考えた大久保は一計を案ずる。危険を覚悟で、計画の存在を包み隠さず久光に話したのだ。

案の定、久光は激怒する。ここで終わってしまっては単なる密告者だ。大久保には策があった。彼らに十分な理解を示しつつ、時を待って自重するよう、共感と温情のあふれた書状を出せば、暴発を未然に防ぐことができると献策したのだ。

久光は顔を紅潮させながらも、頭の中では冷静に考えていた。関係者の捕縛を命じるのはたやすい。だが当然のことながら藩内は大混乱になり、お遊羅騒動の二の舞になるのは必定だ。次第に彼の顔から赤みが消え、威厳を取り戻すと、大久保の策をいれようと告げた。

大久保も親しく接するうち、久光の持つ度量を理解し始めていたのだ。彼なら最終的には自分の献策に耳を貸すだろうと踏んだのである。こうした政治的勘は、西郷よりむしろ大久保のほうが優れていた。

こうして安政六年（一八五九年）十一月五日、藩主忠義の名で直書《じきしよ》が出される。〈誠忠士《せいちゆうし》の面々へ。我らも順聖院《じゆんせいいん》様の遺志を継ぎ、万が一事変が到来すれば、天下のために決起する覚悟であるから、不肖《ふしよう》の我らを助けよ〉

〝順聖院（故斉彬）の遺志〟を継ぐとし、〝不肖の我らを助けよ〟とまで書かれていることに誠忠組の面々は感激し、計画取りやめを決めた。久光父子を信じ、ついていく気持ちになったのである。そもそも〝誠忠組〟という呼称は、この直書に〈誠忠士の面々へ〉と書かれていたことから使われるようになったものなのである。

直書の話は、奄美大島にいる西郷にも伝えられた。彼はほかの面々ほど素直に久光の言葉を信じてはいない。ただ、大久保たち四十九名が連署して提出した請書《うけしよ》（直書の受取状）の冒頭に〈大島　菊池源吾〉と書かれていたことを知り、変わらぬ友情に涙した。

直書が出てもなお計画を放棄しようとしない急進派もいたが、彼らに対し大久保は、

「どうしても突出するというなら、俺《おい》を斬って行け！」

と、毅然《きぜん》とした態度で暴発を防いだ。

大久保の身体を張った説得が功を奏し、何とか薩摩藩の要人暗殺計画は未然に防がれたが、安政の大獄で斉昭を永蟄居にされた水戸藩の怒りは収まらない。

藩に迷惑をかけないよう事前に脱藩して〝浪士〟となった彼ら十八名は安政七年（一八六〇年）三月三日（新暦で三月二十四日）早朝、井伊大老を襲撃。暗殺に成功する。いわゆる〝桜田門外の変〟である。

彼らの不穏な動きについて幕府は事前に把握していたが、警備を厳重にすることは幕府の権威にかかわると、井伊はあえて供回《ともまわ》りを増やすことはしなかった。おまけにこの日は季節外れの大雪。一行が刀の柄に刀身が濡れないよう袋をかけていたことも、とっさの反撃ができない原因となった。

駕籠《かご》の中から井伊を引きずり出し、その首を挙げたのは、ただ一人薩摩浪士として参加していた有村次左衛門《じざえもん》（俊斎の弟）である。

彼らは勝鬨《かちどき》を上げると、首を刀の先にさして意気揚々と引き揚げにかかった。その時である。倒れ伏していた彦根藩の小河原秀之丞《おがわらひでのじょう》が刀で身体を支えながら幽鬼のように立ち上がり、主君

桜田門外の変の模様を描いた「安政五戊午年三月三日於テ桜田御門外ニ水府脱士之輩会盟シテ雪中ニ大老彦根侯ヲ襲撃之図」大蘇芳年（月岡米次郎）画／国立国会図書館所蔵

の首を取り戻すべく有村の背後から斬りつけたのだ。

小河原はすぐに寄ってたかってなますのように切り刻まれて息絶えたが、有村は後頭部に重傷を負う。

それでも気力を振り絞って首を持ったまましばらく歩いたが、若年寄である遠藤胤統《つねのり》が藩主を務める近江三上《みかみ》藩邸（現在のパレスホテル東京付近）まで来たところで力尽き、自害して果てた。

井伊暗殺の知らせが島にいる西郷のもとに届くと、彼は喜びを爆発させた。斉彬の寿命を短くし、月照を追い詰めた憎い憎い相手である。幼い頃から可愛がっていた同じ郷中《ごじゅう》の有村次左衛門が首を挙げてくれたのも嬉しかった。

この時の感激はその後も薄れなかったと見え、

桜田門外の変からちょうど一年にあたる日、彼は朝から黒糖焼酎を飲み、すっかり酔っ払ってしまったという。

そして帰国した時、彼が斉彬の次に墓参りしたのは有村次左衛門の墓だった。

桜田門外の変は、井伊のような高圧的姿勢で諸藩を服従させることはもはや不可能であることを幕府に再認識させた。この後は穏健派の老中安藤信正《のぶまさ》が中心となって、生前、斉彬が推進しようとしていた公武合体運動へと再び振り子が戻される。

そして実現したのが皇女和宮《かずのみや》の将軍家降嫁《こうか》であった。

政略結婚の発想であり、戦国時代と変わるところはない。すでに婚約者がいたにもかかわらず婚約を解消させられ、本人の意向をよそに話は進められた。その婚約者の名は有栖川宮熾仁《ありすがわのみやたるひと》親王《しんのう》。後に彼は東征《とうせい》大総督に就任し、討幕軍の総大将として江戸に攻め上ってくるという皮肉を歴史は用意する。

万延元年（一八六〇年）十月、降嫁の勅許が下り、和宮は翌文久元年（一八六一年）十月二十日京都を発《た》って江戸へと向かう。この時、幕府は和宮降嫁の条件として朝廷から攘夷の実行を約束させられる。和宮降嫁は朝廷側が譲歩した形となるためだ。孝明天皇が大の外国嫌いだったことも背景にあった。

ここで急に存在感を示し始めるのが長州藩である。彼らは藩主毛利敬親《たかちか》の信頼篤い直目付《じきめつけ》（藩主直属の実務家トップ）の長井雅楽《うた》が提唱する〝航海遠略策《えんりやくさく》〟を引っ提げて国政に乗り出してくる。

長井は説いた。今はまさにわが国が一致団結して乗り切らねばならない国難の時であり、そのためにも朝廷は政務に長じた幕府を信頼し、任せねばならない。今さら朝廷の言うような条約破棄は非現実的であり、むしろ外国と積極的に通商し、国富を蓄えていくことこそ諸外国と対等の外交を展開する近道であると。

まさに正論。現実を直視した国家戦略だ。それは〝筋《すじ》〟や〝面子《めんつ》〟にこだわってきた人々の目を覚まさせ、かたくなに攘夷を主張し続ける朝廷の中にも長州びいきの公卿が出始めた。

だが公武合体開国という航海遠略策は、薩摩の主張と似て非なるものである。同じ公武合体でも、長州のそれはあくまで幕府が主だが、薩摩はあくまで朝廷が主である。朝廷までも長州に丸め込まれては再び幕府の慢心を招く。井伊の時代に後戻りしないよう、しっかりくぎを刺しておく必要がある。

そこで久光の考えたのが、斉彬の悲願であった率兵上京《そっぺいじょうきょう》だ。その上で、一橋慶喜を将軍後見職に、松平慶永を大老とする勅使を幕府に下してもらい、〝皇国復古〟を目指そうとした。それは誠忠組に下した直書の中の〝順聖院の遺志〟を継ぐという約束の実現でもある。言葉だけではなく行動をという薩摩武士の姿勢は、久光の中にもしっかり息づいていたのである。

大久保は裏方として奔走する。参勤交代の時期にあたっていたが、率兵上京の根回しでそれどころではなくなった。だがすぐ幕府に感づかれ、参勤交代はまだかと催促が来た。参勤交代のふりをして率兵上京することはできない。勅許なく兵を動かすと兵乱とみなされ、追討の対象となってしまう。何とか時間稼ぎをしなければならない。

難しい判断が求められるこの時、大久保は思い切った行動に出る。

文久元年十二月七日、芝高輪の薩摩藩邸（現在、シナガワグースが建っている場所）を焼いたのだ。下屋敷ではあったが広壮な藩邸である。使用されている木材も調度品も超一級品。金銭的にどれほどの損失か計り知れない。大久保自身〝一奇策〟と表現しているが、平時なら狂気の沙汰だ。

その上で、藩邸再建で手が回らないため参勤交代はしばし猶予《ゆうよ》していただきたいと願い出た。何も知らない幕府は、秋まで参勤交代を猶予してくれたのみならず、予定されていた上納金を免除。藩邸再建費二万両を貸与するという温情を示した。

念には念を入れ、大久保はもう一つ策を考えた。それは、これまで不安がよぎるたびに胸中に浮かんだ人物の再登板だ。西郷を島から呼び戻そうというのである。

何といっても、かつて斉彬の率兵上京の根回しを行った男である。朝廷内にも顔が利《き》く。力を貸してもらえれば百人力だ。大久保は同じ思いの吉井友実たちとともに、西郷召還を願い出た。

久光は露骨に不快気な顔をしたが、大久保は間髪いれず用意してきた言葉を口にした。

「許されねば腹を切ります！」

薩摩武士に二言《にごん》はない。聞き入れられない時は本当に腹を切るであろう。恫喝《どうかつ》とも言える要求にどう対応するのか。再び久光は鼎《かなえ》の軽重《けいちょう》を問われることとなった。率兵上京に失敗は許されないことは彼が一番よくわかっている。西郷召還はそのための策だということも。

久光は黙って大久保たちの要求をのんだ。

西郷は藩内でそんな動きがあることなど知る由もない。愛加那との間に長男菊次郎が誕生したこともあり、子育てが落ち着いてできる家がほしいと、村人たちに協力してもらって新居を建て、引っ越しに際しては村人へのねぎらいも兼ねて盛大な祝宴を催した。

帰藩命令が届いたのは何とその翌日のことである。

夢にまで見た瞬間だ。嬉しくないはずがない。愛加那も気丈に振る舞って満面の笑みで喜んでくれたが、運命づけられている別れを考えると心中複雑である。この時、彼女は二人目の子どもを身ごもっていたからなおさらだった。

この日の来ることをかねて覚悟していた愛加那は、西郷の髪をくしけずる時、抜けた毛を形見にとそっと蓄えていた。後にこの髪が調査され、西郷の血液型はB型だったことがわかっている。余談ながら、大久保は生前彼が使っていたポマードに残る毛髪からO型と判明している。

文久二年(一八六二年)一月十四日、菊次郎を抱いた愛加那が見送る中、西郷を乗せた船は奄美大島の北端に近い阿丹崎を出帆していった。

今生《こんじょう》の別れだと思ってじっと見つめる彼女の顔が、滂沱《ぼうだ》の涙で揺らいでしまう。西郷は大きな手で何度も目をごしごしこすっては、その姿が見えなくなるまで手を振り続けた。

率兵上京と寺田屋事件

和宮降嫁《かずのみやこうか》の条件として幕府は攘夷を約束したが、本気で行うつもりなどない。むしろ老中安藤信正《のぶまさ》はポルトガルやプロシアと通商条約を結び、開国を推進しようとした。

攘夷決行の動きがないことに加え、和宮は幕府の人質だったのではないかとの噂が広がり、文久二年(一八六二年)一月十五日、再び水戸浪士らが安藤を襲撃する。いわゆる〝坂下門外の変〟である。

桜田門外の変の教訓から、警備は厳重だった。それに襲撃者側は六人という少人数。あまりに無謀だった。全員返り討ちに遭って闘死し、安藤は軽傷で済んだ。だが武士の掟《おきて》は厳しい。彼らと切り結ばず護衛に守られながら退避したため、

「敵に後ろを見せるとは士道忘却である!」

との非難が起こり、安藤は失脚する。西郷が帰藩したのは、こうした混乱のさなかであった。

西郷の帰りを待ちわびていた大久保は、四年ぶりの再会をそれこそ手を取り合うようにして

喜び合い、帰国の翌日にあたる文久二年二月十三日、彼を小松帯刀《たてわき》のところへ連れていく。

大久保には思惑があってのことだったのだが、ここで、この小松帯刀という維新史において大変重要な役回りを果たした人物について触れておきたい。

薩摩藩の名門である喜入《きいれ》領主胆付《きもつき》家の三男として生まれた彼は、二十歳の時、吉利《よしとし》領主の小松家へと養子に入った。西郷の八歳下、大久保の五歳下にあたる。

眉《まゆ》涼しげにキリリと上がり、武張《ぶば》ったところがない。家柄のよさをひけらかさず、温かい人柄そのままに、よく話し、よく笑う。どんな相手にも好感を抱かせる好男子だった。

後に城代家老に出世し、公式の場では西郷以上に薩摩藩代表として交渉の場に立つこととなる。彼が長州や幕府といった薩摩が対峙《たいじ》することになる人々にまで信頼されていたことが重要な局面で生きてくるのだ。外交は北風だけでなく、小松のように太陽のような役割を果たす人間がいるとうまくいくものである。その点、薩摩藩は人材に恵まれていた。

斉彬に重用されていたこともあって、彼の死後、一時左遷されたが、西郷帰国の前年、大久保の口添えもあって藩政に復帰。小松と大久保は、中山仲左衛門《ちゅうざえもん》、堀次郎(後の伊地知貞馨《いじちさだか》)らとともに、〝久光四天王〟と呼ばれる側近グループを形成していた。

そして大久保が西郷を小松のところへ連れていった理由だが、それは久光の率兵上京計画を小松の口から伝えてもらうためだった。

小松帯刀

自分で話せば済むことだが、そう簡単にはいかない。長い付き合いだけに、西郷が大反対するであろうことは容易に想像できる。斉彬が発案した計画を、よりによってお遊羅《ゆら》の息子の久光が実行するというのだから。

今や率兵上京の実現は、誠忠組はもちろん、かつて斉彬に重用されていた小松を含む藩全体の総意である。そのことをわかってもらおうとしたのだが、せっかくの大久保の骨折りも無駄に終わる。

久々に小松に会えた西郷は終始上機嫌で、島での生活を冗談交じりに語っていたが、率兵上京計画を聞くやいなや顔色を変え、論ずるに値せずと切って捨てた。嫌悪感がぴりぴりと伝わってくる。あわ

島津久光

てて二人で説得しようとしたが、聞く耳を持たなかった。

やがて西郷は以前と同じ徒目付《かちめつけ》・鳥預《とりあずかり》兼庭方役《にわかた》（二十四俵一斗四人賄《まかない》）への復職を命じられ、不愉快な思いを抱えたまま久光に謁見することとなった。

同席する大久保は、嫌な予感で胸の動悸《どうき》が治まらない。果たしてそれは的中することとなる。

久光からすれば、当然西郷から赦免についての感謝の言葉があると思っている。ところが彼の口を衝《つ》いて出たのは予期せぬ言葉であった。

「今軍勢を率いて京に入れば、大混乱になるに違いもはん」

のっけからそう切り出すと、久光が生涯忘れ得ない言葉を投げつけた。

「御前《ごぜん》には、恐れながら田舎者《じごろ》であられるゆえ……」

それを聞いた瞬間、久光の表情が凍りついた。

一度は死んだ身で怖いものなどないとはいえ、大胆すぎる発言だ。隣に控えている大久保は、青白い顔をさらに青くして息をのんでいる。

だが、ここで取り乱しては威厳を失《しっ》する。久光は切れ長の目に怒りの炎をともしながらも、かろうじて感情の爆発を抑え、黙って聞き流すことにした。

一方の西郷は、ここまで言っても思いとどまる気配がないとわかると、足の痛みを理由に出仕をやめ、何と指宿《いぶすき》温泉へ湯治に行ってしまう。

意外なことに、誠忠組の同志は彼を引き止めなかった。率兵上京実現は誠忠組の面々の思いを久光が汲《く》んでくれてのことだと彼らは信じている。それに西郷が反対したことは、彼らをいたく失望させていたからだ。

実はその一方で久光は、日置《ひおき》島津家の島津左衛門《さえもん》下総《しもうさ》を家老職に任命し、彼を通じて巧みに誠忠組の動きを牽制していた。そのことは妙なことに、久光に対してでなく西郷に対する不信感につながっていく。彼の父吉兵衛が日置島津家の用頼みであったことから、西郷は日置一派と見られていたからだ。

さすがに数日すると、そうした情報も入ってくる。〝日置一派〟などという狭い了見で動く人間と思われていることに愕然《がくぜん》とした彼は、斉彬の菩提《ぼだい》を弔いつつ隠遁《いんとん》生活に入ろうと思った。ポーズではない。真剣にそう思っていた。

このままほうっておけば、おそらく西郷隆盛という人物は、歴史の表舞台に登場することはなかったはずだ。だが大久保は、西郷を失うことを惜しんだ。

話があるからどうしても帰ってきてほしいと早飛脚《はやびきやく》を立て、二人は大久保の家で会った。大久保という男も我慢強い。西郷は彼の顔に泥を塗り、久光との信頼関係を大きく損《そこ》ねたのだ。言いたいこともいろいろあったに違いないが、そこはぐっとこらえ、西郷を詰問《きつもん》するようなことはしなかった。

今回の計画が失敗の許されないものであり、実行に移さなければ長州の風下につくことを切々と説いた。西郷にしても大久保の苦しい立場がわからないはずがない。必死の説得についに折れた。

「そいなら、気張ってやりもんそ！」

これは後々まで西郷の特徴となるが、一旦覚悟を決めると、自分の体はお前に預けると腹をくくってしまう。この時の彼がまさにそうであった。

こうなると大久保の動きは神速《しんそく》である。西郷には内緒で、彼から詫《わ》びを入れてきたような報告をして久光の勘気《かんき》を解き、再び藩政に加えてもらえるよう根回しした。

だが、これくらいで久光の怒りが解けるはずはない。形だけ許したことにして自らの度量を示し、文久二年（一八六二年）三月十三日、

「肥後藩内の形勢を視察し、下関でわれわれの到着を待て」

という命を与えた。

率兵上京に反対した彼を京まで同行させる気はなく、下関で合流した後は帰藩させるつもりだった。

そんな久光の心の内を知っていたか定かではないが、西郷は黙って君命に従い、村田新八を連れて先発した。肥後熊本藩には家老の長岡堅物《けんもつ》ら気心の知れた人たちがいるから難しい任務ではない。

村田新八は西郷が最も信頼していた腹心である。同じ下加治屋町のすぐ近所に住んでいたこともあり、幼い頃から九歳年上の西郷を兄のように慕っていた。

長じて後は、西郷が〝智仁勇《ちじんゆう》の三徳を兼備したる士〟と称賛するほどの人格者に成長し、かの勝海舟も〝薩摩藩の数ある人材の中で西郷、大久保に次ぐ傑物〟と見ていた。ゆくゆくは宰相の座に就いてこの国を導いたはずだったが、それを前にして西郷と城山まで運命をともにし

村田新八

てしまうことになる。
西郷が村田とともに先発するに先立って、大久保は森山新蔵に、道中での食糧調達などの先行調査を命じようとした。お遊羅騒動の後の苦しい時、大久保が借金を頼んだ商人上がりの藩士である。
ところがこれに中山仲左衛門が難色を示す。上士出身で頭の切れる中山は、〝久光四天王〟の中でもリーダー格だ。そもそも彼には下士の多かった誠忠組の面々を見下す傾向があり、まして町人出身の森山などにかかる大事を任せたくなかったのだ。
森山はもともと大商家の主人だったが、藩が財政改革した折、借金を棒引きにする代わり士分に取り立てられ、薩摩藩士の一員として認められようと必死に努めていた。

「町人出身だからこそ役立つっちゅうこともござんもはんど」

森山に恩もあることから、大久保は中山をなだめ、予定通り行かせた。

大久保には、自らが下士出身だったこともあろうが、出身や階級とは関係なく適材適所で抜擢する度量が備わっていた。中山が歴史に埋もれ、大久保が歴史に名を残した理由の一つがそこにあるような気がしてならない。


君命通り熊本藩重臣と情報交換した後、西郷たちは三月二十二日、海運を業とする下関の豪商白石正一郎《しょういちろう》の屋敷に入り、森山と合流した。白石は久光から二万両を渡され、薩摩兵が関門海峡を渡るための輸送船購入などの準備を進めていたのだ。

西郷は白石のことを信頼し、親しく交わっていた。彼は志士たちのパトロンとして歴史に名を残している。支援を受けたうちの一人が、かの坂本龍馬であった。志士たちに入れ込みすぎ、維新後には逼塞《ひっそく》してしまうが、おそらく政商になろうと思えばなれただろう。西郷が気に入っただけあって、欲のない人物だった。

白石邸に到着した一行のもとに、月照の死後、筑前藩に追い返されていた平野国臣が面会に訪れ、こう語った。

「京坂の地には、田中河内介《かわちのすけ》、清河八郎、土佐の吉村寅太郎《とらたろう》、長州の久坂玄瑞《くさかげんずい》のほか、九州各藩の志士が集まり、三百人ほどになっているとのこと。われわれもすぐ船で大坂に向かうつもりです」

それは志士たちが、久光上洛にあわせて挙兵を計画しているという話だった。薩摩藩がいよいよ倒幕に踏み切ったと勘違いした彼らは、続々と京・大坂に集結し、暴発寸前になっていたのだ。

久光は、この時点では幕府を倒すことなどまったく考えていない。だが、このまま入京すれば、倒幕の首領に祭り上げられてしまうのは確実だ。一刻も早く沈静化させねばならないと考えた西郷は、下関をその夜のうちに出帆。村田、森山とともに京へと向かった。

こうした場合の西郷の行動はいつも同じ。興奮して殺気立っている者たちの中にずかずか踏み込んでいき、度肝《どぎも》を抜いて彼らの目を一気に覚ますのだ。自分の生命を犠牲にすることなど鴻毛《こうもう》ほども厭《いと》わない覚悟こそ、西郷隆盛という人間の最大の強みである。

この知らせをもたらしてくれた平野国臣に、西郷はこう語ったという。

「借金払いをする時が来たようでごわす。今度こそ平野さぁと一緒に死ぬことになるやもしれもはん」

〝借金〟とは、平野とともに背負っている〝月照の死〟のことである。

平野はぞくぞくする思いでそれを聞いた。この男は人に倍する俠気《きようき》を持っている。いささか目立ちたがりの弊《へい》があったものの、ともかくでかいことをやろうといつも腕まくりしている風があった。ただまずいことに、薩摩藩士はみな同じ気持ちだろうと子どものような純真さで思った平野は、淀川下りの三十石船の中で会った有村俊斎に、この時のことを話してしまう。

言葉というのは難しいもので、こういう微妙な局面で正確に趣旨が伝わることはまずない。有村は、

「西郷どんは騒動の首領となって死ぬ覚悟でごわんど」

と妙な形で久光に伝えてしまい、西郷を窮地に追い込むことになる。

伏見藩邸に入ってからの西郷は薩摩藩の若手を見事に統制し、暴発を防いでいる。長州藩の久坂玄瑞に会って、こちらも妄動しないようくぎを刺した。志士たちは結局、薩摩か長州の尻馬に乗るのだから、両藩がしっかりしていれば大丈夫だと踏んだのだ。

この時、〝久光四天王〟の一人である堀次郎が、浪士たちを大坂の薩摩藩邸の長屋に入れていると聞き、西郷はこれを強く批判している。だがそのことは堀の恨みを買った。

久光は文久二年三月十六日、小松、大久保以下千余名を従えて鹿児島を出発。三月二十八日、

下関に着いた。

ところが待っているはずの西郷の姿がない。一行の到着を待たずに先発したことを知った久光は、満面朱を注いだようになった。

ここに従来歴史上の疑問とされてきた問題がある。この時、久光が激怒したのは、西郷が置き手紙もせず〝無断で〟京へ向かったためなのだが、いくら西郷が久光を軽侮《けいぶ》していたとしても、そこまで無礼なことをするだろうかという疑問である。

久光側近の一人だった市来《いちき》四郎が明治二十六年（一八九三年）十月の史談会で行った講演によれば、大久保は久光に、次のように言上《ごんじよう》したというのだ。

「誠に不都合なことになりました。西郷は三、四日前まで当所におりましたけれども、浪士を連れて上りましたそうです。一封の手紙も残してはござりません。実に不都合な次第で、如何なる見込みかもわかりません。（西郷が）御約束を違《たが》えましたるは恐れ入ります」

ところが西郷は、奄美大島で世話になった木場伝内《こばでんない》に対し、この時自分は置き手紙を書いて出発したと手紙に書いている。

この問題について、鹿児島出身で西郷の研究に人並み外れた情熱を燃やした海音寺潮五郎は、『寺田屋騒動』の中で控えめに、

〈西郷が一通の置手紙もしていないと、大久保が言ったということが、どうにも気になります〉

と書いているが、はっきり言ってしまえば、大久保が西郷の残した置き手紙を握りつぶしたと考えるのが自然だろう。主君宛ての手紙を勝手に開封することなど考えにくいが、もし大久保が仮に読んでいて西郷の気持ちがわかったとしても、一言の相談もなく独断で行動したことは許せることではない。さすがに彼も忍耐の限界だったはずだ。

まだ上京の勅許は出ていない。見切り発車で兵を引き連れ京に向けて発進しているわけで、大久保の神経はぴりぴりしている。これ以上西郷に勝手な行動をされたら、率兵上京計画が失敗するだけでなく、薩摩藩は存亡の危機に立たされる。

西郷との友情は変わらないが、大義のためには情を捨てねばならない時がある。大久保はここで、西郷を再び遠ざけるしかないと判断し、彼の置き手紙を黙殺したのだろう。

四月六日、久光一行は姫路に到着。目指す京はもう目の前だ。そうする間にも、久光のもとには西郷に不利な情報ばかりが入ってきた。堀もダメ押しするかのように、西郷は過激派の首領気取りで彼らを煽動《せんどう》していると言上した。

久光の怒りはもうとっくに限界を超えている。

「西郷というやつは所詮《しょせん》、薬鍋《くすりなべ》かけて死ぬ男ではない！」

そう吐き捨てるように口にした。〝畳の上で死ぬ男ではない〟という意味だ。

そして四月八日、西郷、村田新八、森山新蔵の三名を捕縛するよう命じる。捕吏《ほり》が到着するより先に、そのことが西郷の耳に入った。寝耳に水とはこのことである。お褒《ほ》めの言葉こそあれ、罰せられるとは。

急いで大坂を発《た》ち、九日の夜、大久保を須磨《すま》（現在の神戸市須磨区）の宿舎に訪ねると、久光に会って直接弁明したいと申し出た。

だが大久保はそれには答えない。

「人のおらん浜ん出て話しもそ……」

そう言うと、黙って二人は肩を並べ、月明かりの下、松林の間の道を海に向かって歩き始めた。しばらくすると浜に出る。

そのまま波打ち際まで歩き、あたりに人影がないのを確認すると、大久保はじっと西郷の目を見つめたまま静かにこう口にした。

「吉之助さあ、久光公のお怒りはもう解けもはん。おまんさあをこうならせたのは、私《あたい》の責任ごわす。ここでお互い差し違えて死にもそう」

西郷に弁明されては、置き手紙を握りつぶしたことがわかってしまう。一世一代の大芝居だった。大久保の癖の一つに、大事な話になればなるほど、声が低くなるというのがある。彼の生涯において、この時ほど声が低かったことはなかったはずだ。

まばたきもしない。両の目に全身の気を集中した。そうでもしないと、西郷の大きな目に心の底まで見透かされてしまいそうだった。

だが西郷という人物は人を疑ってかかることには長じていない。〝嘘《うそ》をつくな〟は郷中《ごじゅう》教育の「三つの戒め」の一つ。そもそも彼の周囲に彼を騙《だま》そうなどというような人物がいなかったからだ。

ここで彼は大久保の思惑通りの言葉を口にしてくれた。

「今、おはんが死んだら薩摩藩はどうなりもすか。死ぬ時は、いつでも死ねもんそ」

自分の命は鴻毛《こうもう》より軽く扱う西郷も、周囲の死には過敏なほど反応する。騙されているとも知らず懸命に説得してくれる西郷に、大久保は心の中で手を合わせた。

だが、もし西郷が久光と会うことをあきらめてくれなかったとしたら、大久保は刺し違えることなく西郷をこの場で刺殺するつもりだったのではなかろうか。人気のない場所はそうするには絶好の場所だ。あくまで真相は闇の中である。

その夜は西郷を宿舎に泊め、久光には謹慎していると報告。藩内に人望のある西郷だけに、扱いには慎重を期さねばならない。とりあえず三人を薩摩へと送り返し、処分は追って沙汰《さた》することにした。

そして四月十一日、彼らは薩摩藩が英国から購入した汽船天佑丸《てんゆうまる》で護送されていく。罪人の身であってみれば、甲板に出て景色を楽しめるはずもない。昼なお暗い船倉に監禁の身と相成ったが、西郷は自分のことよりも、京・大坂の志士たちがおとなしくしているかが気がかりでならなかった。

四月十六日、久光一行は伏見から京に入る。まだこの段階でも勅許は出ていない。大久保は緊張の色を隠せなかったが、久光は悠然たるもの。この日、近衛忠房《ただふさ》を訪問し、中山忠能《ただやす》、三条実愛《さねなる》にも同席してもらって会談を持った。

ここで久光は、浪士による要人暗殺が横行する風潮を憂い、再び幕府の暴走を許さず朝廷を安んじるためにも、鴻恩《こうおん》に報いて自分が一肌脱ぐべき時が来たと熱弁をふるう。彼は単なる貴種ではなかった。その迫力に心動かされた近衛は天皇に奏上し、ついにぎりぎりのところで京滞在の勅許が下されるのだ。

こうして翌十七日、堂々と京・錦小路《にしきこうじ》（現在の中京区阪東屋町《なかぎょうくばんとうやちょう》）の薩摩藩邸に入ることができた。

（どうじゃ、西郷！）

そんな思いが、彼の脳裏をよぎったかもしれない。

しかしその一方で、状況は西郷の危惧していた通りになっていく。西郷が天佑丸に乗せられたわずか十二日後、血塗られた事件が起こるのである。

西郷が国許《くにもと》に送還されたことで歯止めを失ったのは他藩の浪士たちだけではない。薩摩藩の過激派もまた同様であった。

当時の誠忠組は、率兵上京で目指すものを巡って大きく意見が対立していた。久光とともに幕政改革を目指す大久保らの穏健派と、他藩とともに立ち上がり倒幕まで一気に突き進もうとする有馬新七らの過激派とに分裂していたのだ。そして過激派の興奮は久光の入京とともに絶頂に達し、今や暴発寸前になっていた。

本来江戸薩摩藩邸詰めであるはずの柴山愛次郎《あいじろう》や橋口壮介《そうすけ》も無断で上京してきた。西郷の弟従道や従弟の大山巖も加わっている。彼らは真木和泉、田中河内介など薩摩藩以外の志士とも会合を重ねながら、九条関白邸、京都所司代、二条城などを襲撃することを再び計画し始める。

真木は久留米《くるめ》水天宮の神職の家に生まれた水戸学者で、尊王攘夷派の思想的指導者の一人である。田中は明治天皇の外祖父《がいそふ》にあたる公卿中山忠能《ただやす》の元家臣で、幼い日の明治天皇の養育係だった。こうした人物が加わることで、過激派の気持ちもさらに高ぶっていった。

彼らが不穏な動きを見せているのを憂慮した朝廷は、久光に対し〝浪士鎮撫《ちんぶ》〟の命を出した。〝浪士〟となっているが、薩摩藩の過激派をも指している。大失態だ。久光は彼らを至急藩邸に収容するよう命じた。

「もし命に従わぬ時は、それ相応の処置を取れ！」

という彼の言葉には、〝上意討《じよういう》ち〟にしても構わないという含みがあった。

かくして〝鎮撫使《ちんぶし》〟が編成されることとなり、大山格之助《かくのすけ》（後の綱良《つなよし》）、奈良原喜八郎《きはちろう》（後の繁《しげる》）といった剣の遣《つか》い手《て》九名が選ばれた。

大山と過激派のリーダー格である有馬とは同じ三十七歳の幼馴染《おさななじみ》だ。もともと大山は有馬同様の過激派で、幕府に目をつけられ、安政の大獄で国許永押込《くにもとえいおしこめ》（薩摩藩に戻っての無期限蟄居）を命じられたほど。有馬の気持ちは痛いほどわかっていたはずで、この任務はさぞつらいものだったろう。


そして運命の文久二年（一八六二年）四月二十三日がやってくる。薩摩藩の定宿《じようやど》である京都伏見の船宿寺田屋に彼らが集まっているとの報がもたらされ、現場へと急行した。

寺田屋に着いた大山らは早速有馬新七らと面会し、すぐ藩邸に入るようにとの君命を伝えた。有馬は大変学問のあった人だが、学究肌ではなく一本気な熱い男である。せっかく入京まで果たしておきながら、中途半端な幕政改革にとどめようとしている久光のことが歯がゆくてならない。一気に倒幕にもっていこうと火のついた心を止めることは難しかった。

「事ここに至っては、もはや中止はできもはん！」

はっきり久光の命を無視すると言い切ったのだ。

事件当時の寺田屋は鳥羽･伏見の戦い（1868年）で焼失。現在の「寺田屋」旅館（写真）は当時の敷地の西隣に再建されたもの（著者撮影）

〝議を言うな〟（目上の言うことには理屈を言わずに従え）と幼い頃から教えられている薩摩武士は議論をすることに不向きな人種だ。押し問答がいくらか交わされると、もうすでにその場の空気は血を見るほかない状況になりつつあった。

そして有馬の脇から田中謙助《けんすけ》が、

「もうこれ以上論ずることはありもはん！」

と口を挟んだことが合図のようになって一気に沸《ふっ》騰《とう》する。

鎮撫使の一人である道島五郎兵衛《みちしまごろうひょうえ》が、

「君命じゃっど！」

と叫ぶと同時に、目にもとまらぬ早業《はやわざ》で白刃を抜き放った。

周囲には眉間《みけん》を軽く払っただけに見えたが、道島は自顕流《じげんりゅう》の達人である。田中は目から眼球が飛び出すほどの打撃を受けてどうと倒れた。

同時に鎮撫使の山口金之進《きんのしん》は、横にいた柴山愛次郎を〝立木打ち〟そのままに左右から一気に斬りさげた。彼の、

「チェストー！」

というかけ声が終わる前に鮮血が噴き上がり、柴山の首は最初から取り外しできるものだったかのようにぽろりと前に落ちた。

すぐに双方入り乱れての壮絶な斬り合いとなった。有馬は田中の仇討ちとばかりに道島に挑んでいく。交わる白刃が火花を散らせ、刃こぼれした鉄片が頰をかすめる。だが実力は相手が一枚上。有馬は次第に押されていった。

森山新蔵の息子の森山新五左衛門《しんござえもん》が横から助太刀に入ったが、戦う用意などしておらず、手元に脇差《わきざし》しかなかったために、返り討ちに遭ってくずおれた。

当然二階の者たちも騒ぎに気付く。腕に覚えのあった弟子丸竜助《でしまるりゅうすけ》がいの一番に階段を駆け下りてきたが、不運にも下で待ち受けていた大山に腰を斬られて絶息する。二十四歳の若さであった。

もうあたりは血の海である。話し合いは陽のある間に始まったが、すでに外は夕焼け。格子越しに差し込んでくる光線は、まるで血を連想させるように彼らの顔を赤々と照らし出していた。

有馬は道島と激しく渡り合っていたが、ついに刀が折れ、両手で道島に組み付くと壁際に押さえ付けた。そして、そばにいた二十歳の橋口吉之丞《きちのじょう》に向かって、

「橋口！　オイ（俺）ごと刺せ！」

と叫んだのだ。

躊躇《ちゅうちょ》しなかったはずはない。だが御中《ごじゅう》教育で〝長老《おせんし》〟の命令は絶対だ。頭より先に身体が反応した。全体重を乗せ、手に持った刀を有馬の背中からずぶりと突き刺すと、切っ先はそのまま道島の体をも貫いて壁をえぐった。串刺しである。

その凄惨《せいさん》な光景は、寺田屋事件の悲劇性の象徴であると同時に、薩摩人同士がぶつかるとどういう結末が待っているかを如実に示すものであった。それを後に人々は、西南戦争の中で再び見ることとなる。

大山に斬られて床に斃《たお》れ伏している弟子丸は奈良原の親戚だ。血のつながりこそなくても、大切な人材が一人また一人と失われていく。そのことに胸しめつけられるような焦りを感じた奈良原は、なんとしてでもこの状況に早く終止符を打たねばと意を決した。

その瞬間、彼は刀を投げ捨てると、もろ肌を脱いだ。そして両手を高く挙げ、丸腰であることを示しながら二階へと駆け上がった。そこに並んでいたのは、今にも斬りかからんとする殺気に満ちた顔、また顔である。

彼らはすぐに奈良原の周りをぐるりと取り囲んだが、彼はその前にどっかとあぐらをかくと、こう言って頭を下げた。

「有馬どんらは君命に背いたんでやむなく上意討ちにしもうしたが、あたいもおはんらも同じ島津の臣じゃなかか。君命じゃっど、従ごうてくれ！」

すでに暮色《ぼしょく》が迫り、部屋の中は薄暗くなりつつある。手元も見えにくくなってきていたが、行燈《あんどん》の明かりをつけるような余裕があるはずもない。敵と味方の区別がつかなくなってきたことが、乱闘の終結に力を貸してくれた。

彼らは奈良原に従い、京の薩摩藩邸に連行された。その夜は藩邸内で明かし、翌朝、久光に陳謝することとなった。

寺田屋事件で命を落としたものは計七名。鎮撫使側は道島のみ。騒動の後で、田中と森山は奇跡的に蘇生したが、両名とも切腹を命じられ、犠牲者は最終的に九名となった。

藩外士である真木和泉は蟄居謹慎。引き取り手がなかった田中河内介、左馬介《さまのすけ》父子は、鹿児島に護送されることとなり、船に乗せられた。薩摩藩は月照の頃と何ら変わっていない。大坂湾から瀬戸内海に出たところで父子ともに斬殺され、海中に投げ捨てられた。

あまりに非情な処分であったことから祟《たた》るという噂が流れ、つい最近まで田中河内介と言えば怪談話と相場が決まっていた。

迅速な対応により朝廷の信頼を回復することはできたが、幕末でもまれにみる凄惨な事件であった。

沖永良部島配流と敬天愛人

鹿児島に着いた西郷、村田、森山の三名は上陸することも許されず、錦江湾《きんこうわん》の入口にある山《やま》川《がわ》港で鰹《かつお》釣り用の船に移された。彼の帰藩を聞いて、代わる代わる家族や友人たちが面会を求めてきたが、監視役の役人は頑として許可しない。

そうこうするうちに処分が下る。西郷は徳之島へ、村田は喜界島への配流である。奄美大島から帰ってわずか四カ月で再び流人生活へと戻ることとなってしまった。

西郷家の禄高と家財は没収。弟の吉二郎と小兵衛は〝遠慮〟に、寺田屋にいた従道は〝謹慎〟に処せられた。〝閉門〟と違い、どちらも外出は許されるが夜間に限られ、謹慎のほうが遠慮より重い処分である。

徳之島は奄美大島のさらに南にある。大島には妻子がいるから、そのさらに南に流そうとしたわけだ。

ところが森山だけは処分が下らなかった。そのうち、寺田屋事件のことが伝わってくる。

（何というなさりようじゃ……）

西郷は久光の冷血を呪った。自分が京・大坂にとどまっていたならと悔やまれてならない。息子の新五左衛門が切腹を命じられた森山も哀れである。慰めの言葉のかけようもなかった。

当然のことながら、森山にとって愛息の死は痛恨の極み、衝撃が大きすぎて涙も出ない。町人上がりだと後ろ指をさされまいとして、息子もまた頑張ってきた。腕に覚えがあったとはいえ、脇差《わきざし》しかなかったのに、剣の達人に果敢に挑んでいったのもその表れであったはずだ。

ここで森山は、はたと合点がいった。自分だけ処分が下らないのは〝腹を切れ〟という意味だということを。おそらく彼の推測は正しかった。

この頃西郷は眼病を患《わずら》っており、上陸が許されない不衛生な環境で、目が腫《は》れ上がっていた。見かねた村田が役人に掛け合い、彼を山川の医師のところへ連れていくことになった。その留守中、一人残された森山は、船内で屠腹《とふく》して果てるのである。

西郷は、彼を一人にしたことを激しく悔やんだ。遺書はなく、辞世だけが見つかった。

　　ながらえて何にかはせん深草の
　　　露と消えにし人を思ふに

〝露と消え〟てしまった我が子を思う痛切な歌である。今回の事件で、また一人犠牲者が出てしまったのだ。

寺田屋事件の二カ月後にあたる文久二年（一八六二年）六月十一日、西郷と村田はわざわざ違う船に乗せられ、相前後して出港していった。

それぞれ別々の島に流されることとなったわけだが、どちらも奄美大島に隣接した島なのだから同じ船に乗せていくのが合理的だ。そうしなかったのは、二人の間の会話さえ許さない藩庁の意向からである。

海は荒れていた。当時の船旅は危険極まりない。船酔いもひどかった。一旦、山川港近くに引き返して波浪の収まるのを待ち、十四日に再び出帆したが、四日かけても屋久島までしか行けず、島北部の一湊《いつそう》という港で天候の回復を待つこととなった。

屋久島で村田の船と合流したがなかなか会わせてもらえない。ようやく許可が出たのは到着から七日後のこと。村田の日記には〈二十五日四つ時分大島氏来たる〉と書かれている。西郷は当時、大島三右衛門と名乗っていた。

朝四つ時だと午前十時頃、夜四つ時だと午後十時頃になるが、この日出港していることを考えれば、出港前の午前十時頃、しびれを切らした西郷が見張り役に無理を言って会わせてもらったのだろう。今生《こんじよう》の別れになるかもしれない。西郷を兄とも慕う村田の目には涙が光っていたに違いない。

護送船はまず村田を喜界島で降ろした。喜界島から西に二十五キロほど行くと奄美大島が見えてくる。西郷の向かう徳之島は、奄美大島からさらに南西に二十五キロほど先になるのだが、その前に奄美大島の西古見《にしこみ》へと上陸し、水や食糧補給を兼ねて数日を過ごすこととなった。

当然、愛加那《あいがな》のことを思ったが、彼女のいる龍郷《たつごう》は島の東の端である。西の外れにある西古見からは二十キロも離れている。彼は愛加那の弟龍《りゅうりょうけん》両謙に宛てて手紙を託した。きっと徳之島に渡ってきたいと言うだろうが、来ないよう説得してくれという内容である。

再び船上の人となった西郷は、七月十八日、徳之島南部の湾仁屋《わにやがわ》川河口に上陸する。現在、徳之島空港のあるあたりだ。前回と違って今度は明らかな流罪、しかも重罪犯だから扶持米《ふちまい》など出るはずもない。罪人となった自らの境遇をかみしめていた七月二十三日、奄美大島で世話になった木場伝内から慰問の手紙が届いた。

感激した西郷は早速返書をしたためた。木場と別れ、鹿児島に戻ってからのことを詳細に語りつつ、久光側近や誠忠組の面々は尊王という言葉に酔ってしまい一向に現実を見ようとしていないのだと不平も漏らした。

心許している相手でもあり、伝えたい話が後から後からわき上がってくる。寺田屋事件や藩の理不尽な対応に話が及ぶとさらに彼の筆は熱を帯び、いつしか半紙二十枚にも及ぶ長文の手紙となってしまった。彼が無聊《ぶりょう》に任せて書きつづったこの手紙は、当時の政治情勢を見事に俯《ふ》瞰《かん》しており、幕末史研究に欠かせない一級史料となっている。

徳之島の島役人である琉仲為《りゅうなかため》と養子の仲祐《なかゆう》は、西郷の面倒をよく見てくれた。相変わらず彼には人を惹《ひ》きつける磁力のようなものがあり、流刑が解けた時、仲祐は西郷につき従って島を出て、その後も身の回りの世話をし続けている。

後日談になるが、慶応二年（一八六六年）十二月、大柄な琉仲祐は西郷と間違われ、京で新選組によって殺害されてしまうのだ。西郷は相国寺《しょうこくじ》林光院に千疋《ひき》（現在の三十万円に相当）の永代供養料を納め、彼の菩提《ぼだい》を丁重に弔《とむら》わせた。

ちょうどこのころ、愛加那の中に宿っていた小さな生命が産声《うぶごえ》を上げていた。女の子で菊草《きくそう》（菊子）と名付けられた。後の大山誠之助（巌の弟）夫人である。愛加那は矢も盾もたまらず、生まれたばかりの菊草を抱き、幼い菊次郎の手を引いて徳之島へと渡ってきた。

来るなと書いたものの、会えて嬉しくないはずがない。涙ながらに再会を喜んだが、何という運命のいたずらか、愛加那が渡ってきたのと同じ船便で、沖永良部島《おきのえらぶじま》への遠島替えの藩命がもたらされるのである。

思わず耳を疑った。薩摩藩直轄地でも最果ての島であり、よほどの重罪人でなければ流される場所ではない。久光の細い目にともった怒りの炎が思い出された。徳之島くらいでは生ぬるいということなのだろう。いささかも誤解の解けていないのが口惜しかった。

結局親子水入らずで過ごせたのはわずか一晩だけ。翌朝には島の南岸に向かい、三京《みきよう》経由で船の待つ井之川《いのかわ》へと護送されていくこととなった。

あまりのことに、愛加那は西郷の姿が見えなくなっても信じられない様子で呆然《ぼうぜん》と立ち尽くしている。身辺の世話をするために来ていた琉仲為の妻は不憫《ふびん》がり、彼らに土産を持たせて奄美大島へと送り届けてやった。

こうして八月十四日、西郷を乗せた宝徳丸は井之川を出帆する。結局、徳之島滞在は七十五日間であった。

西郷を乗せた船は沖永良部島の伊延《いのべ》港に入港。二日ほど港に停泊させ、その間に彼を収容する牢が突貫工事で造られた。その上で島代官の黒葛原源助《つづらはらげんすけ》と付役（代官の補佐役）の福山清蔵《せいぞう》、横目《よこめ》の土持政照《つちもちまさてる》が、馬を用意して彼を出迎えた。

西郷は深く感謝の意を表しながらも、

「もう土の上ん歩くこともないかもしれもはん。じゃっどん、最後に今一度しっかり土を踏んで歩きたか」

と、遠回しに馬に乗ることを断り、牢のある和泊《わどまり》へと歩いていった。

だが、実際に牢を前にした時には息をのんだ。わずか三坪余り。屋根こそ葺《ふ》いてあるが壁はなく、荒格子で囲まれているだけ。文字通りの吹きさらしである。ささくれだった古畳が四枚敷かれ、一隅を板屏風《いたびょうぶ》で仕切って用を足す場所にしてある。

福山と土持が交代で見張りにつき、西郷の牢生活が始まった。

沖永良部島の夏は厳しくて長い。六月から十月までの五カ月間は灼熱《しゃくねつ》地獄だ。そこに時おり熱帯性のスコールが、横なぐりに容赦なく降り込んでくる。身を隠す場所とてなく、ずぶ濡れになった。

若い頃からの座禅の経験が妙な形で役立った。それがなかったら、あるいは耐えられなかったかもしれない。最初のうち、食事は冷飯に焼塩を添えただけとされ、肥満していた彼が見るかげもなくやせていった。

奄美大島から帰藩した際、三年間を島で過ごしたというので大島三右衛門と称したが、沖永良部島では大島吉之助と名を改めた。この期に及んで意味のないことかもしれないが、せめて〝吉之助〟として死にたいという思いの表れだった。

奄美大島の時同様、心の支えは持参していた書籍である。二才《にせ》の時代から慣れ親しんだ『伝習録』(王陽明の語録)や『言志四録』を何度も読み返した。『言志四録』は門弟三千人とうたわれ

西郷が入っていた沖永良部島の牢は今も残され、中には西郷の像が入っている
（撮影：神長文夫）

た儒学の泰斗《たいと》佐藤一斎《いっさい》の著作で、倫理道徳や修養の大切さを説きながら処世の教訓を示したものである。

〈少にして学べば、則《すなわ》ち壮にして為すことあり。壮にして学べば、則ち老いて衰えず。老いて学べば、則ち死して朽ちず〉

など、現代でもよく引用される名言の宝庫だ。

錦江湾入水《じゅすい》でも生きながらえた。自分に与えられた天命とは何なのか。散っていった多くの命に報いるすべはあるのか。〝天〟とは……はたまた〝人〟とは……。思いを巡らす時間はあり余るほどある。そんな中、彼の胸中に一つの言葉が浮かび上がってきた。
それが〝敬天愛人《けいてんあいじん》〟だった。
〈道は天地自然の物にして、人はこれを行うものなれば、天を敬するを目的とす。天は人も我も同一に愛し給ふゆえ、我を愛する心を以て人を愛するなり〉（『南洲翁遺訓《なんしゅうおういくん》』）
執拗《しつよう》に降りかかる艱難辛苦《かんなんしんく》が彼の魂を磨き、心の熟成をもたらしていったのである。

厳しく接するよう命じられていた付役の福山清蔵と横目の土持政照も、彼の番をするうち西郷の人柄に魅せられ、待遇がよくなっていく。

そのうち屋内に〝座敷牢〟を設け、そこへ移してくれた。福山が保証人となり費用は土持が負担したといわれている。代官も見て見ぬふりをしてくれた。座敷の中の囲いだから民家住いと変わらない。

感激した西郷は、土持と義兄弟の契《ちぎ》りを交わしている。余談だが、土持は大久保利世《としよ》が沖永良部赴任中に島妻《あんご》との間につくった娘マツと結婚しているから、大久保利通とは本当の意味での義兄弟だった。

西郷は土持に役人としての心構えを説き、〝社倉《しゃそう》制度〟について教えた。春に種もみを貸し渡し、秋の収穫期に利息とともに返還させる制度だ。これなら種もみまで食べてしまって途方に暮れている農民を救済できる。

時は下って明治二十年（一八八七年）一月、土持はこの島の戸長（現在の村長）に就任するが、教わった社倉制度を実行に移し、土持政照彰徳碑《しょうとくひ》が建てられるほど島民から深く感謝された。西郷の余徳と言えるだろう。

西郷はこの地でもう一人、生涯の友と出会っている。川口雪篷《せっぽう》という少々風変わりな人物だった。

陽明学者だった雪篷は、詩作や書にも精通していたことから薩摩藩の写本をする役職に就いていた。ところが大変な酒好きで、あろうことか久光から写本するよう依頼された本を勝手に売って酒代にしてしまい流罪となっていたのである。

西郷のいる和泊から北東へ三キロほど離れた西原村で村の子どもたちに学問を教えていたが、そのうち毎日のように西郷のもとを訪れるようになる。久光の本を勝手に売ってしまうくらいだから豪放磊落《ごうほうらいらく》。おまけに八歳年上だから遠慮がない。

「西郷どんの詩は、まだ四（詩）にもなりもはん。三（賛）にもどげんやろ」

などと平気で口にした。

もうこの頃は土持の計らいで、酒もたしなむことができるようになっていたが、雪篷は酔うと庭先と言わずどこと言わず勝手に寝てしまう。だが西郷は彼の稚気《ちき》を愛した。雪篷と出会っ

西郷南洲書「敬天愛人」(南洲神社所蔵)

て以降、西郷の書はのびのびとした雄渾《ゆうこん》な字体となり、漢詩でも長足《ちょうそく》の進歩を見せていく。

島にいた時、先に赦免されたほうが残った者を養うという約束を戯れに交わしていたが、西郷が先に赦《ゆる》された。後に帰国した雪篷は大きな顔で西郷家に居候し、彼が不在の間の留守居役を果たすとともに子弟の教育に当たることとなる。

その後、雪篷には哀《かな》しい運命が待っていた。西郷の墓碑銘を書くことになってしまうからである。現在、南洲墓地にある〝西郷隆盛墓〟という墓石の文字は、彼が筆を執ったものだ。それを書いた時の彼の心中を思うと胸が痛む。


率兵上京を果たした後の久光は、勅使の大原重徳《しげとみ》を護衛して文久二年六月七日、堂々江戸に入った。

大原は将軍家茂《いえもち》に対し、幕政改革の朝旨《ちょうじ》を伝え、一橋慶喜の将軍後見職と松平慶永の政事総裁職（実質的には大老と同じ）就任を実現させる。薩摩藩主導で幕政改革を行うという悲願を果たすことができた久光は、意気揚々と帰国の途に就いたが、この後がいけなかった。

同年八月二十一日、彼の帰国する行列が東海道の生麦村《なまむぎ》（現在の横浜市郊外）へとさしかかった時のこと。四人の英国人が馬に乗ったまま行列を横切ろうとしたのだ。

庶民なら平伏、士分であっても下馬するのが礼儀である。馬上から駕籠《かご》を見下ろしたばかりか、行列を乱して横切るなどとは言語道断《ごんごどうだん》。看過できない。

近くにいた奈良原喜左衛門《きざえもん》（奈良原繁の実兄）は、

「無礼者！」

と一喝すると、腰の刀を抜いた。

刀を抜く時は斬る時である。白刃の先にいたのはチャールズ・レノックス・リチャードソンという、たまたま観光に来ていた上海在住の英国商人。奈良原の〝一の太刀〟はリチャードソンの腹部に致命傷を与えた。

彼は傷口からこぼれ出ようとする腸を必死に手で押さえながらその場を離れようとしたが、力尽きて落馬。追いかけてきた有村俊斎らにとどめを刺された。さすがに女性を傷つけることはしなかったが、残る男性二人も重軽傷を負い、こちらは何とか命だけは助かった。これを世に〝生麦事件〟と呼ぶ。

決して攘夷の一環ではない。あくまで〝無礼討ち〟であった。その証拠に、事件が起こる一時間ほど前、米商人のユージン・ヴァン・リードも久光の行列に出会っているが、彼は馬から降りて道の脇に立ち、行き過ぎるのを静かに待った。礼を失していない彼に、薩摩側は何の反応も示さずに通り過ぎている。ヴァン・リードはリチャードソンたちの行動を、傲慢《ごうまん》で自業自得だと批判している。

事件後も、久光一行は何事もなかったかのように西下を続け、京に帰着した。この時点の久光にとっての関心は、生麦で起こった（彼にとっては）ささいな出来事ではなく、あくまで京の情勢である。それはしばらく留守にしているうちに大きな変化を見せていた。久光の意図せざる方向に、である。

これまで長州藩の藩論を引っ張ってきたのが、航海遠略策を持論とする公武合体論者の長井雅楽《うた》であったことについては先述した。長井の公武合体はあくまで幕府主導。倒幕をも辞さない思いでいる松下村塾《しょうかそんじゆく》出身者などの長州藩若手藩士たちからすれば、あまりに保守的で煮え切らない。

ここで長州藩を煽動《せんどう》する人物が現れる。急進的攘夷論者として知られる久留米藩の真木和泉だ。幕末の数多い志士の中でも、人心掌握術にかけて彼の右に出る者はいない。長州藩の首脳たちはすっかり彼の攘夷論の信奉者となってしまい、航海遠略策は長井が勝手に主張したもので、藩とは無関係であると言い出した。確かに孝明天皇は攘夷に熱心であったから、朝廷内の勢力伸長には好都合である。

長井はあえて反駁《はんばく》しなかった。自分が反論することで藩が割れるのを恐れたからだ。後に長井は、混乱の責任を取り自裁して果てる。こうした話は幕末において珍しいことではなかった。

論を立てることの重みは今の比ではない。まさに命がけだったのである。

こうして藩論を一変させた長州藩は、打って変わって過激な尊王攘夷に走る。尊攘派の公卿たち(いわゆる〝七卿〟……三条実美《さねとみ》、三条西季知《さんじょうにしすえとも》、東久世《ひがしくぜ》通禧《みちとみ》、錦小路頼徳《にしきのこうじよりのり》、壬生基修《みぶもとなが》、四条隆謌《しじょうたかうた》、沢宣嘉《さわのぶよし》)も大いに力を得、朝廷内の雰囲気も攘夷一色となっていった。

つまり京の情勢は、寺田屋事件において若者たちの貴い命と引き換えに払拭《ふっしょく》したはずの急進的尊王攘夷に再び傾いてしまったのだ。率兵上京の効力も、長井の航海遠略策同様、一時的なものにすぎなかった。幕政改革による幕府延命を模索し、〝公武合体〟〝開国佐幕《さばく》〟を藩の方針とする薩摩藩の影響力は大きく低下していく。

苦々しい思いをかみしめながら久光はしばらく京にとどまっていたが、やがて生麦事件の報復としてイギリスが薩摩を攻撃しようとしているという噂が入ってきたため、急ぎ帰国の途に就いた。

薩摩藩がいなくなると、京の町の治安は一気に悪化。〝天誅《てんちゅう》〟と呼ばれるテロリズムの嵐が吹き荒れ始める。攘夷の邪魔だと考えられる者を暗殺していこうとする過激分子が出てきたのだ。

そして文久二年十一月二十七日、長州に近い尊攘派公卿の三条実美と姉小路公知《あねのこうじきんとも》が勅使となり、幕府に対し攘夷の決行を迫った。幕府は五月十日を期限として攘夷を実行することを約束したが、欧米の実力を知る彼らは、実際に攘夷をする気などなかった。

朝廷はそんな幕府の思惑など露知らない。三条ら急進派が完全に実権を掌握し、十二月には朝廷内に国事御用掛《こくじごようがかり》という仰々《ぎょうぎょう》しい名前の役職を設けて腕まくりをし始めた。翌年三月には、孝明天皇に攘夷祈願のため上賀茂《かみがも》、下鴨《しもがも》神社へ行幸していただき、これに将軍家茂を随行させている。

彼らの行列を見物に来ていた高杉晋作が家茂に向かって、

「よっ、征夷大将軍《せいいたいしょうぐん》！」

と声をかけて幕臣たちを歯ぎしりさせたという逸話は後年の創作であるようだが、天皇が将軍の上位にあることを示す意図は十二分に果たすことができた。

そして攘夷期限の文久三年（一八六三年）五月十日がやってくる。

長州藩は率先垂範《そっせんすいはん》、実際に攘夷を決行した。下関海峡の東端にあたる田野浦《たのうら》沖に停泊中のアメリカ船ペンブローク号（二百トン）に向け、突如砲弾を撃ち込んだのだ。この船には神奈川奉行から長崎奉行に宛てた書状が積まれていたくらいだから、よもや攻撃されるとは思っていない。あわてて瀬戸内海側の周防灘《すおうなだ》に難を逃れた。

一応勝利という形となった長州側は自信を持ち、二十三日にはフランスの通報船キャンシャン号に、二十六日にはオランダの軍艦メデューサ号にも砲撃を加え、これまた遁走《とんそう》させる。彼らの得意や思うべしである。ひとまず攘夷は成功したかに見えた。

関門海峡は長州によって制圧され、長崎から神戸方面への外国商船の航行は難しくなった。開国以来、日本との貿易を通じて莫大な利潤を得ていた欧米列強にとって大きな損害である。彼らがこのまま黙っているはずはない。

六月一日、長州はアメリカの軍艦から砲撃を受ける。二隻の軍艦を撃沈され、一隻の軍艦を大破させられた。虎の子の船だけに大打撃だ。それでも砲台を海に向け、意地でも海峡封鎖を続行しようとする。

だがそれも長くは続かない。やがて完膚なきまでに叩きのめされるのだが、それは後に述べる蛤御門《はまぐりごもん》の変の後のことになる。


薩摩藩は英国側から生麦事件の犯人を引き渡すよう要求されたが、さまざまな恫喝《どうかつ》を受けても一切応じようとはしなかった。業を煮やした英国はついに実力行使に踏み切る。攘夷期限の二カ月後にあたる文久三年七月二日、暴風雨を押して、最新鋭の軍艦七隻を率い錦江湾に侵入。賠償金の支払いと犯人の公開処刑を要求するのだ。

旗艦ユーリアラス号だけでも三十五門もの大砲を積み、当時の最強兵器であるアームストロング砲を装備している。ペリーの黒船をはるかに上回る火力を誇る艦隊だった。

それらをずらり並べて見せれば、さすがに言うことを聞くだろうと踏んでいたのだが、ここまでしても薩摩側は動じない。交渉は進展せず、しびれを切らした英国側が目をつけたのが、城下から十キロほど北方に位置する重富《しげとみ》岬沖に停泊していた薩摩藩所有の汽船である。大した船ではないが、談判の抵当に取って揺さぶりをかけようと考えたのだ。彼らは五隻の軍艦で取り囲むと引き渡しを要求した。

薩摩藩御船奉行だった松木弘安と添役《そえやく》（副官）の五代才助《ごだいさいすけ》（友厚《ともあつ》、維新後、関西財界を代表する政商となる）は頑強に抵抗したが、英国側は耳を貸さない。問答無用とばかりに乗組員に銃剣をつきつけて下船させたが、松木と五代は役目柄退去できないと言い張り、捕虜として連行されていくこととなった。

そして英国側が曳航《えいこう》していこうとしたまさにその時、薩摩藩陣地から砲火が浴びせられる。〝薩英戦争〟の火ぶたが切られたのだ。

旗艦ユーリアラス号は薩摩を甘く見て岸に近づきすぎていた。最初の二発ほどは船の手前に落ちたが、やがて弾は命中し始める。戦闘準備などしていないから一時間ほどは反撃できない。一方的に薩摩側の攻撃を受け続け、艦長ジョスリングと副官のウィルモット中佐が戦死する。

しかし英国側の大砲が火を吹き始めると、すぐに薩摩側を圧倒し始めた。天候が回復して船体の揺れが小さくなっていたことも幸いし、精度と威力と射程の長さのすべてにおいて彼らが

薩英戦争で鹿児島を砲撃する英海軍。
『イラストレイテッド・ロンドン・ニューズ』紙1863年11月7日号イラスト

勝《まさ》っていた。見る間に海岸沿いの家々は火の海となる。斉彬の死後、規模が縮小されていた集成館《しゅうせいかん》も大きな被害を受けた。

だがこの時、錦江湾内の沖小島付近に、集成館で作られた水中機雷が三基敷設《ふせつ》されていたことに英国側は気づいていなかった。地上からの遠隔操作型で、英国船が通るのをじっと待ち伏せしていたのだが、さすがに懲《こ》りた英国船が陸地に近寄ってこなかったため、残念ながら実戦に使用される機会は訪れなかった。

結局雌雄《しゆう》決しないまま、英国艦隊は横浜に退去していく。英国側は死者十九名、負傷者四十三名。これに対し薩摩側は、火災による被害は大きかったものの、民間もあわせて死者四名、負傷者十二名にとどまった。この時、英国に〝薩摩藩恐るべし〟という強い印象を与えたことが、かえって両者を接近させることとなるのである。

この時、千眼寺《せんがんじ》の本陣（現在の鹿児島市常盤町）で作戦指揮に当たっていたのが大久保である。寺田屋事件から一カ月後の五月二十日に御小納戸頭取《おこなんどとうどり》、九月末日御用取次見習《ごようとりつぎみならい》に昇進。翌年三月には御側役《おそばやく》と、とんとん拍子に藩の最高幹部へと駆け上がっていた。そして率兵上京を成功させた功により久光から〝一蔵《いちぞう》〟の名を賜《たまわ》り、正助から名を改めた。

西郷のいない穴は大きい。彼には大変な重圧がかかっていた。当時、大久保に招聘《しょうへい》され、薩摩藩の洋学校（開成所）で教えていた前島密《ひそか》（〝郵便の父〟として知られる）によれば、あの謹厳な大久保が宴席では真っ先に酔っ払い、周囲に〝キナハレ拳〟という京の花柳界《かりゅうかい》で流行していた遊びを挑んだという。前島は当初、軽薄な男だという印象を抱いたほどだ。

大久保にとって薩英戦争は最初の実戦経験。緊張は頂点に達している。英国の軍艦を望見《ぼうけん》しようと屋根に上がった時、雨で瓦が濡れていたため滑って転び、腰を痛めた。それを聞いた人々は、英国艦を見て腰を抜かしたのだと噂した。

戦闘が一段落した後、藩庁は再び英国艦隊が押し寄せてくる事態に備え、国分転府《こくぶてんぷ》を発表する。海から離れた国分に藩庁を移転させようというのだ。

（藩の役人どもは腰抜けじゃ！　墳墓《ふんぼ》の地を見捨てるのか！）

戦いを避け、自分たちだけが安全なところで難を逃れるという〝卑怯〟な考え方は薩摩武士にはない。この発表を聞いた藩士たちは騒ぎ始めた。

困った中山仲左衛門《ちゆうざえもん》たち久光側近は、島津中興の祖である大中公（島津貴久《たかひさ》）を利用し、神頼みで彼らをなだめることを思いつく。藩主の使者となった中山が島津貴久の建立した南林寺（廃仏毀釈《はいぶつきしやく》後は松原神社）でおみくじを引いたところ、転府は〝吉〟と出たと発表したのだ。

大中公は深い崇敬を集めている。それならしかたないと城下の者たちも従おうと思い始めた矢先、寺の和尚が事実を暴露する。

「近ごろ異《い》なことがあるものだ。藩主のお使いと申される方は、十度もくじを引いていかれた」

神意をたばかる所業に、久光側近の筆頭だった中山は失脚。転府は見送られた。だが英国艦隊が再び攻撃してきたら今度こそ薩摩藩は滅亡する。久光は大久保に講和を進めるよう命じた。

大久保は講和の交渉役として、蘭学や英学の素養があり国際感覚に優れた横浜の商人清水卯《う》三郎《さぶろう》に白羽の矢を立てた。清水は期待に応え、見事な交渉を行う。生麦事件の犯人捜索に協力することと、賠償金二万五千ポンド（六万両強）を支払うことで決着をつけ、捕虜となっていた松木弘安と五代才助の二人も無事解放された。

彼らは知らなかったのだが、実は英国内で講和に都合のいい事態が起こっていた。確かに英国人が殺害されたかもしれないが、軍事行動まで起こし、町を焼き尽くすなどとはやりすぎだと、国内の平和団体や宗教界から英政府は糾弾《きゆうだん》されていたのだ。

もっとも薩摩藩は、この賠償金を幕府から借りて支払ったのみならず、犯人の捜索も借金の返済も、そのままうやむやにしてしまうのだからひどいものだ。

その後、薩摩藩は逆に英国に接近し、彼らから積極的に学ぶ姿勢を示し始める。斉彬の集成館事業がそうであったように、欧米先進諸国の技術を導入することの大切さにはすでに気づいていたからだ。特に英国軍が使用したアームストロング砲の威力に驚嘆した彼らは、同砲を百門買わせてくれと頼んでいる。

いったい何に使うのかと質問された薩摩の担当者が、

「次はおぬしん国に勝つためでごわす！」

と、にこやかに応じて英国人を唖然《あぜん》とさせたというエピソードが伝わっている。

さすがに最新最強の兵器である同砲の購入は実現しなかったが、軍艦売却や留学生受け入れには応じてくれた。そして薩英戦争のわずか二年後、松木弘安が引率役となり、五代才助を含む十九名の留学生が英国へと渡っていく。

まさに〝雨降って地固まる〟といったところだが、そんなハッピーエンドを予測できる人間などいない。まして、なかなか情報の伝わらない南海の孤島に幽閉されている身であってみれば。

尊王攘夷の嵐と西郷赦免

薩英戦争から二カ月半後、沖永良部島にようやく薩英戦争の情報が伝わってきた時、西郷は腰を抜かさんばかりに驚き、薩摩藩滅亡を覚悟した。

彼を苛立《いらだ》たせたのは、入ってくる情報がいいかげんなものばかりだったことだ。土持政照から徳之島の役人に頼んでもらい、交戦の日付、英国艦隊の数、防戦の様子、砲台や市内の焼失状況などを調べてもらった。

薩摩を想う気持ちに変わりはない。むしろ遠く離れている分だけ心配は募る。いても立ってもいられなくなり、土持の名を借りて沖永良部島に外国船が来航した際に備えて大砲を設置するよう嘆願書を書いたりしている。そんなことをしてどうなるものでもあるまいが、彼の焦りが伝わってくる。

そしてついに島から脱出して鹿児島に馳せ参じようと考えた。島抜けは大罪である。土持に胸中を打ち明けると、助ければ彼も死罪になる可能性があるにもかかわらず、協力を申し出てくれた。

島には船らしい船がないため、新たに造らねばならない。二人で知恵を絞り、緊急時に藩と連絡を取るための飛脚船を建造すると届けを出した。

島のほとんどが藩有林であるため木材の調達も許可制だ。土持の名前で特別に払い下げてもらった。費用を全額土持が負担してのことだ。

さして手持ちがあるわけではない。二人いた家人《ヤンチュ》を二人とも売って代金に充《あ》てた。西郷は土持の背中に向かって手を合わせた。やがて船は完成し、報恩丸と名付けられる。藩の恩に報いるということ以上に、土持の恩に報いたかった。出港を待つばかりとなったが、ここで予期せぬ展開が待っている。

その頃には薩英戦争の詳細が判明し、薩摩藩滅亡どころか、英国とはむしろ以前より良好な関係を構築できていることがわかってきた。こうなると、無理に島抜けをしても罰せられるだけで得るものはない。

やむなく計画を断念。報恩丸には、代わりに薩英戦争の勝利を祝う藩への慰問使節が乗り込むこととなった。

土持には大変な迷惑をかけてしまった。この埋め合わせはしなければならない。そんな思いが、彼に前を向く力を与えた。この島に来た時は、二度と帰れないとあきらめもしたが、国内事情の想像以上の緊迫が、自分を必要とされる日の訪れを期待する気持ちにさせていたのである。

久光が鹿児島に戻った後も、京では長州藩を筆頭に尊王攘夷派の勢力伸長が止まらない。そのうち公武合体派だった土佐藩までもが、武市半平太《たけちはんぺいた》の奔走によって尊王攘夷に傾き始める。そうした様子を、京都守護職の会津藩主松平容保《かたもり》は苦々しい思いで見ていた。

尊王だから当然反幕でもある彼らは、治安を乱して幕府の足を引っ張ろうとした。会津藩の藩兵約千人を引き連れて入京したが、この人数をもってしても志士たちの勝手な振る舞いを取り締まることができない。後に新選組と名を改める壬生浪士組《みぶろうしぐみ》が京都守護職配下に結成されたのは、こうした背景があってのことであった。

薩摩派の前関白近衛忠熙は久光に再度率兵上京してもらおうとするが、長州派公卿の三条実美《さねとみ》によって阻まれてしまう。

そんな文久三年（一八六三年）八月十三日、孝明天皇の大和行幸が行われる旨の詔勅《しょうちょく》が出た。神武天皇陵と春日大社で攘夷を祈願し、〝攘夷親征〟を掲げて伊勢神宮に参拝し、天皇自ら攘夷の先頭に立つ姿勢をはっきりと天下に示そうというのである。三条たちの画策によるものであった。

当然、尊王攘夷派は倒幕の好機到来だと勢いづいたが、長州藩の若き指導者桂小五郎（後の木戸孝允《きどたかよし》。当時三十歳）は冷静だった。幕府を敵に回すにはまだ準備不足だ。武器も兵力も軍資金も不足している。過激な言動で知られたあの真木和泉でさえ、もうしばらく時間が必要だと自重を促した。

ところが京に集結していた志士たちの中に突出する者が出てくる。土佐藩脱藩浪士吉村寅太郎を中心とする天誅組《てんちゆうぐみ》の面々である。大和行幸の露払いを果たそうと意気込んだ彼らは中山忠能《ただやす》（明治天皇の外祖父）の子で元侍従の中山忠光《ただみつ》（この時まだ十八歳）を奉じて京を出発し、詔勅の出た翌日には天領である大和五条《やまとごじよう》（現在の奈良県五条市）に入った。

「領地を朝廷に返上せよ！」

そう言って代官の鈴木源内《げんない》に迫ったが、鈴木は取り合わない。憤激した吉村たちは八月十七日、代官所を襲撃し、鈴木ほか四名を斬殺してしまう。

これは座視できないと判断した薩摩藩は会津藩と手を握り、八月十八日未明、武装した兵で御所の門を固め始めた。中川宮朝彦親王《なかがわのみやあさひこしんのう》に朝廷内の根回しを任せ、攘夷運動を煽《あお》っている長州勢力一掃のクーデターを決行する。

中川宮と公武合体派（薩摩派）の公卿たちは、尊王攘夷派（長州派）公卿である三条実美ら

松平容保

〝七卿〟を国事御用掛の要職から罷《ひ》免《めん》する勅許を得、彼らを国政から締め出した。

孝明天皇は、今までの詔勅は自らの真意ではなかったとして撤回された。実際、天皇は本心では幕府と対立することを望んでいなかった。妹の和宮《かずのみや》が徳川家に嫁いだことで義弟となった将軍家茂《いえもち》への親愛の情も芽生え、京都守護職松平容保への信任もことのほか篤かったのだ。

同時に、大和行幸の延期（実際には中止）、長州藩の堺町御門《さかいまちごもん》警護の解任が決定された。堺町御門は御所の南に位置し、堺筋町に面した重要な門である。ここの警護を任されていることは朝廷からの信頼の証《あかし》。それだけに長州がそう簡単に解任に応じるとは思えない。流血沙汰も十分予想された。薩摩藩は覚悟を決めて警護交代の兵を出し、朝八時から長州藩との間でにらみ合いが続いた。

事態が動いたのは、長州の支藩である岩国藩主吉川経幹《きつかわつねまさ》が、

「長州藩を朝敵にしてはならぬ！」

と必死に慰撫《いぶ》したからだ。

その結果、ようやく夕方の六時頃になって警護交代が行われ、彼らは撤兵していった。この会津と薩摩によるクーデターを〝八月十八日の政変〟と呼ぶ。

悲劇的だったのが先述の天誅組である。先走った彼らは官軍でなく賊軍となってしまい、奮戦むなしく幕府の追討軍の手によって壊滅してしまう。そして実質的に追放扱いとなった三条実美以下の七卿は京から長州へと居所を移した。世にいう〝七卿落ち〟である。

京から長州勢力を一掃したものの、その後をどうするかについて具体的な絵が描けていない。治安にも不安がある。やはりこういう場面で頼りになるのは久光しかいない。近衛忠熙からも懇請され、九月十二日、千五百余名の薩摩兵を引き連れて再び京に上った。西郷の弟の信吾（後の従道《つぐみち》）も中小姓《ちゆうごしよう》として一行に加わっている。

孝明天皇

長州藩による不測の攻撃に備え、上京にあたっては大きく迂回《うかい》することにした。熊本から阿蘇を越え、現在の大分県に抜けて海路をとったのだ。緊迫した状況がうかがえる。

京に入った久光は、再び公武合体路線に国政の舵《かじ》を戻そうとする。薩摩派公卿に働きかけ、長州に近いと考えられていた鷹《たか》司《つかさ》輔熙《すけひろ》に替えて、二条斉敬《なりゆき》を関白に据えた。久光にも遠慮が働いたのか、二条は薩摩より幕府に近い。そのことが後々ややこしい事態を引き起こすことになる。

武家の代表が朝議に参画することで公武合体の実をあげようと考えた彼は、将軍家茂のほか、一橋慶喜や越前の松平慶永《よしなが》（春《しゅん》嶽《がく》）、宇和島の伊達《だて》宗城《むねなり》、土佐の山内豊信《とよのぶ》

（容堂《ようどう》）といった実力者たちに上京を促した。

問題は発起人とも言うべき久光が、薩摩藩主でも前藩主でもなく〝藩主の父〟にすぎなかったことである。形式を重んじる幕府は最初抵抗を示した。

久光は、幕閣に顔が利く小松帯刀《たてわき》に根回しを命じる。ここでようやく幕府も重い腰を上げた。十二月末、慶喜、慶永、宗城、容堂、松平容保が朝議参与となり、最初は遠慮していた久光も翌元治元年（一八六四年）に加わり、六侯による参与会議が発足した。ここで国の方針を決め、天皇の名で権威づけをし、幕府に実行させようというのである。まさにこれは、かつて斉彬が目指そうとしていた政治体制であった。


この間、長州は静かにしていたわけではない。家老の根来上総《ねごろかずさ》や井原主計《かずえ》が、大坂まで来て入京の嘆願書を提出しようとしたが受理されなかった。久光が強硬に反対したからである。

そこで長州は意趣《いしゆ》返しをする。十二月二十四日の夜、薩摩藩が幕府から借りていた蒸気船長崎丸が、綿を積んで兵庫から長崎へと向かう途中、長州の砲台から砲撃を受け沈んでしまうのだ。

「外国船だと思って打ち払ったのだ！」

そう言って長州藩は釈明したが、薩摩藩が密《ひそ》かに長崎で貿易していることを暴露するための意図的な砲撃であった。これを知った久光は激怒する。結局この怒りが、後の長州征伐へとつながっていくのである。

一方で、長州を追い落とすためとはいえ、会津藩と結んだことのツケは大きかった。薩摩藩は幕府に対しても、言うべきことは言う存在として世の中から一目置かれていた。それが幕府側の会津藩と同盟したのだから、評判はガタ落ちだ。朝廷内でも、薩摩藩は本当に尊王なのかという疑心暗鬼が生まれた。

逆に息を吹き返してきたのが幕府である。そこには策士一橋慶喜の存在があった。

藩主でもない久光が天下に号令し、将軍に上洛を命じているかのような状況を不快に思った慶喜は、その智謀《ちぼう》で彼にくぎを刺そうとする。開国派だったはずの慶喜が、元治元年二月、急に横浜をもう一度〝鎖港《さこう》〟しようと言い出したのだ。攘夷派に一定の理解を示し、彼らの過激な動きを鎮静化させるためというのが表向きの理由だった。

ところが薩摩藩は海外貿易をすでに水面下で拡大している。久光は反対した。実はこれが慶喜の仕掛けた巧妙な罠《わな》だったのだ。

久光はこれまで朝廷内に鎖国回帰への思いが強いことを知っていながら、意識的にその点については触れないようにしてきた。だが今回の一件で、彼が開国派であることが白日の下にさらされてしまった。朝廷からの信頼はさらに低下してしまう。

横浜鎖港問題を先に処理しようとする慶喜と長州問題が先だとする久光の対立で参与会議は空転を続け、三月九日に解散する。発足してわずか三カ月のことであった。

他藩の信頼が薄れ、幕府は言うことを聞かず、朝廷の心も離れるという薩摩藩の行き詰まった状況の中、この閉塞感《へいそく》を打ち破れそうな、ある男の名が口の端《は》に上るようになっていた。

「こうなったら西郷《せご》どんしかおりもさん!」

西郷赦免の声が澎湃《ほうはい》とわき起こってきたのだ。

先頭に立って運動したのは、寺田屋事件の生き残りである柴山竜五郎《りゅうごろう》と三島矢兵衛《やへえ》(後の通庸《みちつね》)、そして沖永良部島の島役人だった福山清蔵の三人だ。彼らは大久保や小松といった久光側近に西郷の赦免を言上してくれるよう頼み込んだが、意外にもすんなりとは引き受けてもらえなかった。久光は、今回の西郷の島流しは〝一生不返《いっしょうふへん》の流罪〟だと断言している。近くで仕えているだけに、簡単に怒りを解いてくれるとは思えなかったからだ。

それでもあきらめきれない三人は、今度は八月十八日の政変を主導した高崎左太郎《さたろう》と彼の従弟である高崎五六《ごろく》(後の東京府知事)に働きかけた。二人は彼らの熱意に動かされ、西郷赦免を申し出てくれる。

西郷を赦免するというのは、要するにこのままでは事態は動かないから西郷の手を借りようということだ。久光のプライドが傷ついたことは容易に想像がつく。しかしながら大久保が奄美大島からの西郷召還を願い出た時同様、薩摩藩士が面を冒《おか》して久光に意見する時はいつも、聞き入れられなければ腹を切る覚悟である。それを久光もわかっているから軽々に拒否はしない。

心持ち薄い唇をへの字に曲げ、苦り切った表情を浮かべてしばし思案していたが、やがて口を開くと次のように言ったと伝えられる。

「左右みな賢なりというか。しからば即《すなわ》ち愚昧《ぐまい》の久光ひとりこれをさえぎるのは公論ではあるまい。太守公《たいしゆこう》(藩主忠義)に伺《うかが》いを立てよ。太守公において良いと言われるのなら、わしに異存はない」

〝太守公に伺いを立てよ〟とは、やむを得ないと認めているのも同然。久光は私情に流されることなく、情勢を客観的に見て判断したのである。ただこの時、彼はくわえていた銀のキセルをギリッと音が鳴りそうなほど強くかみしめた。そうすることで屈辱に耐えたのだ。そのキセルには、くっきりと彼の歯型が残ったという。

こうして西郷の人生に光が差してきた。郷中《ごじゆう》仲間の熱い心が、再び彼に働く場所を与えようとしていたのだ。

元治元年正月、西郷の元に赦免の知らせが届く。

喜びはいかばかりだったろう。帰国できると聞いて最初に思ったのは、斉彬から拝領した縮《ちり》緬《めん》の小袖《こそで》を忘れずに持って帰らねば、ということであった。島流しになる際、心のよりどころとして持参していた品だった。

ところが、どこを探しても見つからない。なくしたはずはないと青くなりながら必死に探し続けていたが、いつの間にかその小袖を脇に抱えながら探し回っていることに気がついた。すっかり舞い上がっていたのである。

埋《うず》もれて世には心のなき梅も
春とや知らむ花の香ぞする

この時に詠んだとされる歌の中からも、華《はな》やいだ気持ちが伝わってくる。

とにかく土持政照には世話になった。何か彼に残してやりたい。そう思い、『与人間切横目《よひとまぎりよこめ》役大躰《やくだいたい》』と名付けた冊子を書いて贈った。これは島役人の心得をつづったもので、〝敬天愛人〟に限りなく近い〝敬天愛民〟の思想が盛り込まれていた。

維新後のこと、土持が島を出て西郷を訪ねてきたことがあった。西郷は大層喜んで深更まで昔語りをしたが、当時のことを思い返し、目に涙を浮かべながら次のように語ったという。

「入牢中、足下《そっか》が監視の役目を忘れ、死を賭《と》して、重罪人たるわしを庇護《ひご》された真情、夢の間も忘れることはできもはん。もしあん時、沖永良部に足下がおられんかったら、自分は空《むな》しく牢屋の露と消えたに違いもはん」

それは彼の偽らざる気持ちだった。

元治元年二月二十二日、大型の蒸気船が沖合に見えた。

おそらく沖縄にでも行くのだろうと島民が眺めていると、みるみる近づいてくる。それこそは迎えの藩船胡蝶丸《こちようまる》であった。乗っていたのは、吉井友実と弟の信吾に福山清蔵たちである。

涙の再会となったが、次の瞬間、西郷の発した言葉に吉井たちの顔が凍りついた。

「村田も一緒じゃろうな?」

一緒に流罪になったのだ。自分だけ赦免されるのでは筋が通らない。彼の最大の関心事はそこだった。

「今度はおはんだけじゃ……」

吉井が申し訳なさそうに言うと、喜びにあふれていた西郷の顔が一転して険しくなった。

「そいはいかん。村田なしには十分なご奉公などできもはん。咎《とが》めはわしが受けもす!」

許されて帰ろうという時に、いきなり藩命に反しようと言うのだ。吉井や信吾たちは思わず顔を見合わせた。

だが吉井はすぐに観念した。目の前にいるこの男は、友誼《ゆうぎ》のためなら自らの命を賭けることにいささかも躊躇《ちゆうちよ》しない。

下加治屋町郷中の稚児《ちご》だった頃から一緒に育っただけに、そんなことははなからわかっている。村田を連れて帰ると言わなければ西郷も帰るまい。しかしそれでは薩摩藩がもたないのだ。

覚悟を決めた。罰せられるなら一蓮托生《いちれんたくしよう》だ。喜界島へ寄って村田ともども帰藩させることにした。途中、奄美大島に寄って愛加那《あいがな》たちに別れを告げることもできた。その後、愛加那は奄美大島から一歩も外に出ることなく、西郷の思い出とともに生き続けた。明治三十五年（一九〇二年）に六十六歳で亡くなり、墓は龍郷町《たつごう》の弁財天墓地にある。

こうして二月二十八日、村田ともども約一年八カ月ぶりに鹿児島へと帰り着いた。幸いだったのは、久光が京にいて不在だったことである。村田を連れ帰った件は何とかごまかすことができた。

ろくに運動もせず牢内にいたため、足腰が弱りきってしきりに痛んだが、何はさておき斉彬の墓に参り、帰藩の報告をした。彼の中ではまだ、斉彬の家臣のまま時が止まっていたのだ。

家族との再会を喜んだのもつかの間、京にいる久光から呼び出しを受け、三月四日に鹿児島を出立《しゆつたつ》。十四日に入京している。

最初にしたことは、伏見の大黒寺《だいこくじ》（薩摩藩の祈禱寺《きとうじ》）に眠っている寺田屋事件の犠牲者たちの墓参りである。有馬新七をはじめ九烈士《れつし》の墓標が、訪れる人もないまま早くも朽ち果てようとしていた。それを見て彼は墓石を建立し、墓碑銘を刻んで彼らの霊を篤く弔った。

そして久光への拝謁である。

（また殿とぶつかりはせんじゃろか？）

再び大久保は、緊張の面持ちで二人の対面を見守った。だが意外にも西郷は、奄美大島から帰還した時とは人が変わったように従順な態度を示した。

久光は彼を軍賦役《ぐんぶやく》兼諸藩応接掛に任じている。家禄こそ三十五俵とわずかなものであったが、軍賦役とは軍司令官であり、薩摩藩兵の実質的な指揮権を彼に与えたということだ。これもまた久光の度量の大きさを示している。その後西郷は、倒幕に至るまで薩摩藩内ではこの軍賦役であり続けた。

翌四月には徒目付《かちめつけ》から一代新番に家格が上がり、御小納戸頭取・御用取次見習（四十八俵）、翌五月に一代小番《しようばん》・御小納戸頭取、同十月には代々《だいだい》小番・御側役《おそばやく》（九十石）と、異例のスピード出世が始まっていく。

参与会議が解散した後の幕府は、久光たちが政治に口出ししてくるのを極力排除しようとした。

一橋慶喜は三月二十五日、将軍後見職を辞して、自ら望んでいた禁裏《きんり》御守衛総督《ごしゅえいそうとく》・摂海《せっかい》防御指揮（御所と大坂湾の防衛司令官）に就任。京都守護職である会津藩主松平容保と、その弟で四月十一日に京都所司代に任命された桑名藩主の松平定敬《さだあき》を加えた三人が、朝廷の周囲をがっちり固めて幕府の威信回復を図ることとなった。これを世に〝一会桑政権《いっかいそう》〟と呼ぶ。

慶喜の中の公武合体は、あくまで朝廷と合体することで対立軸をなくし、幕府の求心力を取り戻すことにある。諸大名の容喙《ようかい》を歓迎するはずがない。幕府は再び中央集権的になっていき、あの安政の大獄の暗黒時代に戻っていくかのような雰囲気さえただよっていた。かつて一橋派が慶喜をかついで、そうした体制になるのを防ごうとしていたのが嘘のようである。

再び朝廷の信頼を回復したい薩摩藩だが、それは容易なことではない。多くの兵を京に長期滞在させたため財政状況も急速に悪化してきている。一旦鹿児島に帰って藩財政を立て直すことになり、久光は西郷と小松帯刀に後を託して帰国の途に就いた。

京に残った西郷がまず試みたのは、前年の〝八月十八日の政変〟で同盟した会津藩と手を切ることである。長州藩を追い落とすために会津と結んだことのしわ寄せが、あらゆる方面に出ていたからだ。

久光は松平容保の人となりについて〝幕弊《ばくへい》〟（幕府の悪いところ）のない人物だと高く評価し

ていたが、優秀な人材であるがゆえに、慶喜は一会桑政権の中に取り込んでしまった。残念ながらこうなると、もう幕府と一体でしかない。

彼らと一定の距離を保つため、薩会同盟を結んだ人々を薩摩に帰国させ、京での薩摩藩の信頼回復に努めた。その中には、自分を赦免させるために命を賭けてくれた高崎たちも含まれていたから、西郷にはつらい選択だったろう。

ところがそんな努力も空しく、再び幕府や会津藩と手を組まざるを得ない状況が生じる。それが蛤御門《はまぐりごもん》の変であった。

勝海舟との出会い

元治元年（一八六四年）六月五日に起きた池田屋事件が、蛤御門の変に至る伏線だった。長州・土佐藩士など尊攘派の志士約三十名が秘密会合を持っているところを、京都守護職配下の新選組に踏み込まれ、七名が死亡、残りが捕縛されたのだ。

事の起こりは、長州藩の武器調達や情報収集に協力していた京の商人古高俊太郎《ふるたかしゆんたろう》が捕縛されたこと。彼を拷問にかけた結果、京都御所に火を放って慶喜や容保を暗殺し、孝明天皇を御所から長州にお連れするというクーデター計画を自白したのだ。

だが新選組の拷問の苛烈《かれつ》さは想像に余りある。そこから得られた自白がどれほどの信憑性《しんぴようせい》を持つものか、はなはだ疑わしい。彼らが功名を立てたいがゆえの自作自演だったのではないかという説が当時から根強かった。

池田屋事件の犠牲者の中には〝松下村塾《しようかそんじゆく》四天王〟の一人吉田稔麿《としまろ》などの逸材が含まれており、長州藩にとって大打撃である。断じて許しがたいと、兵を率いて京に再度入るべく準備を始めた。

だが兵力差は歴然。桂小五郎はこの時も時期尚早だとして反対した。吉田とともに松下村塾四天王の一角を担った久坂玄瑞《くさかげんずい》と高杉晋作でさえ慎重論を唱えている。

ところがここで真木和泉が、

「形は足利尊氏でも、心が楠木正成ならよし」

と、尊王派の心をくすぐる言葉で煽《あお》った。

形は天皇に弓を引いた足利尊氏と同じになっても、心が忠臣楠木正成ならいいではないかというのである。藩の重臣たちも一気に出兵へと傾いた。こうして福原越後《えちご》ら三家老は京に向け兵を進発させる。

朝廷はなかなか対応策を出せなかったが、禁裏《きんり》御守衛総督一橋慶喜は、

「大軍を擁して京に迫るだけでも大逆行為である。追討するべし！」

と強硬な態度をとり、薩摩藩にも出兵を要請してくる。

西郷は当初、

「これは長州と会津の私闘でごわす。出兵の大義名分がごわはん」

と拒否し、あくまで幕府には加担しないという態度を貫こうとした。

長州藩の兵たちは、京の南の郊外にある伏見《ふしみ》の長州屋敷、北西の天龍寺《てんりゅうじ》、南西に離れた男山《おとこやま》

真木和泉

八幡《はちまん》と、天王山、山崎に、京の町を取り囲むようにして駐留し、自分たちを締め出した朝廷に対し無言の圧力をかけた。

西郷は腹心の中村半次郎（後の桐野利秋《きりのとしあき》）を長州に派遣。内状を探らせようとしたが、どうしても藩境から中に入れない。ただ、今回の長州藩の出兵が池田屋事件に対する抗議だけではなく、長州が朝廷に強い影響力を持っていた八月十八日の政変以前の状態に戻そうという意図だとわかってくると、西郷は、幕府と手を組むことになっても長州と戦火を交えざるを得ないという判断に傾いていった。

そうした中、老中稲葉正邦《まさくに》を通じ、長州藩から嘆願書が上げられた。国策を攘夷に定め、藩主父子と三条実美の入京を許すようにという内容である。

長州派公卿が薩摩派の近衛父子（前関白の近衛忠熙《ただひろ》と、その四男で内大臣の近衛忠房《ただふさ》）を刺そうとしているといった風説が流れ、彼らも萎縮《いしゆく》がちになっている。朝議に付された結果、一旦は長州の嘆願を認めようという方向に決しようとしていた。

それを覆《くつがえ》したのが、夕方から参内してきた一橋慶喜だった。

「京の近くに大軍を置いて威嚇するなどもってのほか。嘆願書を採用されるなら禁裏御守衛総督の職を辞します」

と、断固反対の意を示したのだ。

この時、近衛忠房から意見を求められた西郷は、慶喜に賛意を表している。幕府復権を模索する慶喜への反発はあるものの、長州を撤兵させるのが先だと考えたからだ。

そして朝議で再協議された結果、長州に藩兵を退けるよう命じ、従わないようなら討伐も辞さずということに決する。

そして孝明天皇から、

「昨年夏の政変（八月十八日の政変）は朕《ちん》の真意である。今さら長州人の入京を許すわけにはゆかぬ」

という勅語が出された。これで入京すれば明らかに朝敵となる。

ところが今回の長州は不退転の決意だ。撤兵する気配がない。会津、桑名、大垣といった幕府の御親藩《ごしんぱん》はもとより、薩摩藩も迎え撃つ準備を整えた。

そして元治元年七月十八日深夜、ついに長州軍は動き出す。世に言う蛤御門の変（別名〝禁《きん》門《もん》の変〟）の幕開けである。

幕府軍に薩摩・会津藩をあわせた兵力は、五万とも八万とも言われている。対する長州軍はわずかに二千。弱兵ではないが、圧倒的に不利な長州軍には玉砕も覚悟という悲壮感が漂っている。

七月十九日未明、伏見の長州屋敷を発した福原越後の主力部隊は、現在の上京区筋違橋町《すじかいばしちょう》付近で戦闘状態に入ったが、大垣藩や桑名藩など万全の備えをしていた幕府軍の前に敗れ、潰走する。

しかし福原の隊が幕府軍を引きつけてくれたおかげで、天龍寺にいたもう一人の家老国司信《くにししな》濃《の》率いる八百名余の隊は、一条戻橋《いちじょうもどりばし》で二手に分かれながら御所に到達することができた。

一方、天王山と山崎にいた真木和泉や久坂玄瑞らは五百名ほどの兵を率い、八月十八日の政変まで長州藩が警護していた堺町御門を目指した。

禁裏は二重の塀で囲まれており、外側の塀には九つの門がある。攻撃は弱いところを突くの

蛤御門
当時は現在の位置より東側に南を向いて建っていた
（著者撮影）

が鉄則だ。薩摩が守っている北西の乾《いぬい》御門は避け、その南側にある中立売《なかだちうり》御門から攻めかかった。

ここは弱兵と言われている福岡藩と一橋家が守っている。国司隊は難なく撃破して門内に入ると、蛤御門を守る会津藩に背後から襲いかかった。門の外からはすでに長州の別働隊が攻めかかっており、会津兵は挟み討ちに遭って大混乱となる。

蛤御門の変で幕府軍を率いたのは一橋慶喜だが、当時松平容保は体調を崩して歩行もままならない状態だったため、会津兵も彼の指揮下に入っていた。長州の猛将来島又兵衛《きじままたべえ》の鬼神のような働きもあり、自ら陣頭指揮を執っていた慶喜は、一時生命の危機を感じるまでに追い詰められる。

ここで存在感を示したのが西郷だった。会津危うしの知らせを受け、乾御門から急遽《きゅうきょ》応援に駆けつけると、またたく間に形勢は逆転。長州の来島も銃弾に斃《たお》れ、自刃《じじん》して果てた。

彼を撃ったのは薩摩藩士川路利良《かわじとしよし》だと伝えられる。大久保の腹心となり大警視（現在の警視総監）に抜擢される川路は、後に西南戦争の原因となる事件を引き起こすことになる。

堺町御門に向かっていた久坂玄瑞たちの部隊は、何とか越前兵を蹴散らして門内に入ったが、すぐに薩摩藩が来援したから勝敗の行方は見えている。そこで久坂は激しい戦闘の中を抜け出し、すぐ近くにあった鷹司邸《たかつかさ》の門を叩いた。

屋敷の主は鷹司政通《まさみち》である。三十年以上もの間、関白の座にあり、その後は〝太閤《たいこう》〟（摂政・関白の位を下りた者を指す尊称）として君臨し続けた実力者だ。彼が理解者だったからこそ、長州藩は朝廷内で力を持つことができたのだ。

ここで久坂が考えたのは、鷹司に頼み込んで、孝明天皇に直接嘆願させてもらおうという一発逆転の一手だった。勅命で戦闘を終わらせ、賊名を晴らそうというのである。吉田松陰《しょういん》門下随一の秀才で、高杉晋作をもしのいだと言われる彼らしい。

松陰は久坂を見込んで妹を嫁がせた。だがそんな久坂でさえ、松陰のあまりに過激な行動にはついていけなかった。

〈僕は忠義をするつもり。諸友は功業をなすつもり〉（自分は国家や天皇に対する忠義を貫くつもりなのに、諸君は立身出世を考えている）

とは、松陰が久坂を含む門下生の惰弱《だじやく》を叱責した言葉である。

そして安政の大獄において松陰は刑死するのだが、それをどうすることもできなかったという後悔の念は、その後も久坂をさいなんだ。そのことが彼を生き急がせる結果となる。

鷹司から天皇への取り次ぎを断られ、最後の望みを断たれた久坂は、その場で自刃して果てた。二十五歳の若さだった。

会津藩に薩摩藩が加わって長州勢を押し返し、それに桑名、福井、彦根兵が合流すると、戦力で勝る幕府側は長州勢を圧倒していく。結局、一日で勝敗が決し、男山八幡にいた家老の一人、益田右衛門介《うえもんのすけ》の部隊などは一戦も交えぬまま長州へと戻っていった。西郷は久坂のように〝義死〟した者が少なかったことを強く批判している。

その西郷はというと、生まれて初めての実戦であったにもかかわらず見事に藩兵を使いこなし、戦上手《いくさじようず》としてその名は高まった。

それにしても激しい戦闘であった。最前線で指揮していた西郷は、流れ弾にあたって足を負傷している。

〈ご存知の戦さ好きの事に候へども、現事に臨み候てはのし申さず。二度は望みたく御座なく候〉

と、彼は土持政照に宛てて手紙を書き送っている。〝のし申さず〟とは〝そのつらさは筆舌に尽くしがたい〟という意味の薩摩弁だ。

幼い日の明治天皇は、御所内に着弾した砲弾の破裂音に驚き、気を失われたと伝えられる。当時の京の人口は約五十万人。その一割を超える兵が双方入り乱れて戦ったのだから、市中は大混乱である。

火災も起こった。京の東西に燃え広がり、二万七千もの家屋を焼失し、鎮火までに三日を要した。京の町衆はこの大火を、鉄砲の音をとって〝どんどん焼け〟と名付けている。西郷は小松と相談し、天龍寺に蓄えられていた長州藩の兵糧米五百俵を、被災者のために供出している。こんなところにも彼の〝民を思う心〟が見て取れる。

この戦いの功により、西郷はこの年の十月、代々小番・御側役（九十石）に昇進した。本文中では〝西郷〟を用いてきたが、彼は沖永良部島より戻ってからもずっと〝大島〟と名乗っており、御側役に昇進した時、ようやく西郷に戻している。

〝泣きっ面に蜂〟とは、まさにこの時の長州のことだろう。

蛤御門の変に敗れ、敗走してきた翌月の八月五日、長州による関門海峡封鎖を解除して貿易船航行の安全を確保しようと、イギリス・アメリカ・フランス・オランダの十七隻の軍艦からなる四カ国連合艦隊が馬関《ばかん》（現在の下関）沖に集結。総攻撃が行われた。世に言う〝馬関戦争〟

高杉晋作

である。

長州のかなう相手ではない。すぐに軍艦も砲台も失い、完膚なきまでに叩きのめされた。

開戦三日後、刀折れ矢尽きて停戦を申し入れたが、この時、難しい講和の交渉役に立ったのが高杉晋作だった。脱藩の罪に問われて自宅で謹慎していたが、この大役を果たせるのは彼しかいないと白羽の矢が立ったのだ。

〝家老の嫡男《ちやくなん》宍戸《ししど》刑馬《ぎようま》〟と身分も名前も偽った彼は、英国留学帰りの伊藤俊輔《しゆんすけ》(後の博文《ひろぶみ》)を通訳に従え、堂々たる交渉を行った。当初、四カ国は下関沖合に浮かぶ彦島《ひこしま》の租借《そしやく》を停戦の条件としていたが、高杉は断固拒否。彼がこの時、妥協していたならば、この島は今頃〝第二の香港〟となり、下関は九龍《クーロン》半島になっていたことだろう。

蛤御門の変で自信を回復した幕府は勢いに乗じ、長州藩を徹底的に叩こうと考えた。元治元年七月二十三日、幕府は長州藩追討の勅許を得て在京二十一藩に出兵命令を下す。いわゆる〝第一次長州征伐〟である。

西郷は薩摩藩の代表として征長軍の参謀に任命され、長州征伐の指揮を執ることとなった。長州が朝敵とみなされたことで、朝廷に忠誠を尽くそうとする薩摩藩内は〝長州討つべし〟という声一色となっている。西郷もこの時点では、長年振り回されてきた彼らにあからさまな敵意を見せていた。

そんな西郷の前に、大局に立ってこの国を見つめ直せば長州を叩くべきではないと気づかせてくれる人物が現れる。それが勝安房守《あわのかみ》（海舟）であった。

勝に会うきっかけは、越前福井藩の堤正誼《まさよし》（後の宮内省次官、男爵）と青山貞《てい》（後の元老院議官、男爵）の二人が、

「一廉《ひとかど》の人物です。是非お会いになったほうがよい」

と強く勧めてくれたためだ。

彼の才気を斉彬も愛していたから、西郷もその名は聞き及んでいる。早速面会を申し込んだ。

勝海舟

こうして元治元年九月十一日、二人は大坂で顔を合せることになる。

当時、勝は軍艦奉行で、できたばかりの神戸海軍操練所《そうれんじょ》頭取も兼務する幕府の最高幹部。年も西郷より四つ上である。居丈高な態度で来られたら幕府の問題点を挙げてやっつけてやろうと身構えていたが、驚いたことに勝のほうから幕閣《ばっかく》の頭の固さや腐敗ぶりについて包み隠さず話してくれた。

それどころか、

「西郷さん、もはや幕府に天下を維持する力なんかねえんだ。雄藩が連合して国政を改革しなきゃ、この国は終わっちまう！長州と戦ってる場合じゃないでしょ！」

と、べらんめえ調で、幕府から早く政権をバトンタッチしてくれと言わんばかりのことを早口にまくし立ててくる。幕府幹部とは思えない発言に、西郷は目を丸くした。

そしてその口は、文句を言うだけの口ではなさそうだった。国際情勢と国防に関する目の覚めるような見識の高さにも驚かされた。幕臣の立場を超えて、日本人という大きな視点に立っているからこそ、彼の言葉は愚痴のように聞こえるのだと合点がいった時、目の前の小さな男がとてつもなく大きな人間に見えてきた。

（こげんお方が幕府にいらっしゃったとは……）

心の中に希望の灯りがともったような気がして、その興奮を早く大久保にも伝えたいと思い、帰宅してすぐ筆を執った。

〈勝氏に初めて面会仕り候ところ、実に驚き入り候人物にて、最初は打ち叩くつもりにてさし越し候ところ（はじめは打ち負かすつもりだったが）、とんと頭を下げ申し候。どれだけ智略のあるやら知れぬ塩梅《あんばい》に見受け申し候。まず英雄肌合いの人にて、佐久間（佐久間象山のこと）より事のでき候儀は一層も越え候わん。学問と見識においては佐久間抜群の事に御座候えども、現時に臨み候ては、この勝先生とひどくほれ申し候〉

英雄は英雄を知るという。一方の勝も後年、

「その時、西郷は京都留守居格《るすいかく》だったが、黒縮緬《くろちりめん》の羽織を着て、なかなか立派な風采だったよ。その意見や議論は、むしろおれの方が優《まさ》るほどだったけれど、いわゆる天下の大事を担うのは、

西郷ではないかとひそかに恐れたよ」

と、その出会いの鮮烈さを懐かしんでいる(『氷川清話《ひかわせいわ》』)。

その後西郷は、長州に対する処分は穏便に済ますべきだと考えを変えていく。長州が片づけば、幕府が次のターゲットにするのは薩摩藩であることにも気づき始めていた。

その勝が西郷同様一目置いていたのが、幕末の政治思想家として知られる熊本藩の横井小楠《しょうなん》だった。

横井は島津斉彬と同い年である。藩命で江戸に遊学後、帰国して藩政改革を試みるが失敗。二十一藩を遊歴し、吉田松陰、橋本左内らと交わり、福井藩主松平慶永に招かれて政治顧問となる。村田新八も教えを乞うなど、その名は天下にとどろいていた。

彼の主張は、天皇の下に国家を統一し、人材を広く登用して議会政治を実現。開国通商、殖産興業による富国強兵を目指すというもの。

西郷は大久保に宛てた手紙の中で、一度横井の策(立憲君主制下の議会政治)を用いたらやり通さなければならないと語っている。おそらく西郷は、議会制民主主義という理想と、それに必要な国民の成熟との間に横たわる大きなギャップに気がついていたに違いない。だが彼は維新後、まさにそれを目指していくのである。

勝は『氷川清話』の中で、

「おれは今までに天下で恐ろしいものを二人みた。それは横井小楠と西郷南洲だ。横井はその思想の高調子なことはおれなど梯子《はしご》をかけても及ばないと思った」

「横井の思想を西郷の手で行われたら、もはやそれまでだと心配して居《い》たに、果して西郷は出て来たワイ」

と語っている。


そして、その勝の紹介だと言って元治元年の八月中旬頃、西郷のもとを一人の男が訪ねてきた。細い目に髪の毛は縮れてぼさぼさ。顔は浅黒く、ほくろが多い。背が高く、挙措《きよそ》から剣の心得のあることが伝わってくる。彼こそ、土佐藩を二度目の脱藩中である坂本龍馬だった。


勝の紹介というので西郷も丁重に対応した。この時、坂本が勝のところに戻って報告したのが、

「なるほど西郷という奴はわからぬ奴だ。少し叩けば少しく響き、大きく叩けば大きく響く。もし馬鹿なら大きな馬鹿で、利口なら大きな利口だろう」

という有名な言葉だ。

後年、『氷川清話』の中で勝は、

坂本龍馬

「坂本もなかなか鑑識のあるやつだよ」

と満足げに語っている。

そんな勝と坂本に災難が降りかかってくる。元治元年十月、蛤御門の変の際に、長州出身の神戸海軍操練所の生徒（安岡金馬《かねま》）が加わっていたことをとがめられ、勝は軍艦奉行を罷免《ひめん》された上、江戸での謹慎を命じられたのだ。

神戸海軍操練所が廃止となるのは不可避であり、そうなると運営に尽力していた坂本龍馬は土佐に帰ることもできず行き場がなくなってしまう。何とかしてやりたいと思った勝は、薩摩藩で預かってやってくれないかと小松帯刀に相談した。

小松は坂本の受け入れを了承し、元治元年十二月、髪型や服装を薩摩風に改めた坂本は、しばらく薩摩藩の大坂屋敷にやっかいになることとなった。

そして存亡の危機に立たされている長州藩についてである。

いつの時代も、現実論で早期問題解決を優先しようとする者がいる反面、あくまで理想を追求しようという者もいる。この時の長州もまたそうで、朝廷と幕府に謝罪して藩の存続を優先しようという現実主義者と、武装したまま恭順すると見せかけて再起を図ろうとする理想主義者に分かれた。後者は自分たちを〝正義派〟と呼び、前者を〝俗論党《ぞくろんとう》〟と呼んで侮蔑した。

だが蛤御門の変と馬関戦争の後、藩政の実権を握ったのは俗論党の椋梨藤太《むくなしとうた》で、彼は正義派の弾圧に乗り出した。まずは正義派の一人で、俗論党と折り合いをつけようと努力していた経済官僚の周布政之助《すふまさのすけ》が、元治元年九月二十六日、切腹に追い込まれる。

その前日の夜半、正義派の井上聞多《もんた》（後の馨《かおる》）が俗論党に襲撃され、瀕死の重傷を負う。もう助からないと思った兄が介錯しようとするのを母親が必死に止め、緒方洪庵《こうあん》門下の蘭方医所郁太郎《ところいくたろう》の適切な治療により一命を取り留めた。緊迫した情勢に、正義派の筆頭格だった高杉晋作は一時長州を離れ、他藩に亡命して機会をうかがうことにした。

征長軍総督は松平容保の実兄尾張藩主徳川慶勝《よしかつ》である。美男子だった弟の松平容保と違い、兄慶勝は武張《ぶば》った印象を与える。率直な物言いをすることで知られ、征長軍総督も固辞し続けた末ようやく引き受けたのだ。

彼から意見を求められた西郷は、外圧の危機が迫る中、長州征伐のような内戦は無意味であると述べた。あれほど長州に強硬姿勢を見せていたのに、勝との会談後、すっかりその立場を変えていたのだ。

そして人望のある岩国藩の藩主吉川経幹《きつかわつねまさ》に説得させ、長州藩を恭順させるのが最良の策であると進言する。我が意を得たりと思った慶勝は、征長にかかわる一切の折衝を任せると言い出し、西郷を驚かせた。

封建社会は、恨みを忘れないで引きずる傾向が強い。御三家筆頭の尾張徳川家には、八代将軍吉宗と九代家重が御三卿を創設して以降、尾張家から将軍を出せなくなった恨みがあった。徳川慶勝はその後も幕府に対し非協力的であり続ける。

薩摩藩の人間に幕府軍の方針が一任されてしまうという事態に幕閣はさぞあわてたことだろうが、彼らに口を挟まれる前に西郷は素早い動きを見せた。自ら岩国に向かい、十一月四日、吉川経幹と直接面談して恭順するよう説得したのだ。

西郷は焦っていた。馬関戦争に勝利した四カ国が、開港問題に関して直接朝廷と交渉しようとしているという情報を入手したからである。

彼の書簡を見るとわかるが、その情報網は驚くばかりである。係争があると側近を派遣して直接的情報収集も行っている。迅速かつ正確な情報の収集が適確な判断の基礎となり、西郷の決断力、実行力と相まって、時代を動かす原動力となっていたのだ。

西郷は吉川に、事態を収拾するにあたっての具体的条件を示した。まずは藩主父子の謝罪状提出である。次に、完成したばかりの山口城を破却《はきやく》すること。そして三条実美以下の五卿を藩外に移すことである。

都落ちした七卿のうち、錦小路頼徳《にしきのこうじよりのり》は病死し、沢宣嘉《のぶよし》は行方不明となり、彼らは〝五卿〟になっていた。これら三つの条件をのむならば、征長は中止すると約束したのだ。

彼の言葉を信じていいか、吉川に迷いがなかったわけではあるまい。幕閣どころか薩摩藩の家老でさえないのだ。だが彼は西郷を信じた。そして長州藩の重臣たちを説得し、恭順させる。これを受け、徳川慶勝は諸藩に攻撃延期命令を出した。

だが、三つの条件の履行は予断を許さない。なかんずく問題は五卿の藩外移送であった。勤王藩であることの象徴だけに、藩外移送は自己否定につながる。それでも長州藩は約束通り、彼らを福岡藩の太宰府《だざいふ》へ移そうとし始めた。

これを聞いて激怒したのが福岡に潜伏中の高杉晋作だ。急ぎ下関に戻った彼は、前年に彼が

山縣有朋

結成した奇兵隊を中心とする〝諸隊〟（藩兵でない非正規部隊）に号令し、俗論党の支配する藩庁に反旗を翻《ひるがえ》そうとする。すでに諸隊の面々は藩庁の手が届かぬよう、五卿を長府《ちょうふ》の功山寺《こうざんじ》にかくまっていた。

だが、高杉の亡命中に留守を預かっていた山縣狂介《やまがたきょうすけ》（有朋《ありとも》）は、高杉の挙兵を必死に引き留めようとする。

諸隊をすべてあわせても兵力は藩正規軍の十分の一程度しかない。装備も格段に劣る。山縣にとって高杉は身分の低い自分を取り立ててくれた恩人だが、後に日本陸軍を大村益次郎から引き継がれるほどの軍略家だった山縣には、ここで藩庁にたてつくのは自殺行為としか思えなかった。

だが〝動けば雷電の如く、発すれば風雨

の如し〟と伊藤博文が評した高杉の熱い心には、すでに誰も消すことのできない火がついていた。彼は潜伏先で静かにその時を待っていたのである。

高杉の不穏な動きは、すぐ西郷の耳にも届いてきた。五卿の移送を拒否すれば武力討伐を考えている幕府の思うつぼだ。そこで西郷は思い切った行動に出る。下関にある諸隊の本部に乗り込んで、幹部と直談判しようとしたのだ。

当時の長州藩士の間には、八月十八日の政変や蛤御門の変の恨みが骨髄にまでしみわたっている。薩摩、会津両藩はまさに不倶戴天《ふぐたいてん》の敵。下駄の裏に〝薩賊会奸《さつぞくかいかん》〟と墨書《ぼくしょ》し、踏みつけて歩くのが流行したほどだった。

「関門海峡は三途《さんず》の川。渡れるものなら渡ってみろ！」

敵意をあらわにしている彼らを前に、西郷の行動はあまりにも無謀である。だが自分ひとりの命を危険にさらしても、大勢の命が失われるのを止められるなら惜しくはない。蛤御門の変で戦場の悲惨を体験してからというもの、一層そう思うようになっていた。

そして吉井友実と税所篤《さいしょあつし》を伴って下関に向かったが、途中、小倉まで来たところで、福岡藩の藩医早川養敬《ようけい》の従僕と称する〝寺石貫夫〟という人物が西郷たちの宿を訪ねてきた。実は変名であり、長州の諸隊の一つ忠勇隊《ちゆうゆうたい》を率いる土佐脱藩浪士中岡慎太郎《しんたろう》であった。

この隊は脱藩浪士で編成され、五卿がかくまわれている功山寺の警備を任されていた。中岡の前にこの隊を率いていた真木和泉は、蛤御門の変の後、天王山に立て籠《こ》もり自害している。それだけに中岡も薩摩藩に対して遺恨があった。変名を使って西郷に会いに来たのも、西郷を刺すつもりだったからである。

しかし話をするうち、目の前の大男を刺そうという気持ちは不思議なほど薄らいでいった。そのうち中岡は自分の正体を明かし、抱いている懸念を正直に吐露《とろ》した。

すると西郷は、

「五人の方々の身の安全は、わしが請け負い申そう」

と約束した。

西郷の口から出た言葉を疑う人間はいない。中岡もまたそうであった。誠意ある人柄に打たれた中岡は、あれほど抵抗していた五卿の動座に同意したのみならず、自ら諸隊幹部を説得するとまで言い始めるのだ。

中岡は、同じ土佐藩の板垣退助《たいすけ》に宛てた手紙の中で、西郷に会った印象について興奮気味にこう書いている。

〈人となり肥大にして後免《ごめん》の要石《かなめいし》にも劣らず。(中略)この人、学識あり胆略《たんりゃく》あり、常に寡言《かげん》にして最も思慮深く雄断《ゆうだん》に長じ、たまたま一言出せば、確然《かくぜん》、人の肺腑《はいふ》を貫く。かつ徳高くして人を服し、しばしば艱難《かんなん》を経てすこぶる事に老練す。（中略）実に知行合一《ちぎょうごういつ》の人物なり。これすなわち当世洛西《らくせい》第一の英雄に御座候〉

〝後免の要石〟とは高知城下の後免町にいた力士の名である。一時は刺そうとしていた人間が、〝洛西第一の英雄〟（京都以西で第一の英雄）とまで絶賛していることに、ただただ驚くほかはない。それが西郷隆盛という男の人間力なのだ。

その後、西郷たちはさらに歩を進め、十二月十一日、下関に入った。中岡が説得できたかどうか確認する前に、である。信じてはいたが、よしんば説得できなかったにせよ、彼は当初の予定通り下関に行くつもりだった。

実際には、中岡はまだ話し合いの最中だった。突然の来訪に驚いた諸隊の面々は、日頃〝関門海峡は三途の川〟と言っていることなど忘れ、西郷の豪胆さにのまれてしまった。そして彼は中岡とともに山縣らを説得し始めた。

誠意は通じる。五卿の意思を尊重することと征討軍が撤兵することを条件に、太宰府に移してもよいと交渉に応じてくれた。藩庁はもとよりその方向であり、西郷の目的は達せられたかに思えた。

だがここに納得していない男がいた。潜伏中のため会うことのできなかった高杉晋作である。

このわずか四日後の十二月十五日夜半、彼は五卿が滞在している功山寺で挙兵し、太宰府移送の決定を下した藩庁に反旗を翻すのだ。

そして、

「これよりは、長州男児の腕前お目にかけ申すべく！」

という高揚した言葉を五卿に残すと、雪の中を進軍し始めた。

決起に参加したのは伊藤俊輔が隊長を務める力士隊と、石川小五郎（後の子爵河瀬真孝《まさたか》、枢密顧問官）が総督を務める遊撃隊。奇兵隊は山縣の〝時期尚早〟との意見により行動をともにしなかったから、手勢わずかに八十数名での挙兵だった。

ほとんど自殺行為だと思われたが、彼らは決起した翌日、早くも馬関奉行所の占拠に成功する。そしてそこにあった備蓄米を藩民に配ると、続いて数キロ東の三田尻《みたじり》にある長州藩軍港を襲撃。長州藩の手で建造された最初の戦艦である丙辰丸《へいしんまる》など三隻の船を奪うという劇的な勝利を収めた。世間はまさにこの〝長州男児〟に瞠目《どうもく》するのである。

勢いづいた彼らは藩の正規軍をも撃破し、挙兵の三カ月後には藩庁から俗論党を一掃する。俗論党一掃に三カ月かかったことは重要だ。理由は後で述べる。

藩主毛利敬親《たかちか》も高杉たちに与《くみ》することを明言し、長州藩一丸となって倒幕に照準をあわせることになった。高杉の決起がなければ、あるいは討幕という形での明治維新は来なかったかもしれない。功山寺挙兵はそれほど大きな意味を持つ。

この時、高杉はまだ二十五歳の若さであった。結核を患《わずら》っていた彼は、功山寺挙兵の三年後、自分が火をつけた倒幕運動の行方を確かめることなくこの世を去る。

おもしろきこともなき世をおもしろく
住みなすものは心なりけり

が辞世の歌とされる。上の句を高杉が詠み、女性志士として知られる野村望東尼《もとに》が下の句をつけた。


諸隊の妄動を抑えようとしていた西郷からすれば、高杉の行動は許しがたい暴挙であり、長州征伐を回避しようとする努力を踏みにじるものである。

面子《めんつ》にこだわる人間であったなら激怒し、迷わず兵を長州に向け進発させただろう。実際、征討軍の中からは、長州藩内がこのような状態では五卿移送の約束など守られるはずがないという意見が続出する。

ところが驚いたことに、西郷は愚直に長州を信じた。徳川慶勝の了解をとって、十二月二十七日、広島の征長総督府から諸藩に対し、征長軍の解兵命令が出される。

西郷は約束を守った。あとは彼らがどう出るかである。日本中が固唾《かたず》をのんで見守る中、翌年正月、動座に同意した五卿は下関を出発して太宰府へと向かった。約束は守られたのだ。高杉が俗論党を一掃するのはその二カ月後のこと。ぎりぎり間に合ったのである。

第一次長州征伐の平和的解決は、西郷の捨て身の働きによるものであった。そして同時に高杉の挙兵を放任し、倒幕勢力の台頭を助けることにも成功する。彼が先を読み切っていたかはわからないが、この微妙かつ複雑な動きが、後の倒幕へとつながっていく。

征長軍を解兵させた西郷は、元治二年（一八六五年）一月四日、小倉を発《た》ち帰国の途に就いた。十五日には鹿児島に到着。藩主父子に謁見し、褒美の刀を贈られて故郷に錦を飾った。

島から戻って以来、西郷は一人身のままである。以前から大久保や小松は、早く再婚しろとうるさく勧めていた。

そのうち小松が藩家老座付書役《ざつきかきやく》岩山八郎太《はちろうた》の次女イト（糸子）を紹介し、自ら媒酌人《ばいしやくにん》となって元治二年一月二十八日結婚式を挙げさせた。西郷より十六歳下の二十二歳。イトも結婚は二度目である。細面《ほそおもて》の美人だった。

西郷と親しく接したイトの妹岩山トクが、昭和二十七年（一九五二年）、九十五歳の時、西郷夫妻について語った録音テープが現存している。彼女の話は主に、明治に入ってからの生活についてだが、西郷は味噌や醤油造りが上手だったという。

西郷イト

イトは西郷がいかに出世しても偉ぶらず、半農の生活を変えることなく、よく働いた。飾らない女性で、客が女中と間違え、

「西郷さんはご在宅か？」

と尋ねても訂正せず、女中のふりをして返事をしていたという。

西郷は相変わらず国事に追われる毎日だったが、家庭にあってはよき夫であった。客の前でもイトの作った料理を、

「これはよくできました。おいしゅうございますよ」

などと言って褒《ほ》めた。

「恥ずかしいじゃありませんか」

とイトは顔を赤らめたが、それでも西郷は、おいしい料理は必ず褒めた。世の夫の多くは、この点でも彼の前に首《こうべ》を垂れて範《はん》

とするべきであろう。

慶応二年（一八六六年）には長男寅太郎《とらたろう》が生まれ、明治三年（一八七〇年）には午次郎《うまじろう》が、明治六年には酉三《とりぞう》が生まれた。そして愛加那の子どもである菊次郎だけでなく菊草をも引き取り、わが子と分け隔てなく育てている。

西郷は新婚生活を楽しむ間もなく、元治二年二月二日、福岡藩へと向かった。太宰府滞在中の五卿の冷遇が伝わってきたからである。そして福岡藩主黒田長溥《ながひろ》に待遇改善を申し入れた。それは中岡や山縣など諸隊の面々に対し、五卿は任せてくれと約束していたからだ。こうした信義の篤《あつ》さに、彼の目指そうとしていた徳治政治がいかなるものであったかがうかがえる。

第一次長州征伐で幕府は自信を取り戻したが、それはやがて自信過剰を引き起こし、しばらく停止していた参勤交代さえも復活させようとする。井伊直弼の下で寺社奉行を務め、安政の大獄の当事者でもあった松平宗秀《むねひで》（宮津藩主）が老中に就任したことが背景にあった。彼は慶喜や容保からも警戒されていた。

その松平宗秀は二月上旬、攘夷を決行せよとの声が大きくなっている朝廷を静めるため、同じ老中の阿部正外《まさと》（白河藩主）とともに三千名の軍勢を率いて上洛する。三十万両ともいわれる莫大《ばくだい》な公家買収金をばらまいて朝廷内を完全に親幕派で固めるとともに、禁裏御守衛総督の一橋慶喜や京都守護職の松平容保、京都所司代の松平定敬《さだあき》を免職させ、彼らの生ぬるいやり方ではなく、もっと急進的な中央集権体制に再び持っていこうとする。

そして恭順の意を示している長州藩に対して再征《さいせい》を行い、幕府の権威の完全回復をもくろんでいた。


薩長が存在感を示す一方で、維新の表舞台から忘れ去られつつある藩があった。尊王攘夷運動の総本山であった水戸藩である。

影響力を失った最大の要因はもちろん、水戸藩出身の慶喜が一会桑《いっかいそう》政権の中核として幕府側の立場に立ち、後には将軍にまでなってしまったことにあるが、もう一つの要因が人材の枯渇にあった。過激な行動のたび藩籍を離れる浪士を生み、とどめを刺したのが〝天狗党《てんぐとう》の乱〟である。その経緯について触れておきたい。

開港した横浜を再び閉じるという〝横浜鎖港《さこう》〟が計画されたことについてはすでに述べた。一旦開港すると約束したものを反故《ほご》にするのはもとより無謀な試みなのだが、文久三年（一八六三年）十二月、池田長発《ながおき》を正使（団長）とする使節団が欧州に送られ、まずは親密な関係にあるフランスとの交渉を試みた。

時の皇帝ナポレオン三世との謁見は果たせたが、肝心の鎖港の件は論外だと一蹴される。使節団の面々も馬鹿ではない。パリの街並みを見れば国力の差は歴然だ。これ以上の交渉は無駄だと判断し、他国を回ることなく帰国の途に就いた。

横浜鎖港が遅々として進まないことに業《ごう》を煮《に》やしたのが、水戸藩内でも急進的攘夷集団として知られていた天狗党の面々である。蛤御門の変が起こる四カ月前にあたる元治元年(一八六四年)三月、天狗党の藤田小四郎《こしろう》(藤田東湖の四男)らは攘夷貫徹を訴え、筑波山《つくばさん》で挙兵した。

徳川斉昭の側近武田耕雲斎《こううんさい》は、当初軽挙だと言って藤田をいさめたが、逆に説得されて首領に祭り上げられる。藤田東湖、戸田忠太夫《ちゅうだゆう》とともに〝水戸の三田《みた》〟と呼ばれ、人望も厚かった武田の加入で天狗党は大いに勢いづいた。

最初はわずか六十二人だったが、水戸の攘夷論者は武士階級だけではない。町人たちも加わって千人を超える勢力に膨《ふく》れ上がり、同じ攘夷藩である長州と手を結んで東西から圧力をかけようと試みた。

危機感を抱いた幕府は横浜鎖港を決めるが、七月に蛤御門の変で長州勢力追い落としに成功すると一転して強気になる。天狗党が恐れられたのは、彼らが長州との連携を模索したからであって、長州がいなければさしたる脅威ではない。この機を逃さず、水戸藩に天狗党鎮圧命令を出した。

時に利あらず。彼らは転戦するうち徐々に勢力を弱めていく。そして日本海側まで来たところで力尽き、十二月十七日、加賀藩に投降する。加賀藩は幕府に温情を求めたが聞きいれられず、武田耕雲斎や藤田小四郎ら三百五十余名が斬首。残る四百五十名も流罪や追放となった。

薩摩藩は流罪のうち三十五名を受け入れるよう命じられたが、西郷はこれを断固拒否する。彼が幕府に叩きつけた「幕命拒絶の薩摩藩上書」の控えが今に残されているが、その中で彼は、降伏した人間に苛酷な取り扱いをするなどとは聞いたことがないと幕府のやり方を痛烈に批判。流罪人の受け入れなど〈道理としてできかね候〉と胸のすくような啖呵《たんか》を切った。

だが水戸藩の人々にとって、問題はここからだった。

天狗党が勢力を失うと、彼らと対立してきた市川三左衛門《さんざえもん》たち保守派(〝諸生党《しょせいとう》〟と呼ばれた)が藩内の実権を握る。そして天狗党幹部の家族まで処刑してしまうのだ。幕府への恭順を示すためとはいえ、あまりに無慈悲な対処である。

当然のことながら深い恨みが残った。後の戊辰《ぼしん》戦争の際、長州と手を結んだ天狗党の残党が藩の実権を取り戻すと、今度は彼らが市川たちに報復し、その家族をことごとく処刑してしまう。市川本人は東京に潜伏していたところを捕縛され、さらしものにされた上、逆さ磔《はりつけ》という惨忍な殺され方をした。

結局、この報復劇によって水戸藩の人材は払底《ふってい》してしまうのだ。維新史の陰の部分と言えるだろう。

倒幕を決定づけた薩長同盟

高杉晋作たちの命懸けの働きかけにより、長州藩は藩論を再び幕府との対決姿勢に戻した。彼らを寛大な措置で許した幕府からすれば裏切り以外の何物でもない。今度こそ息の根を止めてくれると、老中松平宗秀《むねひで》らが中心となって第二次長州征伐が計画された。

だが西郷は幕府の意向に従う気などない。むしろ待ったをかけるべく、元治二年（一八六五年）二月二十二日、筑前福岡藩や肥後熊本藩など五藩の代表者を集めて会議を開き、徳川慶勝《よしかつ》に一任しようということになった。慶勝が慎重な意見を口にすることはわかっていたからだ。

会議の後、西郷は太宰府に寄って五卿に謁見している。この時、彼は三条実美の人柄に深い感銘を受けた。国を思う熱い心に一点の曇りもない。これまで再三苦労させられてきた相手だが、西郷はそんなわだかまりを捨て、彼らを復権させようと心に誓うのである。

太宰府を離れたのち、三月五日に博多を出発し、十一日、京に入った。大久保や小松と力をあわせ、中川宮朝彦親王《なかがわのみやあさひこ》、近衛忠房《ただふさ》内大臣らに働きかけて朝廷を動かし、長州再征を企図す

桂小五郎（木戸孝允）

る幕府を牽制しにかかる。
　幕府の横暴に怒りを覚え、何とかしたいと考えていたのは西郷たちだけではなかった。幕府の暴走を抑えるためには、薩長の力を一つにするしかないと考えた元土佐藩士たち三人（坂本龍馬、中岡慎太郎、土方《ひじかた》楠左衛門《くすざえもん》）が彼らの説得に動き出す。
　中岡は桂小五郎に、土方は諸隊幹部に、それぞれ説得を始めた。第二次長州征伐が予断を許さない状況になっているだけに、長州からすれば薩摩が味方についてくれるのは千人力である。
　だがこれまでの経緯が彼らの心

をかたくなにしていた。薩摩藩が幕府側についたことで蛤御門の変に敗れ、久坂玄瑞などかけがえのない人材を失い、屈辱的な条件をのまされたのだ。その記憶はあまりにも生々しい。

そんな中、西郷や小松など薩摩藩幹部への働きかけを行っていたのが坂本龍馬であった。

幕府に立ち向かうには二藩が手を携えていくべきだということは西郷にもわかる。だがそのためには、大の長州嫌いである久光を説得する必要がある。そこで慶応元年（一八六五年）四月二十二日、西郷は小松と坂本にも同行してもらって帰鹿《きか》することにした。

彼らを乗せた薩摩の藩船胡蝶丸は、二十五日に大坂を出航。五月一日鹿児島に到着し、早速、久光に目通りした。確かに久光は長州嫌いだが、幕府の横暴はさらに不快に思っている。長州再征反対を快諾し、西郷を御側役から大番頭に引き上げると、より一層の精励を促した。

坂本も一安心である。鹿児島滞在中、彼は西郷家に泊めてもらい、親交はさらに深くなっていった。

「坂本さんは行儀《ぎょうぎ》の悪い人で、床の間の縁を枕に寝転んで『資治通鑑《しじつがん》』（北宋時代の歴史書）という本を読んでいて、『西郷さん、ここのところは何という意味ですか？』と本をつき出して訊《き》くと、西郷さんは丁寧に説明しておられました」

と西郷家の使用人の熊吉は後に語っている。二人がいかに心許し合っていたかがわかるエピソードだ。

『坂本龍馬海援隊始末記《かいえんたい》』（平尾道雄著）には次のような逸話も紹介されている。着の身着のままで鹿児島に来た龍馬が、

「一番古い褌《ふんどし》をくださらんか？」

とイトにお願いし、彼女は言われるままに使い古しの褌を与えた。帰宅した西郷はそれを聞いて、

「お国のために命を捨てようという人だと言うちょるのがわからんか！　すぐに一番新しいものと替えて差し上げろ！」

と言って叱ったという。

そして夜、坂本が横になった時、狭い家だけに隣室の夫婦の会話が聞こえてきた。

「家の屋根が腐って雨漏りがして困りもす。どうか早く修繕してくださらんか」

イトがそうお願いしている。すると西郷は、

「今は日本全国が雨漏りしている時ごわんど」

と諭《さと》したという。

西郷たちの長州再征阻止の動きを知った幕府は、朝廷が同調する前に先手を打つべく、将軍家茂《いえもち》を総大将として兵を動かす準備に取りかかった。それを知った西郷は、小松に宛てた慶応

元年閏《うるう》五月五日付の手紙の中で〈徳川氏の衰運この時と存じ奉り候〉と怒りを込めて記している。

そしてこの手紙を書いた翌日、中岡慎太郎が鹿児島にやってきた。幕府の不穏な動きを抑えるため再度西郷に上京を促すとともに、下関で桂小五郎に会ってくれというのである。今こそ薩長同盟を結ぶべき時だというわけだ。西郷にも異存はなかった。

一方の坂本龍馬は、中岡が西郷に会っていたのと同じ日に下関で桂と会い、会談の根回しを行った。見事な連携プレイである。いよいよ薩長は手を結ぶはずであった。ところが思わぬことに、西郷の行動がもとで破談となってしまう。

慶応元年閏五月十五日、中岡ともども胡蝶丸に乗り込んだ西郷は、桂と坂本の待つ下関へと向かっていた。

ところが佐賀関港《さがのせき》（現在の大分市内）に到着した時、京にいる大久保から、

〈一刻も早く上洛してほしい！〉

という切羽詰《せっぱつ》まった内容の手紙が届いたのだ。

将軍家茂は五月十六日に江戸を発《た》つと、まずは京を目指した。長州再征の勅許を得るためである。大久保はそれを阻止するべく動いていたが、将軍本人がやってくると聞いて朝廷は浮足立っている。ここは公卿たちとの太いパイプを持つ西郷の助けが必要だと判断したのだ。

勅許が出ては万事休す。ことがことだけに、やむなく桂との会談中止を決断する。閏五月二十二日、佐賀関で中岡を降ろすと、下関方面を左に見ながら目の前で素通りし、直接京へと向かった。

ここで桂は、会談をすっぽかされたとつむじを曲げた。だがこれは怒るほうがおかしいのだ。長州再征の勅許が出て困るのは長州のはず。それを抑えに行こうとするのだから、西郷は感謝されこそすれ、文句を言われては立つ瀬がない。当然西郷も、そこはわかってもらえると思って京に向かったのだ。

だがプライドの高い桂は、顔に泥を塗られたと腹の虫が治まらない。坂本は、なだめるのに必死だった。何とか落ち着きを取り戻した桂は、〝薩長同盟交渉継続のための条件〟を出してくる。それは、外国商人から薩摩藩の名義で武器を購入させてくれというものであった。この頃、幕府は諸外国に対して長州に武器を売らないよう依頼しており、困り果てていたのだ。

ここで坂本は一計を案じる。長州のために薩摩藩名義で外国から武器を買ってやり、その見返りに長州は薩摩に米を売るという、今で言うスワップ取引だ。貿易商を目指していた彼らしい発想である。

心の広い西郷は、謝る必要もないのに違約を謝し、兵器購入の斡旋《あっせん》を快諾した。

七月、長州は伊藤俊輔《しゅんすけ》と井上聞多《もんた》の二名を長崎の薩摩藩邸に派遣し、薩摩藩名義での発注書を受け取った。そして英国商人トーマス・グラバーから、大量の洋式銃（ミニエー銃四千三百挺《ちょう》、ゲベール銃三千挺）を買うことに成功する。西郷はこれらの銃を、薩摩の胡蝶丸で下関まで運んでやるという便宜《べんぎ》まではかってやった。

これに気をよくした伊藤たちは軍艦の購入も計画する。ここで活躍するのが、薩摩藩の援助を受けて坂本が旧海軍操練所の塾生たちを集めて設立した〝亀山社中《かめやましやちゆう》〟という貿易会社だ。彼らが薩摩と長州の間に入ることで、軍艦という目につく大きな買い物もすることができた。

この一連の武器調達によって長州のわだかまりはわずかに解け、長州藩主毛利敬親《たかちか》父子から島津久光父子に対して礼状が届けられる。ただ桂は、これはあくまで〝薩長同盟交渉継続のための条件〟を満たしただけであり、完全に和解したとは考えていなかった。なかなか粘着質だ。

この頃、幕府を悩ませていたのが列強から要請されていた兵庫開港問題だった。慶応元年九月、老中の阿部正外《まさと》は何とか開港を回避しようと英仏蘭三カ国と交渉を行うが、逆に彼らから、朝廷と直接交渉すると脅かされ、無勅許のまま開港を約束してしまう。兵庫は京に近い。孝明天皇は不快に思われ、勅許が下りないまま開港は延期となっていた。

逆に、京・大坂の近くだからこそ貿易拠点を設けたいと考える列強はこれに固執する。馬関戦争の賠償金の三分の二を放棄する代わり、兵庫を早期に開港するよう求めてきた。彼らは九月十三日、英仏米蘭の四国連合艦隊を編成すると、大坂湾に進入して兵庫沖に停泊。無言の圧力をかけて兵庫開港の勅許を迫った。

西郷は坂本に頼んで連合艦隊の動きを探らせる一方、この外圧を利用して、長州再征や通商条約締結などについて議論するための諸侯会議を朝廷に召集させようとする。幕府の横暴を抑えるべく、再び雄藩連合の合議体による政治を目指そうとしたのだ。

ところが西郷の思惑を察した慶喜は、そうはさせじと動く。先に勅許を得てしまえば、諸侯会議召集の大義名分がなくなる。動きは早かった。

まず九月二十一日に長州再征の勅許を得、さらに十月五日には通商条約締結の勅許も得た。兵庫早期開港の勅許こそ得られなかったものの、慶喜の圧勝である。

後世、徳川慶喜というと、鳥羽・伏見の戦いで単身江戸に逃げ帰った愚かな将軍という印象が強いが、彼は愚将どころか人並み外れた智謀の持ち主であった。さすがは島津斉彬が幕府再興の切り札として擁立しようとした人物だ。皮肉なことだが、彼は西郷や大久保たちの前に巨大な壁となって立ちはだかっていく。

追い詰めていたはずが追い詰められてしまった西郷は、やはり長州藩と手を結ぶほかないと覚悟を決めた。十月二十四日、腹心の黒田清隆《きよたか》（後の首相）を長州に派遣。再度、薩長の和解と軍事同盟締結が話し合われることになる。

一方、幕府は勅許をもとに、十一月、長州再征の命令を諸藩に下す。事態は切迫していた。慶応二年（一八六六年）一月八日、薩長同盟に向けての話し合いがなされることとなった。場所は京二本松の薩摩藩邸である。現在、同志社大学の今出川キャンパスがある場所にあたる。

桂小五郎は諸隊幹部の三好軍太郎《ぐんたろう》（西南戦争の時の第二旅団司令長官、後の枢密顧問官）と品川弥二郎《やじろう》（第一次松方内閣の内務大臣）を伴い、薩摩側は家老である小松帯刀と桂久武《ひさたけ》、西郷、大久保が出席。会談が始まった。

ところが一向に話が進まない。あたり障《さわ》りのない話に終始し、双方とも和解を切り出せないまま夜になり酒宴となる。毎日これの繰り返しだ。

薩摩側から話を切り出さないのは当然である。第二次長州征伐は目前に迫っており、長州は一刻も早く助けを借りたいはず。彼らから同盟を結びたいと申し出るのが筋だからだ。

別の事情もあった。久光に長州と会合を持つ旨報告してはいたものの、彼らと軍事同盟を締結することまで了承を得ていたわけではない。またも西郷は危険な橋を渡っていた。だが長州から同盟締結を申し出てもらえば、さすがの久光も事後承諾してくれるだろう。だから今回は、こちらから持ちかけるわけにはいかなかったのだ。

一方の桂は、先日西郷が会談をすっぽかしたことをまだ根に持っている。今回招いたのは薩摩のほうなのだから、彼らからまずは和解を言い出すべきだと思っている。

双方の面子がぶつかり合って、にらみ合いが続く。そのうち桂は病気と称して会見の場に現れなくなり、気まずい空気が流れていた。

この状況を一気に打開し、最終的に薩長同盟をまとめ上げたのは、遅れてやってきた坂本龍馬だった。細かなやりとりは長州、土佐、薩摩の記録でそれぞれ違ったものとなっているが、坂本がいたからこそこの同盟は成立したのだ。

坂本は、薩長首脳会談も十三日目に入っていた一月二十日に到着した。とっくに和解が成立して軍事同盟の詳細を詰めている頃だと思っていたのに、桂はあきらめ顔で帰り支度をしている。

「天下を敵に回して孤立するわれわれに、薩摩からあえて同盟の話を切り出そうとしないのは道理。だが、長州から言い出すことは薩摩に憐れみを乞うことになる。それはたとえ長州が焦土となろうともできん。薩摩との同盟はもうあきらめたが、これまでの貴殿の尽力に礼を言いたくて今まで我慢して待っておった」

これを聞いた坂本は驚いて、

「長州の体面もわかるが、私情を持ち込んでどぎゃんする」

と桂を引き留め、あわてて西郷や大久保を説得にかかった。

「薩長同盟は薩摩と長州だけの問題ではないきに。こん国を救うためのもんぜよ！」

西郷は坂本の言葉に目が覚めた。そして薩摩藩のほうから同盟を申し込むことを了解するのである。先に述べたように薩摩側にも事情があったが、あえて彼は譲歩したのだ。

譲歩しない政治家が強い政治家なのではない。大義のためには小さな面子を捨てられる政治家こそ強い政治家なのである。

場所を薩摩藩邸から少し西にあった小松帯刀邸（近衛家の敷地内にあり、現在は同志社大学新町キャンパスとなっている）へと移し、証人として坂本が立ち会った上で慶応二年一月二十一日、ついに薩長同盟が締結される。

密約であったため文章にはされなかったが、桂が念のため内容を書いて坂本に送り、間違いないと坂本が裏面に朱書して返送した手紙が残っている。それによれば、幕府と戦争となった場合、薩摩藩はただちに二千余りの兵を派遣し、大坂にも千人ほどの兵を置いて京坂を固めるなど、極めて具体的な約束が交わされていた。倒幕の準備はここに整ったのだ。

この頃幕府の情報網に、坂本の居場所と、何やら不穏な動きをしていることが引っかかってきた。危険人物は早めに除くのが当時の治安維持の鉄則だ。

薩長同盟成立直後の慶応二年一月二十三日、それはまさに桂が先述の手紙をしたためていた日であったが、長府藩士三吉慎蔵《しんぞう》とともに例の寺田屋に潜伏しているところを、伏見奉行所配下の捕吏《ほり》に急襲される。その数、実に百数十名。異常な数である。まさに袋の鼠《ねずみ》だった。

坂本は恋人のお龍《りょう》を寺田屋にあずかってもらっていた。この時、彼女はちょうど風呂に入っていたところだったが、捕り方が周囲にひそんでいることに気づいて風呂を飛び出し、半裸のまま階段を駆け上がって彼に急を知らせた。心の準備ができているのといないのとでは大きく異なる。それが後に暗殺された近江屋の時との違いだった。

宝蔵院《ほうぞういん》流槍術《りゅうそうじゅつ》の達人であった三吉は鴨居《かもい》にかけていた槍を手に取ってしごき、坂本は高杉晋作から贈られた拳銃を取り出して銃口を部屋の入口に向けた。そして彼らが踏み込んでくると果敢に応戦する。龍馬は両手親指を負傷しつつも、何とか屋根伝いに脱出。近くの材木小屋に隠れ、その間に三好が薩摩藩邸に走って救援を連れてきてくれたおかげで難を逃れた。

その後、彼は傷の療養も兼ね、お龍ともども薩摩に一時身を潜めることにした。慶応二年三月十一日に鹿児島へ到着。霧島などに遊んだ。これが日本人の新婚旅行第一号とされ、鹿児島市天保山町《てんぽざんちょう》には「坂本龍馬新婚の旅碑」が建てられている。

薩長同盟の締結は、幕府との武力対決を覚悟したことにほかならない。急ぎ兵力を増強する必要を感じた西郷は、欧州に留学していた五代才助《さいすけ》を登用し、西洋技術を取り入れた機械紡績

ハリー・パークス

工場を建設して産業を育成。同時に英国式の歩兵、砲隊を編成して、藩単位ではあったが本格的な富国強兵に乗り出した。

まだまだ幕府の力は強大である。おまけに知恵者の慶喜は、生糸貿易の独占権と引き換えにフランスから軍艦や金を借りている。外国勢がすべて幕府側につくと勝ち目はない。

西郷は、すでに良好な関係にある英国を、完全に薩摩藩の側につけておくためダメ押ししておくことを考えた。慶応二年六月、グラバーを通じ、英国艦隊のクーパー提督と駐日英国公使パークスを鹿児島に招待したのだ。

こういう場合の西郷は驚くほど念入りに気配りをする。京にいる大久保に『英国志』という英国のガイドブックを入手させた上で、接待係に食事のメニューを考えさせた。この時の宴席では、最初の二皿ほどを日本食と日本酒で楽しんでもらい、メインディッシュには洋食を準備。シェリー酒、シャンパンにブランデーまで出してもてなした。

アーネスト・サトウの日記を見ると、接待の丁重さには感動したものの、本物を知っている彼らには素晴らしいものとは言えなかったようだ。それでも西郷は、大金を惜しげもなく使って歓待した。

桜島を一望できる島津家別邸（通称〝磯御殿〟）の名庭を案内し、薩英戦争後に再建されていた集成館で武器やガラス工芸品などを視察してもらって、薩摩藩の工業力をさりげなくアピールしている。

そして六月十八日には西郷自身が、薩摩藩代表として旗艦プリンセス・ロイヤル号を表敬訪問した。通訳は英国から戻ってきた松木弘安である。

余談だが、松木は後に新政府で外務卿（今で言う外務大臣）を務めるだけあって、一年間の英国滞在中にも立派な外交交渉を行っている。クラレンドン英外相と三回も会談を重ね、早晩政権が朝廷に移ることを力説。その甲斐あって、英国公使のパークスのもとには、反幕勢力を応援するよう本国から指令が届いていたのである。

だが、このパークスというのは現代の洗練された外交官のイメージとは程遠く、粗野で傲慢な人物だった。西郷を前にして、彼は机の上に足をのせながら話をし始める。薩摩に加勢してやっているという恩着せがましい気持ちもあるから、よけい態度が横柄になった。

しばらく西郷は我慢していたが、そのうち彼も同じように足をのせて話し始めた。そしてパークスが自分のことは棚に上げて、なんだその態度はと怒り始めると、

「お互い無礼なことはやめもはんか」

と、静かに諭した。

一本取られた形のパークスは殊勝な顔になり、素直に自分の非を認めて謝ったという。

大政奉還と慶喜の壁

ここで時間を少し戻し、薩長同盟締結後、第二次長州征伐までの動きについて見ておきたい。

薩長同盟が結ばれる前日の慶応二年一月二十日、幕府は長州の処分を決める会議を開き、藩主父子の隠居と蟄居、領地の十万石削減を決め、二十二日には朝廷の了解を得た。三月には老中小笠原長行《ながみち》が広島に赴き、長州藩主父子に出頭するよう求めるが、すでに開戦を覚悟している長州藩は時間稼ぎをして一向に動く気配がない。

ここで幕府を驚愕させることが起こる。薩摩藩が長州再征への出兵要求に対し拒絶書を送りつけてきたのだ。西郷自ら筆を執ったものであった。

だがもう後には引けない。長州藩が最後通告を無視したため、軍艦富士山丸による上関《かみのせき》（長州の砲台があった）への艦砲射撃を皮切りに、六月七日、第二次長州征伐の戦端が開かれた。

幕府軍十万二千の兵力に対して、長州軍はわずかに三千五百。数の上からは圧倒的に幕府優勢とみられたが、実情はそうではなかった。薩摩藩の出兵拒否が他藩にも影響していたからだ。

幕府が督促しても十分な兵力が出てこない上、出してきても農民が多かったりした。幕府の権威は地に堕《お》ちていたのである。

装備も劣っていた。幕府はまだ旧式の火縄銃を使っている者もいたのに対し、長州は薩摩藩名義で購入したミニエー銃も保有している。軍事の天才・村田蔵六《ぞうろく》（後の大村益次郎）の用兵の妙も相まって長州軍は連戦連勝。負け続けたことが、幕府軍の士気をさらに低下させていった。

心労のあまり、督戦《とくせん》のため大坂城に入っていた家茂《いえもち》が急死すると、これを潮時として、幕府は休戦命令を出した。

勝海舟の日記によれば、この知らせを受け取った江戸城内は、緊急登城で幕臣たちが充満していたにもかかわらず、みな一言も発せず目礼するだけで、〈寂《せき》として人なきが如し〉という異様な静けさに包まれていたという。

これまで横暴な振る舞いが見られた幕府が、一転して存亡の危機に瀕したのである。さすがに今度は慶喜が後継将軍となることに反対する者はおらず、すんなり彼が徳川宗家《そうけ》を相続することに決まった。

ところが周囲を戸惑わせたのは、慶喜が肝心の将軍就任は固辞すると言い出したことだ。徳川家の長が将軍の位に就くのは当然の慣行だけに、みな彼の真意を測りかねていた。

だが、そこには策士慶喜の秘めた思惑があったのだ。彼以外に適任者がいないのはもとより承知の上。しかし、ここであっさり引き受けてしまう手はない。これまで彼と対立してきた老中たちや、朝廷、諸侯からも切望されて就任した形を取ろうとした。そうすれば慶喜に求心力が生じるからだ。

そうはさせじとしたのが大久保である。彼は朝廷に諸侯会議を召集させ、そこで将軍を決定させようとした。西郷も賛成し、小松とともに上京して準備に取りかかった。

だが慶喜は彼らの動きを未然に察知する。先手を打って朝廷からの要請という形を取り、慶応二年十二月五日、諸侯会議を待たずして将軍に就任してしまうのである。さすがに慶喜は一筋縄ではいかなかった。

そんな時、馬関戦争賠償交渉のため、船で長州へと向かう途中だったアーネスト・サトウが、西郷に会いたいと伝えてきた。そして慶喜の将軍就任直後にあたる十二月九日、二人は兵庫沖の英国船上で会談する。

これまでにも触れてきたサトウは英国の通訳官として知られるが、維新後には駐日と駐中の両公使を歴任している。そして死後、几帳面《きちようめん》な性格だった彼の詳細な日記が発見され、維新期の一級史料として、我々に西郷たちに関する多くの情報を与えてくれている。

サトウは傑出した語学力の持ち主であった。日本語のみならず中国語にも通じ、草書体も書

アーネスト・サトウ

け、自分の名に漢字をあてる際、日本人に多い〝佐藤〟ではなく〝薩道《さとう》〟と書き、薩摩藩に寄せる思いを強調するという心憎いことまでしてみせた。

そんなサトウは、早く幕藩体制を終わらせるよう西郷を焚《た》きつけてきた。兵庫開港が遅れていることや、第二次長州征伐が不首尾に終わったことなどを問題にして幕府に揺さぶりをかけるよう助言し、幕府が倒れた後は、数人の大名による集団指導体制が適切だろうと語った。英国側の考えがわかったのは大きな収穫であった。多額の予算を使った半年前の接待は無駄ではなかったのだ。

諸侯会議が英国の支持を得られることを知った西郷は、以前開かれた参与会議の中核メンバーである土佐の山内容堂、越前の松平慶永、宇和島の伊達宗城《むねなり》に声をかけ、久光を加えて新たに四侯《しこう》会議を発足させることを計画。四侯会議を通じて、長州に寛大な措置を下し、幕府が勅許なしに約束した兵庫開港を撤回させるよう建言していくことを企てる。

ここからの彼の行動力は目をみはるばかりだ。慶応三年一月二十二日、京を出発し、まずは鹿児島へと向かった。もとより集団指導体制が久光の念願であることはわかっていたが、しっかり主導権を握ってもらわねばまた慶喜の思うつぼにはまってしまう。念には念を入れ、面談の上、段取りを伝えておくことにしたのだ。

今度は土佐に向かい、二月十六日、山内容堂に謁見。上京の言質《げんち》を得た。次いで二十四日には宇和島藩に入り、伊達宗城の同意を得た。一方、小松が越前藩の松平慶永に会って参加の意思を確認してくれ、準備はまたたく間に整った。

三月二十五日、西郷は久光に従って兵七百名を率い、鹿児島を出発。四月十二日、京に入った。そして五月四日、越前藩邸で一回目の四侯会議が開かれる。

現代でも政治の世界は先の読めないものと相場が決まっているが、西郷の思い入れにもかかわらず、この会議は彼の思うようには進まなかった。薩摩藩主導で召集した会議であるにもかかわらず、なかなか久光の意見が通らない。危惧していた事態である。

地ならしとして、朝廷内での薩摩系公卿の影響力を伸張させておこうとする人事構想も、オブザーバーとして会議に加わっていた関白二条斉敬《なりゆき》の反対で見送りとなった。

二条は慶喜の従兄で親幕派ではあったが、幕府が勝手に開国を進めていることに苛立《いらだ》ちを強めており、四侯会議に協力してくれると読んでいたのだが、読みが外れた。朝廷が好む攘夷を掲げていた長州も勢力伸張に歯止めがかけられたように、彼らは薩摩の勢力が強くなることもまたこころよく思っていなかったのだ。主義主張ではなく、保身と現状維持を好む公家のこうした思考パターンは、西郷にはなかなか読みづらいものがあった。


さらに五月十四日から会議の場所を二条城に移し、将軍慶喜を加えて本格的な議論が始まると、さらに雲行きが怪しくなってくる。

久光は兵庫開港問題よりも先に、長州に対する処分の問題を議論しようとする。そうすれば自然と兵庫開港は遅れる。列強と約束した期日を守れないと幕府は窮地に追い込まれる。対する慶喜は当然、兵庫開港問題を先議したいと申し出た。

ところが久光に同調したのは伊達宗城だけで、松平慶永と山内容堂はむしろ慶喜に加担したのだ。最後に写真好きの慶喜が全員で記念写真を撮ろうと言い出し、この日の会議はお開きとなる。慶喜の貫禄《かんろく》ばかりが目立つ結果となった。

だがここで空中分解してしまっては参与会議の二の舞だ。西郷や大久保は手分けして松平慶永らの説得に動き、四侯を三対一で久光支持にもっていった。もとより慶喜を説得することなど考えていない。長州問題を先議したい旨、四侯からの建議書として朝廷に提出してもらう形にしたのである。

長州問題を先議するとなれば、先述したように兵庫開港は遅れ、列強と約束した期日は守れないはず。朝廷内の雰囲気を伝え聞く限り、兵庫開港に朝廷側が勅許を与えるはずがないという確信もある。長州問題先議の建議書を提出した時点で、久光たちの間に言うべきことは言ったという達成感が出てしまったのも無理からぬことであった。

そもそも大名というのは、現代でも〝殿様商売〟などという言葉があるように、プライドが高くてわがままだ。四人の中で一番幕府に近く、今回の会議が反幕的な方向に進んでいることに不満を抱いた山内容堂は病気と称して帰国願を出し、最終決定を行う会議（朝議）が行われるのを前にしてさっさと土佐へと帰ってしまった。

朝議は五月二十三日に開かれることとなった。なまじこれに出席して建議書の内容を覆されたくない久光は不参加を決め、松平慶永と伊達宗城の二人もそれにならい、四侯は誰も出席しないこととなった。

だが慶喜を甘く見てはいけない。そんなサボタージュが通用する相手ではない。

彼は長州問題と兵庫開港の両方について、この朝議で一気にかたをつけようと驚異の粘りを

松平慶永（春嶽）

みせるのである。

だが朝廷を押し切るためには、四侯の意見も同様だという形をとらねばならない。そこで慶喜は、もう一度彼らを議論の場に引きずり出そうとした。

まずは松平慶永の切り崩しを行い、夕方になって彼を引っ張り出すことに成功する。久光のところにも朝議に出るよう矢の催促だ。久光はお伺いできませんと報告に来た小松は帰ることを許されず、そのまま御所にとどめおかれた。

朝議は午後八時から開かれたが、時間だけが過ぎていく。さすがに春嶽も建議書の内容を自分の一存でひっくり返すわけにはいかない。何度か休憩を挟みながら会議は続き、翌二十四日の朝を迎えた。

交渉力のある人間の特徴は体力と忍耐強さだ。その点、慶喜はタフだった。

「兵庫開港の勅許が出ないようなら、何日でも会議を続けますぞ」

という慶喜の言葉に、みな顔を引きつらせた。慶喜の気迫は会議二日目の夜に入ってもいささかも衰えない。

「兵庫開港をしなければ、欧米列強に我が国土は蹂躙《じゆうりん》されるかもしれない。それでもよろしいのか！」

激しい言葉を列席の面々にぶつけていく。さすがに武家だ。迫力が違う。

公家方は、勅許をとらずに幕府が勝手に欧米列強と約束を交わしたという道義的、形式的問題を非難するものの、仮に兵庫を開港しないとした場合、違約を責めてくる欧米列強にどう立ち向かうかについて誰も有効な善後策を提言できない。それが彼らの弱みだった。

会議の長さで体力を消耗した上、慶喜からの圧力に神経をすり減らした関白の二条は、意識朦朧《もうろう》とする中、ついに心折れて妥協することを決めた。

幕府はここに晴れて、長州問題の解決と兵庫開港についての勅許を得ることに成功するのである。喜色満面なのは慶喜ただ一人。そのほかの面々は、疲労困憊《ひろうこんぱい》して足取りも重く朝議の席から退出していった。二十四日の午後十時ごろのことである。

板垣退助

またしても慶喜にしてやられた。幕府を倒してこの男を除くほかこの国を変革する道はない。西郷はその思いを新たにしていた。

慶応三年（一八六七年）五月二十六日、土佐藩の乾《いぬい》（板垣）退助が中岡慎太郎に連れられてやってきた。山内容堂は幕府寄りの姿勢を崩さないが、土佐藩の中には薩摩と結んで倒幕を進めるべきだと考えている者がいることを伝えに来たのである。

意気投合した西郷は、六月二十二日、土佐藩参政《さんせい》の後藤象二郎《しょうじろう》と京都三本木《さんぼんぎ》（現在の上京区《かみぎょうく》丸太町《まるたまち》上《あが》ル）の料亭吉田屋で会談する。

参政とは、家老とは別に旧門閥以外から

登用された藩の政治顧問のことである。山内容堂は薩摩藩における久光同様、土佐藩の最高実力者だが、後藤はその容堂に意見ができる立場にあり、若手藩士との重要なパイプ役を果たしていた。

坂本龍馬も立ち会い、ここに〝薩土盟約《さつどめいやく》〟が結ばれ、幕藩体制後のこの国のあり方についての合意がなされた。それは上下両院を備えた議会の設置など、上洛中の藩船夕顔丸の中で坂本が後藤に示した〝船中八策《せんちゅうはっさく》〟の思想を色濃く反映したものとなっていた。

だが、最初から薩摩と土佐の思いにはずれがあったのだ。

薩摩藩が率兵上京した際には土佐藩も兵を率いて上京することになっていたから、西郷は当然この盟約は倒幕を前提にしたものと考えていたが、土佐藩内では容堂の影響もあって、幕府存続の可能性についてまだ模索していたからだ。

その急先鋒が、西郷と気脈を通じていたはずの坂本龍馬だった。彼が説いて回っていたのは大政奉還《たいせいほうかん》という幕府存続のための秘策である。幕府から政権を朝廷に返還させ、国家元首が天皇であることをはっきりさせた上で、朝廷の政権運営を補佐させようというのだ。これなら無駄な血を流さずに済む。後藤も坂本の意見に理解を示した。

この頃、久光は京にいた。病を得て床に伏していたが、病床から指示を出し、毛利父子の官位を復活させるべく各方面への働きかけを続けていた。彼らが朝廷から許されなければ〝官軍〟

としてともに戦うことができず、薩長同盟も絵に描いた餅だ。

一番のネックは幕府だった。彼らの了承がないと朝廷も官位を復活させにくい。だが、老中の板倉勝静《かつきよ》はまったく動かない。倒幕勢力に手を貸すようなものだから当然だ。

しびれを切らした久光はついに兵を動かす。まさにこれが倒幕の第一歩となった。三男の島津珍彦《うずひこ》に千余名の兵を率いて上京させ、九月六日、大坂に到着。京の警備のためだと幕府にいい加減な届けを出し、自らは帰国の途に就いた。藩内に出兵への反対意見が渦巻いているのを鎮《しず》める必要があったからだ。

たび重なる出兵で財政は逼迫し、藩士個人の負担で小銃を買わせたりもしていた。不満が出るのは無理からぬ状態だ。重臣の中にも諫言する者がいたが、久光は七百年に及ぶ島津家の歴史に幕を下ろすことになる危険を覚悟の上で、出兵の決断に従うよう厳命する。

この時の久光の腹のくくり方は見事なものである。彼にとってこれは関ヶ原の戦いの再現だった。今度は、勝つのは自分たちであらねばならない。

ところが薩土盟約を結んだはずの土佐が動かない。九月三日、単身上京した後藤が西郷のところへ詫《わ》びを入れに来た。山内容堂がどうしても出兵を許さなかったのだ。容堂公が止められるなら仕方あるまいと、むしろ同情的に聞いていていた。

山内容堂

だが、その四日後の九月七日、再び西郷のもとを訪れた後藤の口から、

「わが藩では、幕府に大政奉還を求めようということになりもうした。ついては薩摩藩にも一緒に働きかけてはもらえんじゃろか?」

という言葉が飛び出すと表情は一変する。筋違いもはなはだしい。

「お引き取りいただこう!」

そう言うと、薩土盟約の破棄を申し渡した。

この頃、大久保は長州を訪れ、桂小五郎、広沢真臣《さねおみ》と会談していた。

広沢は明治四年(一八七一年)に暗殺されなければ、維新の元勲の一人として長く人々の記憶に残ったであろう長州藩の重鎮《じゅうちん》である。大久保は藩主親子にも謁見し、九月十八日、倒幕のための出兵に協力する旨の確約を得た。

ところが、ここから後藤象二郎の巻き返しが始まる。それまで武力倒幕派だった芸州《げいしゅう》（広島）藩を大政奉還派に寝返らせると、京にいた出兵反対派の高崎五六と手を結び、西郷の頭越しに薩摩藩幹部に働きかけたのだ。高崎は西郷を沖永良部島から帰してほしいと久光に嘆願してくれた男である。だが会津と手を切ろうとした頃から、西郷とは意見を異にしていた。

形勢逆転だと鼻ふくらませた後藤は、外堀を埋めたつもりで西郷、大久保と面談する。

意外にも二人は、大政奉還に強くは反対しなかった。よもや幕府が政権を放棄するようなことはあるまいと思っていたからだ。薩土盟約を破っておいて、勝手にこのような妥協案を持ち出してきた後藤を黙殺したと言ったほうがいいかもしれない。

後藤はこれで薩摩藩への根回しを完了したと判断し、十月三日、山内容堂の名で大政奉還の建白書を提出する。

土佐藩が大政奉還の建白書を提出した三日後の十月六日、広沢真臣が上京した。広沢は芸州藩を説得し、再び倒幕に転向させることに成功する。高杉晋作といい広沢といい、討幕への執念という意味では、維新において長州藩の果たした役割は実に大きいものがある。

そして十月八日、西郷、小松、大久保、芸州藩の国事掛《こくじがかり》だった辻将曹《しょうそう》（後の維岳《いがく》）との間で会談が持たれ、三藩の挙兵盟約が結ばれた。勅命を待たずに京に奇襲をかけ、天皇の身柄を確保して大坂城を奪取しようという意見もあったが、倒幕の詔勅を得て官軍として立とうという薩摩の意見が通った。

詔勅がないと倒幕に正当性が生まれない。不退転の決意で臨んだ大久保は岩倉具視《ともみ》に協力を仰ぐ。岩倉は早速、腹心の国学者玉松操《みさお》に詔勅の原案を起草させ、官軍となった証《あかし》とする〝錦《にしき》の御旗《みはた》〟の図案を考えるよう命じた。

岩倉は下級公卿ながら公家らしからぬ胆力と政治力で知られ、条約勅許問題や和宮降嫁などでも存在感を示し、幕府から恐れられたのはもちろん、摂政や関白からも煙たがられた過激派公卿である。

孝明天皇は前年末、急に崩御《ほうぎょ》され、この年の一月、明治天皇が十四歳の若さで践祚《せんそ》されたばかりだったが、孝明天皇は親幕的で攘夷思想だったがゆえに、倒幕の邪魔になるとして岩倉によって毒殺されたのではないかという説があるほどだ。

ちょうどこの時も、彼が推進した朝廷改革運動が無用な混乱を招いたとして閉門蟄居中であった。

詔勅を得るのに失敗は許されない。岩倉は周到だった。天皇の外祖父にあたる中山忠能《ただやす》と謀《はか》

岩倉具視

り、有力公卿の了解を先に取っておくことで、天皇が必ず承諾を与えるようもっていこうと考えた。

狙いをつけたのは最も反幕府的だった正親町《おおぎまち》三条実愛《さねなる》、中御門経之《なかみかどつねゆき》の二人である。

〈賊臣《ぞくしん》慶喜を殄戮《てんりく》（殺し尽くす）し、速やかに回天《かいてん》の偉勲《いくん》を奏し、しこうして生《せい》霊《れい》（人民）を山岳の安きにおくべし（安心させよ）〉

という、玉松の作った詔勅原案の過激な言い回しは、彼らの溜飲《りゅういん》を下げるに十分なものがあった。こうして岩倉は二人の署名を得ることにまんまと成功する。

この詔勅は、天皇の承認はおろか天《てん》聴《ちょう》にも達していない偽勅《ぎちょく》だという説が根強い。おそらく事実そうであったろう。彼らの署名さえあれば、もし何かあったとしても事後的に天皇から承諾をいただけるだろうと見切ったのだ。親幕である摂政二条斉敬《なりゆき》の目を通すことなく、世に言う〝倒幕の密勅〟が薩摩と長州に下された。

やがてこのことは、慶喜の耳にも入ってきた。絶体絶命の状況の中、彼は窮余《きゅうよ》の一策を試みる。山内容堂からの建言を奇貨《きか》として、十月十四日、大政奉還に踏み切って世間をあっと言わせたのだ。自ら進んで政権を奉還し、倒幕の大義名分をなくしたというわけだ。

まさか慶喜という男にここまでの度胸があったとは。西郷や岩倉たちは茫然自失である。倒そうとしていた相手を見失い、十月二十一日、朝廷は倒幕延期を通告せざるをえなくなった。〝倒幕の密勅〟の効力が失われたのだ。

大政奉還の発案者である坂本龍馬は、その実現をみた一カ月後、潜伏先の旅館近江屋を京都《きょうと》見廻組《みまわりぐみ》に襲われ、中岡慎太郎ともども命を落とす。事件の黒幕は西郷ではないかという妄説《もうせつ》が出てくるほど大政奉還が行われたことは痛手であった。

坂本は亡くなる直前、以前の〝船中八策〟をもとにして〝新政府綱領八策〟と呼ばれる新政府の運営方針を書き残しているが、その中で彼は〈○○○自ら盟主となり〉と伏せ字を用いているのだ。そこに彼は、おそらく慶喜の名を書き入れるつもりだったのだろう。政権を返されても朝廷には政治を行う能力などない。実権は慶喜が握り続けざるを得ない。大政奉還にはそういうからくりがあった。

それだけではない。慶喜はオランダのライデン大学に留学した幕臣の西周《あまね》（開成所教授方）の建言をいれ、立憲議会制を導入した上で自分が大統領となることも構想していた。それが選挙によるものでなく世襲制の大統領であったなら、幕藩体制と何ら変わるところはない。政治制度を欧米化したという体裁だけを整えようという魂胆である。

どこまで行っても慶喜が大きな壁となって立ちはだかる。

こうなれば武力で白黒はっきりさせるほかない。西郷はあえて〝倒幕の密勅〟の効力が失われたことを黙ったまま、出兵準備のため鹿児島への帰途に就いた。

久光が帰国した後もなお、薩摩藩内では出兵反対論がくすぶっている。彼らを抑えるため、西郷はあたかも尊王攘夷の戦いであるようなふりさえした。

〝嘘をつくな〟という「三つの戒め」を破ったわけではない。そう信じ込んでいる人間にあえて否定はしなかったのだ。相変わらず外国に対するアレルギーは強く、〝攘夷〟という旗印は人々の気持ちを一つにしやすい。ともかく藩論を一つにしなければ、慶喜に対抗することなど望むべくもなかった。

鳥羽・伏見の戦いが終わった後で、

「官軍は尊王開国で行きもす」

という西郷の言葉を聞いて口をあんぐり開けた者も多かったが、

「せごどんに騙《だま》された！」

と騒ぎ立てる者はいなかった。彼を疑うことなどあり得ず、自分が誤解していたのかもしれないと思わせるだけの男だったからである。偉徳《いとく》というほかはない。

ともかくも出兵反対派を強引に抑え込み、藩主忠義を総大将として全軍の上京が決まる。十一月十三日、藩兵三千名を軍艦四隻に分乗させ、武器を満載して出帆し、十一月二十三日、京に入った。同月二十八日には芸州藩が入京。二十九日には長州藩が現在の芦屋付近に上陸する。藩主父子の官位が剝奪されたままだったため、京の手前にとどまった。

ここで西郷は二の矢を放つ。慶喜たちは朝廷に政治を行えるわけはないとたかをくくって大政奉還に応じたわけだが、ここで〝王政復古〟を宣言することにしたのだ。武士政権以前のように再び朝廷が政治を行っていくことを高らかに宣言し、幕府はもう不要だと突き放そうというわけである。

親幕派の摂政二条斉敬や賀陽宮朝彦《かやのみやともひこ》親王といった朝廷内上層部が黙っているはずはなく、反幕派の中山忠能や正親町三条実愛たちでさえも尻込みしたが、強引に説得した。そして十二月九日未明、薩摩藩など五つの藩が御所のすべての門を固め、摂政たちの立ち入りを禁じた上で、天皇から王政復古の大号令が発せられる。王政復古を機に、長州藩主父子の官位も旧に復された。

幕府に加え、天皇を補佐する摂政、関白も廃止され、新たに総裁、議定《ぎじょう》、参与の三職からなる新政府の概要が発表された。総裁は首相、議定は副首相、参与は大臣格だと考えればいいだろう。

総裁には、以前から反幕の姿勢を貫いていた有栖川宮熾仁《ありすがわのみやたるひと》親王を戴《いただ》き、長州を除く雄藩代表が議定に列した。今回は官位が復されて間もないというので長州には遠慮してもらったが、これで役者がそろったのだ。

そして同日夜、御所内の小御所《こごしょ》という建物で会議が開かれる。いわゆる小御所会議である。紫宸殿《ししんでん》の東北にあり、江戸時代には天皇が幕府の使者や大名などを謁見した場所である。

参与の岩倉具視は、もう幕府はなくなったのだから慶喜に辞官納地《じかんのうち》（官位を剝奪し領地を没収すること）を迫ろうと主張した。これに対し、慶喜抜きでそのような重要な決定をすることに反対したのが、幕府擁護派である議定の一人、土佐の山内容堂だ。岩倉の言うことは正論だが、黙って慶喜が差し出すはずがない。慶喜の納得する形で着地点を探すべきではないかという容堂の意見にも説得力がある。会議は紛糾した。

西郷は休憩時間に部屋から出てきた岩倉に近づくと、そっと耳打ちした。

「匕首《あいくち》（短刀）一本あれば片づくことではごわはんか……」

岩倉は思わず目を見開いて西郷の顔をまじまじと見返した。しばらく凍りついたようになっていたが、やがて深くうなずくと、何事もなかったように部屋へと戻っていった。

気を取り直した岩倉は、西郷の言葉を芸州藩の浅野長勲《ながこと》から容堂の耳に入れ、彼を黙らせることに成功する。

『代表的日本人』などの著作で知られるキリスト教思想家内村鑑三《かんぞう》は、

〈維新は西郷の維新だった。もちろん木戸、大久保、三条、岩倉もいたが、西郷がいなければ維新の成功はなかった〉

と述べている。西郷の存在が、最後のところでみなの支えになっていたのだ。

世間は慶喜がどう出るか固唾《かたず》をのんで見守っていたが、意外にも十二月十二日、二条城を出て大坂城に入り、恭順の意を示した。

（慶喜公がこのまま黙っているはずはなか……何か仕掛けてくる）

西郷の思った通り、神妙に決定を受け入れるふりをしているだけであった。

「家臣たちにこのことを伝えたら大変な騒ぎとなりましょう。しばしのご猶予を頂けませぬか」

慶喜はそう申し入れてきた。狐《きつね》と狸《たぬき》の化かし合いである。

その間に山内容堂、松平慶永ら親幕派が巻き返しに出た。朝廷の厳しい決定にもかかわらず慶喜が従順な姿勢を示したことを高く評価するべきだとし、議定の役職を与えるよう提案したのだ。

（それはなりもはん！　議定などにしたら辞官納地などすぐに有名無実化されてしまう！）

ここが踏ん張りどころだ。西郷は大久保顔負けの策士ぶりを見せる。

過激な攘夷論者だった薩摩藩士益満休之助《ますみつきゅうのすけ》に命じ、五百名ほどの浪士を集めさせて放火や略奪などを行わせ、江戸市中を大混乱させるという策に出た。旧幕府側を挑発し、大人しくしている化けの皮をはがしにかかったのだ。もはや手段を選んでいる場合ではなかった。

当時、江戸市内の警備を担当していたのが、名門酒井家の庄内藩だ。問題を起こした浪士を追っていくと、決まって三田《みた》の薩摩藩邸（上《かみ》屋敷）へと逃げ込んでいく。どこの藩が裏から糸を引いているかはすぐにわかった。彼らの苛立ちは日に日に増していく。

そのうち庄内藩邸に銃弾が撃ち込まれるという事件が起こり、堪忍袋の緒が切れた。十二月二十五日未明、三田の薩摩藩邸を包囲。武装解除するよう警告したが、応じる気配がないのを見て砲撃を加えた。その結果、留守居役の篠崎彦十郎《ひこじゅうろう》ら数十名が闘死し、広大な藩邸は灰燼《かいじん》に帰した。いわゆる薩摩藩邸焼き討ち事件である。

緊張は一気に高まった。旧幕府軍が集結している大坂城内では、

「大坂にいる薩摩人一人を斬るごとに十五両の賞金を出そう！」

と建言する者もいたというから雰囲気がわかる。

業を煮やした慶喜は薩摩討伐の勅許を得るべく、京の南の郊外にある伏見奉行所に布陣していた会津藩、新選組、伝習隊からなる旧幕府歩兵隊を京に向けて発進させた。慶応四年（一八六八年）一月三日のことである。

勝負は時として我慢比べになる。慶喜が兵を動かしたこの時こそ、西郷が知恵者慶喜の上をいった瞬間だった。

鳥羽・伏見から江戸無血開城へ

旧幕府軍は京に向かう途中、鳥羽街道と伏見街道の二手に分かれた。それは、薩摩藩が本陣を東寺《とうじ》に置いて鳥羽街道を守り、長州藩は東福寺《とうふくじ》に本陣を置いて伏見街道を守っていたためである。一挙に両方を粉砕しようというわけだ。一点突破などという数で劣る軍が用いる作戦は念頭にない。彼らは迷うことなく二正面作戦をとった。

西郷はこの時、官軍全体の参謀であった。桂小五郎も大村益次郎も山縣有朋もこの場にはおらず、長州藩は山田顕義《あきよし》（後の司法大臣で日本大学創立者）が率いていた。軍事に秀でていない桂や大久保は当然として、大村がこの場にいなかったのは、倒幕にはまだ力不足だと慎重論を口にしていたからである。数字の上で言えば、確かに勝てる戦いではなかった。

この時の旧幕府軍の軍勢は一万五千名とも言われている。これは慶喜の入京にあたっての軍配書（兵力配備計画書）に記載されているもので、実際は七、八千名であったというのが有力だ。それに対し、薩長側は薩摩兵千五百名、長州百名くらいで、土佐の三百名は当初、戦闘に加わっ

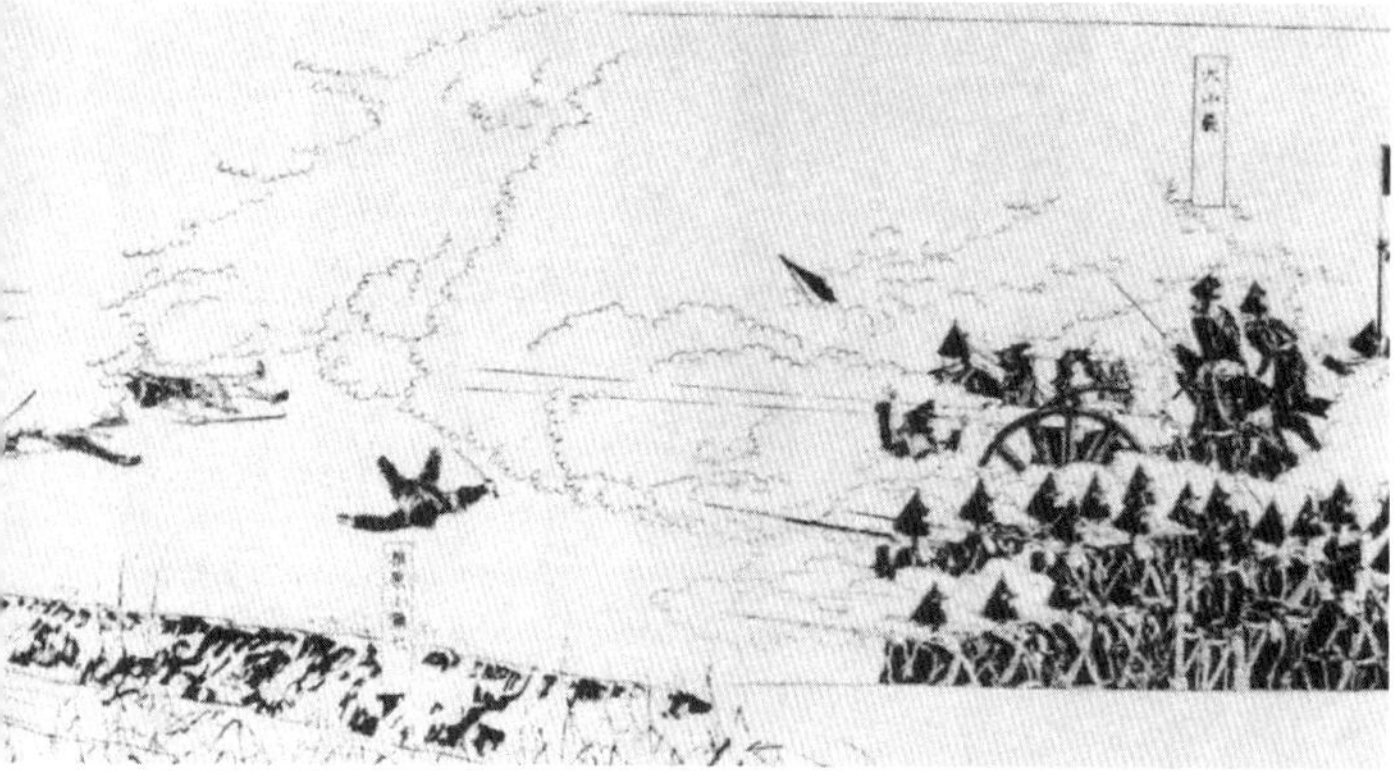

辰戦記絵巻」より）

ていなかった。こちらの兵力数にも諸説あるが、数の上では旧幕府軍が圧倒的に有利だったのは間違いない。

京に向け北上を続けていた大目付滝川具挙《ともたか》率いる旧幕府軍は、下鳥羽の小枝橋《さえだばし》までやってきたところで薩摩兵に前方を遮《さえぎ》られる。鴨川にかかるこの橋は京への水運の入口だった。

朝廷への使者だからそこを通せ、と言う滝川たちとの間で「通せ」「通さない」の押し問答となったが、薩摩方はあくまで旧幕府軍の入京を阻止する姿勢を崩さない。

ついに三日夕刻、小枝橋の南西の高台（御香宮神社《ごこうのみやじんじゃ》）に陣取っていた薩摩軍の大砲隊が旧幕府軍に向けて砲撃を開始。鳥羽・伏見の戦いの幕が上がった。

この瞬間から翌年五月に箱館の五稜郭《ごりようかく》で最後の戦いの幕が下りるまでを、慶応四年（一八六八年）が戊辰《ぼしん》の年だったことにちなんで戊辰戦争と呼んでいる。応仁の乱、関ヶ原の戦い、西南戦争と並んで、わが国最大の内

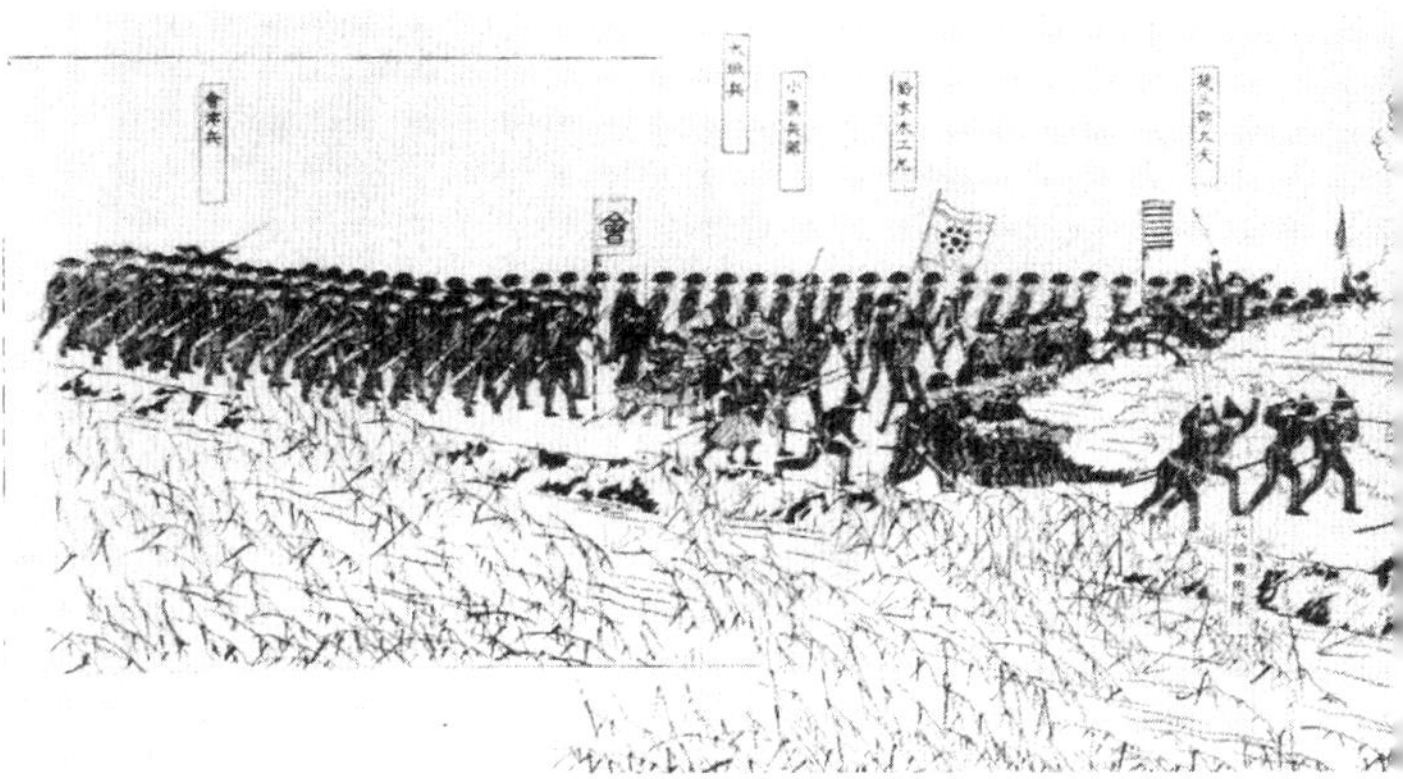

鳥羽·伏見の戦いにおける富ノ森の遭遇戦。右側が大山巖率いる薩摩軍大砲隊（1870年「戊

戦の一つである。このうち西郷は、その二つとかかわることになる。

大山巖率いる薩摩軍大砲隊は弾着が正確で、次々に旧幕府軍の大砲隊を粉砕していく。轟音《ごうおん》に驚いた滝川の馬が隊列の中を逆走し、振り落とされそうになりながらたてがみにしがみつく滝川の姿は、後々まで薩摩兵の物笑いの種となった。

後に西郷は先妻須賀《すが》の弟である伊集院兼寛《かねひろ》（貴族院議員、子爵）に、

「鳥羽一発の砲声は、百万の味方を得たるよりも嬉しかりき」（『大久保利通伝』）

と語り、幕府の大軍を前にして薩摩藩士が気迫負けしなかったことを讃《たた》えている。

大砲の音は南東二・五キロに位置する伏見にまで届き、これを合図に御香宮に布陣していた薩摩軍と長州軍は、

伏見奉行所や会津兵、新選組などに対し攻撃を開始。ここでも数で有利だったはずの旧幕府軍を圧倒した。

中でも薩摩兵の働きは目覚ましかった。旧幕府軍が密集して行軍してくる先頭を、まずは性能でまさった大砲で叩く。ひるんだところを〝釣《つ》り野伏《のぶ》せ〟という島津家伝来の戦法で誘って殲滅《せんめつ》する。数をたのんだ旧幕府軍の驕《おご》りが生んだ間隙《かんげき》を見事に衝《つ》いた戦法だった。

薩摩側の死傷者も少なくない。最初は優勢だったが、夕方になると突破北上されそうな気配さえあった。ところがなぜか旧幕府軍は途中で攻撃を中止する。日が落ちたというので撤退命令が出たからだ。完全な作戦ミスであった。

こうした幸運にも助けられ、薩長軍は初戦をものにすることができた。

開戦時、西郷は本陣でなく御所にいた。薩摩兵の強さを知っている西郷も、これだけ兵力が劣勢なだけに、勝利を確信していたわけではない。むしろ敗戦に備え、天皇を奉じて京を離れることも想定していたのだ。

だがそれも杞憂《きゆう》に終わる。大久保とともに伏見まで出かけ、勝利をわが目で確かめた時、大軍にもの怖《お》じすることなく勇敢に戦ってくれた部下たちへの誇らしい思いで胸がいっぱいになった。

そして旧幕府軍にとどめを刺したのは、新型兵器でも援軍でもなく〝錦の御旗〟であった。開戦時には間に合わなかったが、西郷は急いで用意するよう大久保に要請し、開戦の翌四日、戦場に翻《ひるがえ》ったのだ。彼らが〝官軍〟となったことを見届けた上で、土佐藩も戦列に加わった。

この旗は抜群の力を発揮する。滝川の軍勢は近くの淀城に入って態勢を立て直そうとしたが、入城を拒否された。錦の御旗が翻った以上、朝廷には逆らえないというわけだ。

そもそも淀城城主の稲葉家は、三代将軍家光の乳母だった春日局《かすがのつぼね》の実家で代々の譜代。藩主の稲葉正邦は板倉勝静《かつきよ》とともに現職の老中である。当時正邦は江戸滞在中であったとはいえ、何とも情けない話だ。

だが城を守っていた稲葉正邦の弟田辺治之助《はるのすけ》は、旧幕府軍数名が城内に逃げ込んできた責任をとって後に切腹している。おそらく彼は、いずれにせよ死ぬ覚悟だったのだろう。稲葉正邦は維新後わずか二カ月ほど謹慎しただけで、廃藩置県後も知藩事に任命されている。結局田辺治之助は、幕府は裏切ったが稲葉家は守ったのだ。封建時代の武士の精神構造を知る上でまことに興味深い。

開戦三日目(一月五日)、官軍は淀城に入れなかった滝川たちと、淀城の北東にある千両松で戦闘に入った。滝川指揮下の新選組も奮戦し、一時は旧幕府軍が優勢なほどだったが、長州軍の火器が威力を発揮し始めると形勢は逆転。敗走した後に残った二十数名の新選組隊員の死体

有栖川宮熾仁親王

は、日頃京都市民の反感を買っていただけに野ざらしにされる無惨な結果となった。

　そのうち将軍家の信頼篤かった津藩（藤堂家）までが寝返り、旧幕府軍は総崩れとなっていく。

　それでも西郷は気を緩《ゆる》めない。大坂城にはまだ無傷に近いフランス式歩兵、騎兵、砲兵部隊がいる。これで京と山陽道の連絡を断たれ、兵庫港に待機中の旧幕府艦隊をもって海上輸送路を分断する作戦に出られたら一巻の終わりだ。そこでまた次の手を打った。

　松木弘安から英国公使パークスに依頼して、

〈都合によっては正義のため、我らは主権者の軍（朝廷側）を助けるかもしれない〉

　と慶喜に宛てて手紙を書かせたのだ。

慶喜は真っ青である。もはやこれまでという思いだったに違いない。一月六日、戦いの最中であるにもかかわらず松平容保ともども大坂城を脱出し、軍艦開陽丸で江戸へと退却していくのである。

鳥羽・伏見の戦いで勝利を収めた官軍は、有栖川宮熾仁親王《ありすがわのみやたるひと》を東征大総督に戴《いただ》き、東海、東山、北陸の三道に分かれて江戸を目指し進軍を開始する。西郷は東征大総督府下参謀に就任した。全軍の指揮権は彼の手にある。

錦の御旗を押し立て、馬上悠然《ゆうぜん》と行軍する姿を想像されるかもしれないが、彼の場合いささか事情が違った。奄美大島滞在中、フィラリアに感染したことはすでに述べた。陰嚢《いんのう》肥大が進行していたため馬には乗れなかったのだ。そのため駕籠《かご》で東海道を江戸へと向かうこととなった。

江戸に逃れた慶喜のもとをフランス公使ロッシュは三度も訪ね、全面支援するから徹底抗戦するよう説いたが、慶喜は動かなかった。

武器購入や戦術指導は受けても、軍事介入だけは国家の将来のため断固拒否せねばならない。国家のリーダーとしての矜持《きょうじ》が彼にはまだ残っていた。旧幕府陸軍総裁となっていた勝海舟に後事を託し、自らは上野寛永寺の塔頭《たっちゅう》の一つ大慈院《だいじいん》に入ると、四畳半の部屋に蟄居して月代《さかやき》も

山岡鉄太郎

剃らず謹慎生活に入った。
西郷の軍勢が駿府《すんぷ》（現在の静岡市）に到着したところで、天璋院《てんしょういん》（篤姫《あつひめ》）と静寛院《せいかんいん》宮《のみや》（和宮《かずのみや》）からの嘆願書が届いた。それはひたすらに徳川家の存続を願うものだったが、二人とも江戸に逃げ帰ってきた慶喜に対しては冷たく、好きに処分してくれと書かれていた。
この時、西郷でさえ慶喜に〝切腹〟させることを考えていた。これまでのことを考えれば、彼がいる限り新政府を安心して運営できない。みな慶喜の首を挙げることが今回の戦争の帰結だと信じていた。
そんな三月九日、勝の使いだと言って、幕臣の山岡鉄太郎《てつたろう》（後の鉄舟《てつしゅう》）が面会を求めてきた。山岡は、西郷のお株を奪うような無謀さで官軍本営にやってきたのだ。勝のところに身を寄せていた薩摩藩士の益満休之助が道案内をかって出てくれたとはいえ、

「朝敵《ちようてき》徳川慶喜家来、山岡鉄太郎！　大総督府へまかり通る！」

と大音声《だいおんじよう》で叫びながら、相手が驚いて反応できない間に、いくつもある兵営の関門を越えてここまできたという。

西郷は彼の中に自分と同じにおいを感じ、すぐ面談を許した。

剣の達人であると同時に禅の道をも究《きわ》めた山岡鉄舟は、勝海舟、高橋泥舟《でいしゆう》（遊撃隊隊長）とともに幕臣の中の〝三舟《さんしゆう》〟と並び称された傑物《けつぶつ》だ。とうに命を捨てている彼に怖れるものなど何もない。言葉を飾ることなく思いのたけを西郷にぶつけた。

「主人（慶喜）は東叡山《とうえいざん》（寛永寺のこと）にて謹慎いたしております。にもかかわらず、大軍を率いて進撃してこられるとはどういう御料簡《ごりようけん》か。このままでは江戸は火の海となり、多くの人命が失われましょう。それを避けるためにも、なにとぞ主人に対し寛大なご処分をお願いいたしたい」

もとより西郷も無駄に血を流したくはない。しかし三日前には、甲州街道から江戸に入る要衝《ようしよう》である甲州の地を巡《めぐ》って、新選組の近藤勇を中心とする旧幕府軍と土佐藩の板垣退助の間で激しい戦闘が行われていた。謹慎しているなどという言葉を信用する気にはなれない。

実は、近藤たちは勝の命令で出撃していたのだ。彼らのような好戦的な過激分子は江戸から引き離しておこうという勝の深謀遠慮《しんぼうえんりょ》が働いていた。だが山岡は、彼らを慶喜の命令を聞かない異端分子だとし、慶喜の本当の気持ちをお伝えするため自分はここまでやってきたのだと熱く語った。

西郷は思うところあったようで、

「わかりもした。ここでしばらくお休みあられよ」

と言い残すと、総督やほかの参謀を集め、慶喜恭順降伏の条件を相談し、再び山岡のところに戻ってきた。彼らとて、このことについてまったく議論してこなかったはずはないが、それにしても小気味よい迅速さである。

彼は、条件を五つ箇条書きにして山岡に手渡した。

・江戸城を明け渡すこと
・城中の人間を向島へ移すこと
・兵器を渡すこと
・軍艦を渡すこと
・徳川慶喜を備前《びぜん》へ預けること

一戦交えて敗北した以上、厳しい条件にならざるを得ない。どれも当然の条件だ。だが最後の一行を見るなり、山岡は顔色を変えた。

備前藩主は慶喜の弟で池田家に養子に入った茂政《もちまさ》だが、戊辰戦争勃発とともに隠居し、その後同藩は倒幕に大きく舵《かじ》を切っている。慶喜が預けられれば毒殺されかねない。

「最後の一点だけはお受けできかね申す。主人慶喜を一人備前に預けるなどとは、みなが納得するはずもございません。旗本八万騎、命を惜しまぬ者はこの山岡のみではござらん。さすれば、また戦《いくさ》となり多くの者が死んでいきましょう。それでは先生はただの人殺しではございませんか！」

言いも言ったり。西郷を〝人殺し〟呼ばわりしたことが桐野利秋か誰かの耳に入ったら、その場で殺されていただろう。いくら剣の達人でも、刀を預け丸腰なのだから。

普通の人間なら、つけ上がるなと怒鳴りつけるところだが、西郷はあえて〝人殺し〟という言葉を聞き流してやり、

「朝命ごわんど！」

と言って納得させようとした。

有栖川宮ご臨席の下での決定事項である。簡単に訂正できると考えるほうがおかしい。それでも山岡はまだ食い下がった。

「是非お考えいただきたい。島津公が今の主人の立場になられたらいかがなされる?」

それは魂の叫びだった。西郷はしばらく黙っていたが、やがて威儀《いぎ》を正すとこう答えた。

「わかりもした。山岡どんの説はもっともでごわす。慶喜公んことについては、この吉之助が責任を持って引き受けもうそう」

その瞬間、山岡は額《ひたい》が畳にこすれるほどに頭を下げて礼を言うと、男泣きに泣いた。彼の背負ってきたものの重さはよくわかる。労をねぎらってやりたいと、西郷はわざと冗談口を叩いた。

「勝手に入ってこられた山岡先生には、本来なら縛《ばく》についてもらわねばならんところじゃが、そのことはおいて、まずは一献《いっこん》酒を酌《く》み交《か》わし申そう」

一升でも二升でも平気で飲んだという酒豪の山岡だが、この時の酒の味は格別であったに違いない。しばし二人差し向かいで酌み交わすと、篤く礼を述べて辞去していった。


山岡の命がけの行動にもかかわらず、ここからが大変だった。

慶喜不在の旧幕府内には即断即決できる決定権者がいない。勝が必死に根回しする中、官軍は進軍を続け、ついに江戸の西郊外に集結。西郷は三月十一日、池上本門寺《いけがみほんもんじ》(東京都大田区にある日蓮宗の寺)に入った。

旧幕府側が恭順の条件を履行しない場合、三月十五日に江戸総攻撃を行うことがすでに決定されている。くれぐれも突出した行動をとらぬよう徹底していたが、一触即発の状況である。

三月十二日、このままでは抑えきれないと感じた西郷は勝に対し、芝高輪の薩摩屋敷までお越しいただきたいと書状を送った。大久保が焼いた後、再建されたこの下屋敷は、その後、三田の上屋敷が焼き討ちに遭ったため江戸での正式な藩邸となっていた。

そして翌十三日、旧幕府軍と官軍を代表する二人は顔を合わせた。西郷は先に部屋に通されていた勝に向かって一礼すると、その前に静かに座った。

開口一番、西郷は、

「さすがは徳川公だけあってえらい宝をお持ちだ！」

と、感に堪えない表情で口にした。江戸城の蔵に眠る金銀財宝のことではない。山岡鉄太郎を指して言ったのである。勝も満足げにうなずき、思わず表情が緩んだ。

敵味方に分かれたとはいえ、かつては親しく交わった仲である。立場を超えた助言ももらった。それが結果として勝の立場を厳しいものにしたわけだが、西郷は深く感謝していた。約三年六カ月ぶりの再会だ。昔話に花が咲いた。

肝心の話に触れることなく時が過ぎていく。それはまるで、武芸者が相手の間合いをはかっているのに似ていた。

西郷は話している間も姿勢を正し、手を膝の上にのせたままである。そうした態度を、勝は感心しながらながめていた。勝者の威光で敗軍の将を見下ろすような風は一切ない。むしろ勝に敬意を払っている様子がありありとうかがえる。この男が相手なら、江戸を、そしてこの国を救えるかもしれない。そう思った。

そして陽《ひ》が傾き始めた頃、勝は西郷を愛宕山《あたごやま》へと連れ出した。西郷はそこから見た江戸の風景とともに勝の伝えたかった思いをしっかり胸に収め、翌日もう一度、今度は田町の薩摩屋敷（現在の田町駅前）で会うことを約して別れた。

当時の武士の命より誇りを大切にする生き方がわからなければ、彼らのやり方はまどろっこしいだけだろう。物質よりも精神が圧倒的に優位だった時代は、今でははるか遠い幻影になってしまった。それだけに、現代人には感情移入しにくいかもしれない。しかし、生き方に美学を持った彼らの人生が、今のわれわれよりすがすがしいものに思えるのは、おそらく筆者だけではあるまい。

そしてここからが有名な江戸無血開城の西郷・勝会談となる。慶応四年三月十四日、それは始まった。もうあとはない。江戸を火の海にするかしないか、最後の決断の時が迫っていた。

田町の藩邸は海岸に面している。薩摩から運ばれた物資を荷揚げする蔵屋敷だ。向かい合っ

東京･田町にある
西郷と勝の会見之地碑

て端坐《たんざ》すると、遠く潮騒《しおさい》が聞こえる。二人の背中には、ここに至るまでに命を落としていった者たちの亡霊がひしめき合っていたが、そのことをひととき忘れさせてくれるほどの静寂が彼らを包み込んでいた。

先に口火を切ったのは勝である。彼は大胆にも、先日西郷が山岡に示した降伏条件に手を加え、徳川方の代案を出してきた。

・慶喜は隠居して水戸で謹慎する
・江戸城は明け渡しの手続きを済ませた上で、田安《たやす》家（御三卿の一つ）に預ける
・慶喜の寛大な処分が決まれば、軍艦・武器は官軍に渡す
・城内に住む家臣は、すでに城外に移り住み謹慎している
・慶喜の妄動を助けた者は寛大に処分し、命にかかわるような厳罰を与えない
・士民の暴挙鎮撫《ちんぶ》が徳川の手に負えないと判断した場合は、官軍に鎮圧をお願いする

山岡に示された官軍側の要求から、ぐっと旧幕府側に有利な内容となっている。たとえば江戸城を田安家に預けるというのは官軍には渡さないという意味だ。普通であれば、自分たちの置かれている立場がわかっているのかと交渉決裂を宣言するところだろう。だが西郷は黙ってそれを聞いていた。

優れた政治家は、政治学など知らずとも人間学には通暁《つうぎょう》しているものである。それは言葉を換えて言えば、相手の立場に立ってものを考えることのできる能力を人一倍持っているということだ。

西郷には、勝の置かれた立場が手に取るようにわかった。小栗上野介忠順《おぐりこうづけのすけただまさ》などの徹底抗戦派の重臣を黙らせるためには、相当な妥協を官軍から引き出さねばならない。勝は暗闇から何者かに狙撃されるなど、身の危険を感じる中での交渉だった。決裂した際には江戸市中に火を放つよう、町火消〝を組〟の頭領新門辰五郎《しんもんたつごろう》にあらかじめ命じてあったとも言われている。まさに背水の陣でこの場に臨んでいたのだ。

ここで西郷の人間力が最大限に発揮される。勝の抗戦の覚悟、この国が江戸を失うことの意味、双方の払う犠牲の大きさなどを大局的に判断し、翌日に予定されていた江戸総攻撃の中止をぎりぎりのところで決断するのだ。

そして腹を決めたからには勝を信用し、一点の疑念も挟まなかった。

「いろいろむつかしい議論もありましょうが、私の一身にかけてお引き受けもうす」

彼の言葉は、勝も意表を突かれるほど簡単明瞭なものであった。そこには術策《じゆつさく》の気配など微《み》塵《じん》も感じられない。まさに『南洲翁遺訓』の中の、

〈事大小となく、正道を踏み至誠を推し、一事の詐謀《さぼう》を用うべからず〉

という言葉そのままであった。

彼は隣室に控えていた村田新八、桐野利秋らを呼び、江戸総攻撃の中止を伝えた。その決定に誰も異を唱えない。

西郷は藩邸の門の外まで勝を見送った。一人の従者も連れずに来ていた勝は、守衛が一斉に気をつけをする中、西郷に向かって一礼すると馬に乗って走り去っていった。

（余の人生、これにて終幕するも悔いなし……）

勝はそう思いながら江戸城へとひた走った。馬上から見る景色が揺らいで見えた。

江戸総攻撃の中止命令を出すと、西郷はすぐ駿府へと向かった。この地に滞在中の有栖川宮に勝からの条件を示し、了承を得るためである。現代人の感覚だと、先に上司の了解を取ってから勝に返事するのが筋ということになるが、西郷は有栖川宮の全面的信頼を得ていると確信していたし、万が一にも難色を示されたら、その場で腹を切るつもりであった。勝の前ですべ

てを引き受けたというのは、命を賭けたというに等しいのである。

昼夜兼行《ちゅうやけんこう》で道を急いだ。彼の巨体は普通の駕籠では狭すぎる。後に横綱の陣幕久五郎《じんまくきゅうごろう》から愛用の駕籠を譲り受けたが、それまでは窮屈な思いを余儀なくされた。

同時に彼は、英国公使パークス宛ての手紙を参謀の木梨精一郎《せいいちろう》に持たせ、横浜に差し向けている。英仏の兵が神奈川方面に上陸中と聞き、彼らを海上の船に戻していただきたいという依頼だった。欧米列強の介入を招くことだけは避けたい。思いは慶喜と同じである。最後の最後に、彼らの思いはようやく通い合ったのだ。

有栖川宮から一任する旨の了解を得た後、今度は駿府から京へと向かった。そして彼の必死の尽力により、慶喜の死一等を免じる勅裁が三月二十一日に下り、四月十一日、江戸城は無事引き渡される。

勝との約束は、無事果たされたのだ。もちろん朝廷には慶喜を許したくないという声もあったが、反対されたらここでも潔く腹を切るだけであった。

江戸城引き渡しの日、勅使に続いて西郷も城内に入った。

本丸御殿の中でも、表向《おもてむき》は最大の建物である。そこの黒書院や白書院などの部屋に入る際は、大名であっても刀を手に提げて入らねばならない。ところがこの時、西郷は刀を手に提げず、胸に抱きかかえるようにしていたという。威張る様子は微塵もなかった。

人の器《うつわ》の大きさは一体何で測るものだろう。指導力や構想力など、さまざまな要素が挙げられようが、〝赦《ゆる》す力〟の中にこそ、西郷隆盛という人間の器の大きさを見ることができるのではないだろうか。

（自分がもし西郷の立場だったら、果たして同じことができただろうか？）

後でそう考えた勝は身震いがした。そして、

（大西郷の偉大さは、おいらじゃなきゃわかるめぇ！）

心底そう思った。

この時から勝は西郷の最大の崇拝者となり、生涯、

「江戸無血開城は〝西郷の大胆識《だいたんしき》と大誠意〟によるものだ！」

と手放しで称賛し続けるのである。

止まらぬ流血と吉二郎の死

無血開城を実現してもなお、江戸はやはり別の形で血を要求した。旧幕府軍の一部が彰義隊《しょうぎたい》と称し、上野の山に立て籠《こも》り始めたのだ。その数三千。

官軍は、江戸開城とともに北へと逃れた大鳥圭介《おおとりけいすけ》率いる旧幕府精強部隊との戦闘に兵力を割《さ》かれており、江戸の防備は手薄になっている。彰義隊の面々は、夜な夜な官軍兵士と見ると喧《けん》嘩《か》を吹っかけ、寄ってたかって斬殺《ざんさつ》するという事件を繰り返した。事態を憂慮した西郷は、勝に取り締まりを依頼したが一向に改善されない。

これに長州がかみついた。

「西郷さんは勝に丸め込まれている。やり方が生ぬるいからこんなことになるのだ！」

戦争終結後、同盟国の間で権力闘争が起こるのは米ソ冷戦の例を見るまでもない。維新後をにらみ、薩長の主導権争いが始まっていた。長州藩士の中で西郷に最も批判的だったのが、太政官軍務官判事として西郷を補佐する立場にあった大村益次郎《ますじろう》だ。

「大村益次郎卿遭難之碑」
（京都市中京区）

大村益次郎

彰義隊を説得によって恭順させようという西郷を、

「甘い！」

の一言で退けた。

適塾《てきじゅく》で緒方洪庵《こうあん》から蘭学を学び、欧米流の合理主義を身につけていた大村には、西郷という情の人が理解できない。逆に大村は、情を挟まず理だけで行動するため、同じ長州藩士からさえ煙たがられる存在だった。二人は対極に立っていたのである。

そして結局、彰義隊を討伐すべしという大村の意見が通ることとなる。西郷は大参謀の実質的権限を大村に譲り、その指揮に従うことにした。

もう一つ西郷が気にしていたのは、白河城に集結した奥羽越列藩《おううえつれっぱん》同盟（仙台・会津・

棚倉・二本松・三春藩などの連合軍）との決戦の行方である。白河口《しらかわぐち》は東北の表玄関にあたるだけに、今後の東北戦線の帰趨《きすう》を占う重要な一戦になるはずだったが、官軍は兵力の点で劣勢に立たされていた。

近く京から薩摩の増援部隊が到着する予定でもあり、江戸の守りは彼らに任せ、自分は手元の兵を率いて白河へ救援に行きたいと申し出たが、大村に止められてしまう。

強引に行くこともできただろうが、一旦指揮を任せた西郷は彼に従った。結局この白河口の戦いは、列藩同盟側の指揮官西郷頼母《たのも》（会津藩家老）の状況判断ミスもあって勝利することができたが、実際には薄氷の勝利だった。

彰義隊討伐にとりかかった大村だが、彼の行動は合理的な反面、非情すぎた。品川の旧幕府火薬庫から弾薬をすべて運び出したのはまだしも、江戸城内の宝蔵を開封し、軍資金の足しになりそうなものがないか物色することまでしたため、西郷の代理として先鋒隊参謀《せんぽうたいさんぼう》を任されていた海江田信義は激怒する。

武士には美学があるはずだ。敗者への思いやりはその最たるものである。だが大村は海江田の抗議を聞き流した。軍議の場でも海江田と大村は激しく対立する。大村は江戸に残っている三千の兵で十分戦えるとしたが、海江田はその三倍は必要だと主張した。

「ご心配には及びません。そもそもあなたは戦《いくさ》を御存じない」

大村からそう言われ、海江田の顔は屈辱に歪《ゆが》んだ。もともと血の気の多い男である。有栖川宮《ありすがわのみや》臨席の軍議の場でなければ、大村の首は胴を離れていたことだろう。その点大村は、もとは片田舎の村医者のせがれだったにもかかわらず、かの大隈重信《おおくましげのぶ》をして〝稀代の豪傑である〟と感嘆させただけあって並外れた胆力の持ち主であった。

緊迫した空気に息が詰まりそうになった三条実美は、ここは西郷に収めてもらうほかはないと発言を促した。すると彼は、自分の部下が〝戦を御存じない〟と満座《まんざ》の中で辱《はずかし》められているにもかかわらず、

「大村さんがそう申されるのなら、すべてお任せもうそう」

と、あきれるほど恬淡《てんたん》とした様子で言った。彼の言葉は異常な重力を持っている。さしもの海江田も引き下がるほかなく、軍議は決した。

さっそく大村は緻密に戦力を分析し、各藩の兵の配置を決め、それを事前に西郷にだけ見せた。図上の〝薩摩藩〟の文字は、最激戦が予想される上野寛永寺の黒門口正面に記されている。

「薩摩ん兵を皆殺しにするつもりでごわすか……」

さしもの西郷も顔を曇らせ、うめくような声でそうつぶやいた。この時、大村は扇子を広げたり閉じたりしながら無言で天井を見上げていたが、

「さよう。そのつもりです」

と表情を変えずに答えたと伝えられる。

大村という男は、

「ここは肝心かなめの場所。お任せできるのは貴藩をおいてござらん」

というようなものの言い方ができない。夏に「暑いですね」と挨拶されると、「夏は暑いものです」と答えるような、人の神経をわざと逆なでする悪い癖があった。

彼は科学者が実験をするように、この西郷という〝理〟の世界でとらえきれない人間を、一度怒らせてみたかったのではないだろうか。しかし西郷は挑発には乗らなかった。確かにこの黒門を押し返されたら全軍の士気は落ち、敗北は決する。最強の兵を擁《よう》する薩摩藩が担《にな》うしかない。

もう一度作戦図にざっと目を通すと、

「わかりもした」

と言って腰を上げた。

考えてみれば驚くべきことである。そもそも大村の求心力は〝西郷どんが大村に指揮を任せた〟ということがすべてなのだ。やりたい放題できるのは誰のおかげなのかを知っているのか知らないのか、ともかく大村は恩に着ない。そして西郷も恩に着せない。貸し借りを重視して打算で生きている現代社会ではまず見られない光景だ。大村の軍事の才を知っている西郷は、あえてそれを問題にしなかった。彼の〝赦《ゆる》す力〟は尋常ではない。

そして慶応四年（一八六八年）五月十五日深夜午前零時、小糠雨《こぬかあめ》が降る中、官軍は現在の二重橋前広場周辺に兵を集結させ、夜明けとともに進軍を開始する。大村から指示された通り、西郷は黒門口前に陣を敷いた。そして午前七時頃、上野戦争の幕は上がった。

彰義隊はあなどれない装備を持っている。戦闘が長引けば、北へ向かった旧幕府精強部隊が援軍として駆けつけてくるやもしれない。鳥羽・伏見の戦い同様、緊迫した一戦だった。

案の定、最初は彰義隊優勢のうちに推移する。西郷は現在の松坂屋上野店近くで指揮を執っていたが、予想以上に苦戦した。弾丸が頭上をかすめ飛ぶため、身の回りの世話をしてくれていた者が胸板を撃ち抜かれても、死体を回収することすらできない。山岡鉄舟を西郷のところまで道案内した益満休之助もここで重傷を負い、命を落とした。

近くに雁鍋《がんなべ》という有名な料理屋があった。建物がよほどしっかりしていたのだろう。薩摩藩はこれに目をつけ、大砲を二階にかつぎ上げて砲撃の威力を倍増させた。だがそれも最初のうちだけ。すぐに集中砲火を浴びて砲は大破。料理屋も焼けた。とんだとばっちりである。

一進一退の中、昼過ぎになると雨足が強まってきた。西郷としては薩摩藩得意の白兵戦《はくへいせん》に持っていきたかったのだが、敵の砲撃が弱まらない。友軍の動きが伝わってこないこともあって焦りが募った。

長州藩の動きもさえない。前日に最新鋭のスナイドル銃（後装施条式）を配られたはいいが使い方がわからず、四苦八苦する情けない状況だった。

「大村殿は算盤《そろばん》で戦をなさるからこういうことになるのだ！」

そう言って指揮官の大村を呪った。

その大村は、この頃戦場から遠く離れた江戸城西の丸にいた。官軍不利との伝令にも黙って腕組みをしているだけ。昼に入ると握り飯を食い、お茶をすすった。

そして午後三時に入ったころ、ようやく動いた。伝令を三人出し、加賀藩邸内の高台（現在、東大の安田講堂があるあたり）に据えていた佐賀藩所有のアームストロング砲二門の発射を命じたのだ。伝令を三人出したのは、途中で落命することを考慮してのこと。果たして無事命令は伝わり、砲が火を吹いた。当時世界最強を誇ったこの砲の威力は、彰義隊の生き残りが〝卑怯だ〟と無念の気持ちを書き残したほど。彼らはたちまち壊滅状態になり潰走していった。

ひとしきり砲撃が行われた後、大村はやおら懐中から時計を取り出すと、

「そろそろわれわれが勝利した頃ですな」

と勝利の時間までぴたり言い当てたという。

だが、多大な損害を出しながらアームストロング砲を最初から使わなかった理由は何だったのだろう。彰義隊の勢力を弱めてから一気に殲滅《せんめつ》させるという戦略的なことのほかに、薩摩兵の流血を増やし、できれば西郷が命を落としてくれればとの思いがあったのではないかと疑いたくなる。

彰義隊が鎮圧されても、まだ内戦は沈静化しなかった。武士は誇り高い。敗者に対して尊厳を与えない狭量な人間がいたところでは無用な血が流れた。

西郷の〝赦す力〟の大きさと対照的だったのが、長州藩の徹底武力討伐派である。上野戦争から少し時を戻すが、傲岸不遜《ごうがんふそん》な態度で知られた奥羽鎮撫《ちんぶ》総督府参謀世良修蔵《せらしゅうぞう》は、奥州諸藩に対し呵責《かしゃく》ない姿勢で臨んでいた。そんな中、彼が秋田滞陣中の大山綱良《つなよし》に宛てた密書が仙台藩士の手に落ちる。そこには仙台藩や米沢藩による会津攻撃停止の嘆願を無視することや、〝奥《おう》羽皆敵《うみなてき》〟といった過激な言葉が記されていた。

これに憤激した仙台藩士たちが世良を襲撃し、連行尋問した後斬首《ざんしゅ》したのが、ちょうど上野戦争の一カ月ほど前のことである。彼らの怒りはすさまじかった。慶応四年五月三日、徹底抗戦するべく奥羽越列藩同盟が結成される。

慶喜は助命してやって会津の松平容保《かたもり》を討つというのは道理に合わない。西郷は何とか容保を救いたいと思い、会津平定の問題は東北諸藩に解決させたほうが平和裏に進むと考えていたが、奥羽越列藩同盟の結成によりすべてが水の泡となった。

同じようなことが長岡藩でも起こっていた。佐久間象山門下の傑物として知られたのが同藩家老の河井継之助《つぐのすけ》である。内戦はこの国を疲弊させるだけだとわかっていた河井は、停戦の調停役を果たそうとして官軍本陣に乗り込み、談判に及んだ。

だが応対した新政府軍軍監の岩村高俊《たかとし》（土佐藩）は彼の意図が推し量れず、時間稼ぎだろう程度にしか思わなかったため、降伏して会津討伐の先鋒役を果たせの一点張り。交渉は三十分ほどで決裂してしまう。その結果、長岡藩を徹底抗戦に追い込み、多くの血が流れる結果となった。山縣から〝キョロマ〟（軽薄な人間）と評された岩村が対応したがゆえの悲劇だったが、維新後、岩村は男爵に列している。

奥羽越列藩同盟平定にあたり、誰を総指揮官（東北征討軍大参謀）にするかが問題となった。当然、西郷が最有力であったが、軍議の席上大村が、

「私が引き受けましょう」

と言い出した。西郷がどう反応するかに注目が集まったが、意外にも彼はすんなりと了承する。

大村でさえ腰の引けていた鳥羽・伏見の戦いなど、戊辰戦争の一番難しいところは自分が指揮し、大勢が決したところで大村に功を譲ったわけだ。〝労は一身に引き受け、功は人に譲る〟ことを心がけてきた彼らしい。そして薩摩兵たちに大村の命に従うよう諭《さと》すと、自分は帰藩する準備をし始めた。

大総督府を後にした西郷は、まずは京に向かった。ここには藩主島津忠義《ただよし》がいる。

忠義は朝廷から、東北征討大将軍として錦旗《きんき》・節刀《せっとう》に軍資金三万両までもらって出陣する準備を進めていたが、西郷はそれをやめさせ、岩倉具視《ともみ》に談判してともに鹿児島へ帰国することを承諾させた。兵の補充が必要だというのが表向きの理由だが、本音は勝敗の決まった無用な戦いの先頭に忠義を立たせたくなかったのだ。

在京の薩摩兵を二手に分け、半分は江戸から白河口に向かわせ、後の半分は平潟《ひらかた》（現在の北茨城市）に上陸させることにして、自分は忠義と鹿児島に向かった。

帰藩後、二カ月ほど湯治などしながら心身を癒していた。大村ならすぐ平定するだろうと思っていたのだが、東北での戦いは終わる気配を見せない。そこで八月十日、増援部隊を率いて新潟の柏崎に駆けつけたが、戦地に着いた時には長岡城は陥落した後であった。

長岡での戦いは激しいものであった。西洋兵学に詳しい河井継之助の巧妙な用兵のためである。西郷の弟の吉二郎も二番隊監軍として従軍していたが、五十嵐川《いがらしがわ》（信濃川の支流）の戦いで負傷し、この時の傷がもとで八月十四日、帰らぬ人となる。よくできた弟だっただけに、西郷の愁嘆《しゅうたん》ぶりは傍目《はため》にも気の毒なほどであった。

この時、彼は髷《まげ》を落として坊主頭になっている。吉二郎の菩提《ぼだい》を弔《とむら》うためとも、会津藩主松平容保の助命を訴えてのものとも言われているが、おそらくその両方であったろう。最愛の弟を失ってなお、仇を討つなどという考えは起こさなかった。むしろその坊主姿は、これ以上無駄に血を流すべきでないことを何よりも雄弁に周囲に訴えた。

会津へは腹心の桐野利秋を司令官（大総督府軍監）として派遣してある。慶応四年九月八日、明治と改元されるが、その直後の九月十五日には仙台藩が降伏し、九月二十二日、ついに会津鶴ヶ城も落城する。

長州藩では、松平容保に切腹を命じる意見が強かったが、西郷たちの嘆願が通じ、鳥取藩に預けられ蟄居を命じられることになった。


そして最後まで抵抗したのが庄内藩である。鳥羽・伏見の戦いのきっかけとなった三田の薩摩藩邸焼討を行った藩だけに、降伏した後の処分が厳しいものになることは明らか。それだけに負けられなかったのだ。

緒戦こそ一進一退で、ややもすれば官軍が押されるようなこともあったが、周りの諸藩が次々に降参していく中で援軍は望めない。会津藩も降伏したとあって、九月二十五日、藩主酒井忠篤《ただずみ》は重臣と協議の上、恭順を決めた。

降伏式の場は悲壮な雰囲気であった。藩主も重臣も白装束《しろしようぞく》に身を包み、切腹する覚悟である。ただ部屋のふすまの後ろには、槍《やり》の名手五十名ほどが穂先《はさき》をそろえていた。あまりに苛酷な降伏条件を押しつけられた場合、出ていって全員斬り死にする覚悟だった。

ところが西郷の態度はまるで慈父のように穏やかである。

「切腹して詫《わ》びるなどとはとんでもない！」

そう言って押しとどめ、降伏の証《あかし》として武器一切の目録が手渡されると、

「貴藩は北国の雄藩。ロシアなどに備えて北方の守りをしてもらわねばいけもはん。これらの武器はそのままお持ちいただければよか」

と言って返してしまった。あまりの寛大さに、藩主、家老、家臣一同、みな感涙《かんるい》にむせんだという。その場にいた長州の前原一誠《まえばらいつせい》も、

「西郷先生という方は、どれくらい大きいか底が知れん」

と感嘆した。

城明け渡しにあたっては、

「敵となり味方となるのは運命である。一旦帰順した以上、兄弟も同じと心得よ」

酒井忠篤

と官軍の面々に伝えて丸腰で入城させ、逆に庄内藩士には帯刀を許した。

もちろん処分がなかったわけではない。藩主酒井忠篤は謹慎を命じられたが、それでも彼らの思っていたものからすればはるかに軽い。庄内藩はひたすら西郷に感謝した。

寛大すぎる処置に官軍内部から懸念の声が上がると、西郷はこう答えている。

「そげな心配は要《い》りもはん。武士が一旦兜《かぶと》を脱いで降伏した以上、後ろは見ないもんでごわす。武士の一言を信ずるのが武士でごわはんか。もし反逆したら、また来て討てばよろしい」

天皇の兵は天道を行うものであらねばならない。天の心はすなわち仁《じん》であり、恕《じょ》である。恕はまさに〝赦す心〟そのものであった。

酒井忠篤の謹慎が明治二年（一八六九年）に解けると、彼は藩士七十余名を連れて薩摩に西郷を訪ねてきた。そして百余日の長きにわたって滞在し、親しくその教えを受けている。以降、旧庄内藩の藩士たちは、代わる代わる鹿児島に行っては西郷に会い、鹿児島の兵たちとともに兵学を研修するようになる。

庄内藩の重臣に菅実秀《すげさねひで》という人物がいた。維新後、彼は藩の中老に就任するが、若い藩士たちから西郷の話を聞くにつけ自分もその謦咳《けいがい》に接したくなり、明治八年（一八七五年）五月、八名の若者たちを伴って鹿児島を訪れた。

（南洲翁は王佐《おうさ》の徳を備えた大賢人だ。権謀術数《けんぼうじゅつすう》をもって高みに上った人物とはわけが違う）

感服した彼は西郷の教えを一冊の本にまとめる。やがて西南戦争が起こり、出版の機会を失ったが、月日は流れて明治二十二年（一八八九年）二月十一日の憲法発布の日、西郷の賊名が解かれたのを機に、ようやくこれを『南洲翁遺訓《いくん》』として世に出すことができた。この本のおかげで、今のわれわれも西郷の人柄やその思想について詳しく知ることができるのである。

庄内藩降伏後の西郷に話を戻そう。

彼は明治元年十一月初め、小松と大久保に後事を託し、再び鹿児島へと帰ってきた。そして愛してやまなかった霧島の日当山《ひなたやま》温泉でしばし骨休めをした。いや本当は、そのまま隠居したかったのだ。もうこれで泉下《せんか》の斉彬公にも、月照上人にも、申し訳が立つと思えた。

そのうち、薩摩兵が続々と帰国してくる。彼らの鼻息は荒い。故郷に凱旋《がいせん》した余勢をかって無銭飲食を働いたり、藩庁の言うことにさからったりとやりたい放題。頭を抱えた島津忠義は明治二年二月二十三日、村田新八を従えて日当山へとやってきた。藩の参政に就任し、藩を新しい体制に改革してほしいと依頼してきたのである。

藩主直々に頼まれては引き受けないわけにはいかない。西郷は早速、藩政と島津の家政を分離し、上級武士中心の知行割《ちぎょうわり》を平等にし、藩兵を組織化して強力なものとする藩政改革を断行した。藩政の実務トップ(鹿児島県権大参事《ごんだいさんじ》)には桂久武に就任してもらった。彼なら間違いない。

藩政改革を終えた西郷は五月一日、藩船三邦丸《みくにまる》に乗って一度は出兵を断った五稜郭《ごりょうかく》へと向かう。戦いが長引いているため、元幕府幹部の榎本武揚《たけあき》たちを説得するつもりだった。

五月二十五日に箱館《はこだて》に着いたが、その一週間前の十八日に榎本は降伏していた。戊辰戦争はこの五稜郭の戦いをもって幕を閉じる。西郷は黒田清隆に後のことを頼み、再び鹿児島へと戻っていった。この時、黒田は降服した榎本の助命嘆願のため、坊主頭となっている。西郷をまねたのだ。

ここでその後の大村益次郎について触れておきたい。その軍事の才もあって一時は維新の三傑に割って入ろうかという勢いだった彼に、思わぬ悲劇が待っていた。

わが国の軍事力強化のためには欧米諸国のように徴兵制による国民皆兵《こくみんかいへい》を進めるべきだというのが、彼の下した合理的判断である。ところがそれは、農民や商人と同列に扱われることになる旧武士階層の激しい反発を買った。

そして明治二年九月、京都三条木屋町《さんじょうきやまち》の旅館に滞在していたところを、皮肉にも同じ元長州藩士の団伸二郎《しんじろう》らに襲撃され、その時の傷がもとで二カ月後にこの世を去る。享年四十五。

西郷とは対極にある人格ながら、似ている点もあった。私心がなかったことである。会津憎しで固まっていた長州藩にあって松平容保に同情を寄せ、華美な生活を嫌い、粗食に満足してひたすら明治国家建設のために働いた。

「四斤砲《よんきんほう》をたくさん造って西国の反乱に備えよ」

という遺言を残した彼は、八年後に起こる西南戦争を予見していたと言われているが、西郷が憤った政府高官の堕落については、おそらく大村も同感だったのではあるまいか。

そして大村の命を奪った徴兵制は、皮肉にも西郷の手によって実行に移されるのである。

廃藩置県断行

明治二年六月十七日、大久保利通が中心となって版籍奉還《はんせきほうかん》が実施される。

諸大名から天皇に領地（版図《はんと》）と領民（戸籍）を奉還するというものだが、実質的には藩主が〝知藩事〟（その後〝藩知事〟）と役職名が変わっただけであった。保守的な大久保は藩知事の世襲さえ考えていたというが、さすがにそれは維新以降木戸孝允《たかよし》と改名していた桂小五郎に反対されて見送られた。おそらく大久保の念頭には島津久光のことがあったに違いない。

世直しを期待していた庶民からすれば失望を禁じ得ず、全国的に不作だったこともあって各地で農民一揆が起こった。

失望していたのは武士階級も同様である。特に勝利者であるはずの官軍兵士の間に不満が大きかった。生命を危険にさらしたにもかかわらず恩賞がほとんど出ず、身分制も廃止され、武士は〝士族〟という呼称に替わり、家禄の支給にも不安がある。おまけに徴兵制によって農民や商人と同列に扱われる議論までされ始めている。騒動が起こるのは必然であった。

その先駆けとなったのが、明治三年（一八七〇年）一月二十六日、長州藩で発生した〝脱隊騒動〟である。

奇兵隊などの長州諸隊は解散を命じられたが、それは彼らにとって失業を意味する。これを不満とし、大楽源太郎《だいらくげんたろう》が中心となって暴動を起こしたのだ。大楽は主宰していた私塾敬神堂《けいしんどう》で暗殺をも辞さない過激な攘夷思想を教えていた人物。大村の襲撃犯も彼の門下生だった。

自藩で起きた騒動だけに、木戸は必死になって鎮圧しようとしたが思うに任せない。これは長州だけの問題ではなかった。薩摩も同様の動きが出るやもしれない。

危機感を抱いた大久保は、島津久光と西郷に協力を仰ぐべく鹿児島に行くことになった。彼の手には二人の政府出仕を命じる勅命が握られていたが、大久保の作文なのはわかっている。何度面談しても二人とも首を縦に振ってくれない。久光は病気を、西郷は藩内の不満の声を抑える必要を理由に挙げた。結局、大久保は一カ月以上滞在したものの、むなしく東京へと帰っていった。

脱隊騒動のその後だが、派兵を依頼されても西郷はいろいろと理由をつけて出兵しなかった。ともに戦った者たちを討伐する気にはなれなかったからだ。

しばらく経った二月六日、ようやく状況視察と称して重い腰を上げ、村田新八、桐野利秋、大山巌を引き連れ山口に入ったが、この時はもうすでに大楽は九州へと逃れた後。一連の対応に木戸は不信感を募らせ、またも亀裂が生まれてしまう。

明治二年六月、西郷は維新第一の功により賞典禄永世《しょうてんろくえいせい》二千石を下賜《かし》され、同年九月には正三《しょうさん》位《み》に叙《じょ》せられたが、

「官職にも就《つ》いておらんのに官位は不要でごわんど。本当に勲功があったのは死んでいったもんでごわす。彼らが賞典禄をもらえず、生き残ったわしがもらうのは理屈に合わん」

と言って返上を願い出た。

同年十二月、手狭になった上之園《うえのその》町の屋敷を売って武村に移った。薩摩の名家である二階堂《にかいどう》家の元別邸である。ようやく重臣らしい住まいとなった。明治三年一月には藩の参政を辞し、藩政顧問としてわずか百五十俵を支給される身となる。

西郷は役所の臨時賞与に関してお伺いを立てられると、

「瓢箪《ひょうたん》なり」

とよく口にした。上に薄く下に厚くせよという意味である。

だが新政府の高官の多くは高給を得てかつての大名屋敷に住み、贅沢な暮らしをしている。西郷にはそれが我慢ならなかった。

同様の憤りを感じている者は多い。森有礼《ありのり》（初代文部大臣）の実兄で、西郷のかわいがって

いた二才《にせ》の一人横山安武《やすたけ》は、何と自らの命をなげうって抗議する。

明治三年七月二十七日払暁《ふつぎょう》、彼は「時弊《じへい》十条」という抗議文を集議院《しゅうぎいん》（明治初期の議会）の門扉《もんぴ》に結びつけ、近くの津軽藩邸の前に座ると腹かき切って果てたのだ。享年二十七。

西郷は大きな衝撃を受けた。次世代に希望を持たせるような国家を目指したはずなのに、若者に死をもって抗議したくなるほどの失望を味わわせてしまった。それはすべて自分の責任である。

そんな苦い思いもあって、薩摩兵を新政府の警備に編入するようにという命令をうやむやにし、西郷は明治三年九月、二大隊、二砲隊を鹿児島へと引き揚げた。ショック療法のつもりだったが、効果てきめんである。政府の幹部たちは、西郷がクーデターを起こすのではないかと震え上がった。

西郷にはまだまだやってもらいたい仕事がある。大久保は何としても戻ってきてもらおうと、翌十月、洋行帰りの弟の西郷従道《つぐみち》を鹿児島入りさせて説得し、十二月十八日には天皇からの勅使として岩倉具視を立て、軍のトップである山縣有朋《やまがたありとも》（兵部大輔《ひょうぶたゆう》）、川村純義《すみよし》（兵部大丞《だいじょう》）らとともに大久保自ら、再び西郷を迎えに鹿児島までやってきた。

西郷は、政府改革を自分に一任するよう念を押した上で、上京を承諾した。そこには一片の私心もない。

この時、山縣有朋は西郷の高潔な人格にあらためて深い感銘を受けている。めったなことで人を褒めず、木戸にさえなかなか胸襟《きょうきん》を開かず、西郷を危険視していた大村の下に長くいた彼が、生涯にわたって西郷のことだけは繰り返し称賛し続けた。その山縣が、西南戦争では西郷を追い詰める側に回るのは皮肉なことである。

上京を決断した後の西郷の行動は神速《しんそく》であった。翌明治四年（一八七一年）一月三日には鹿児島を出発。大久保とともに山口に寄って木戸と会い、薩長土三藩の兵をともに上京させ、武力をもって中央政府の政治改革を断行しようと胸の内を語った。

木戸も政治改革が必要なことはわかっている。だが粘着質の彼は、例の脱隊騒動の時のことをまだ根に持っている。兵を上京させることには同意したが、自身の上京に関しては言質《げんち》を与えなかった。その後西郷は高知に赴き、板垣退助の賛同を得る。

西郷の考えた政治改革の第一歩は、大胆かつ迅速な改革を行うため、一人の参議（今で言う首相）に権力を集中させること。その参議に彼は、自分でなく木戸をと考えていた。木戸が桂小五郎と名乗っていた頃に〝逃げの小五郎〟と呼ばれていたのは、彼の人並み外れた〝先を読む力〟ゆえに危機を事前に察知できたからである。西郷はこの国の将来を考えた時、木戸の先見性が絶対に必要だと考えたのだ。

肝心の木戸がなかなか上京してくれずに困ったが、大久保と従道が説得に向かい、何とか上京させることに成功した。

その上で、西郷はあらためて自分の政治改革の構想を木戸に語った。維新の論功行賞をした上で藩閥の勢力図で決まっている政府上層部の人間を一旦すべて辞職させ、適材適所で行政能力のある人材を再任用するべきだというのが彼の考えだ。

木戸は西郷の考えに同意しながらも、

「そのためには一つ先にやらねばならないことがある」

と語った。

それは版籍奉還の後もなお残っている藩をなくすこと。いわゆる〝廃藩置県〟だ。これを断行した上で官制を改革して人事を行わねば、旧藩主の横槍が入り、藩閥の壁が残ってしまう。

「確かに木戸さんのおっしゃるとおりでごわんど」

西郷の長所は、他人の意見に耳を傾ける素直で公平な姿勢を持っていることだ。政治改革の焦点は、これで一気に廃藩置県へと収斂《しゅうれん》していくこととなる。

木戸の考えに同意した上で、西郷は参議就任を要請した。だが木戸も、地位だけを求めるような小さな人間ではない。人望のある西郷を差し置いて自分一人が参議になっても実権を振るえないことはわかっている。

結局、西郷も参議となることで木戸を納得させ、明治四年六月二十五日、彼らはともに参議に就任し、大久保以下は〝卿《きよう》〟という今で言う大臣になることとなる。そして三藩の兵力を背景に、廃藩置県断行の準備は整った。

問題はどう実行するかである。藩士たちにしても、みな自藩のために身命を賭《と》したのであって、国家のために血を流したという意識はない。もし雄藩諸侯が抵抗して反旗を翻したら、また内戦に逆戻りである。廃藩置県は一連の政治改革の中でも最も大きな困難が予想された。

七月九日、激しい暴風雨の日。九段坂上の木戸邸で密議が行われた。集まったのは木戸、西郷、大久保のほか、大山巌、西郷従道、山縣有朋、井上馨《かおる》など薩長の首脳ばかり。実質的に政府の主柱となっている両藩が率先して廃藩置県を行わなければ成功はおぼつかないからだ。

話し合いの場をリードしたのは木戸と大久保の二人である。彼らが議論を戦わせるのに周囲が耳を傾ける形となった。だが肝心の雄藩諸侯をどうやって納得させるかについては、知恵者の二人でも妙案が浮かばない。

例によって断を下したのは西郷だった。

「根回しなど無用。一方的に宣言してしまえばよか。御両所《ごりようしよ》（木戸と大久保）は段取りだけお決め下され。その後のことは一切おいどんがお引き受けもうす」

だが木戸は力なく首を振った。

「久光公が黙っておられるはずがござらん……」

大久保も黙って下を向き、木戸の言葉に無言の同意を与えている。

すると西郷は、かつてアーネスト・サトウが〝大きな黒いダイヤのような目〟と表現した巨眼を見開くと、

「そうなりもうしたら、兵を率いて討ちつぶすのみ！」

と断言した。

息子の菊次郎が語るところでは、維新後、初めて父親に連れられて上京した際、元老の面々でさえ彼の前では伏し目がちで、自分の父親の持つ風圧のようなものを感じたという。

西郷のこの一言で廃藩置県は決着し、一夜にして二百六十一藩は消え失せ、三府（東京・京都・大阪）三百二県に衣替《ころもが》えした。倒幕だけで先に進めず、廃藩置県を通じて中央集権国家たり得ていなかったら、おそらく雄藩諸侯のエゴや利害調整に苦しみ、その後の近代化は著しく立ち遅れていたに違いない。

同時にすべての士族は失業することとなる。全人口が約三千四百万人だった当時、士族階級は家族を含めると二百万人近くいたとされるだけに、これがいかに大きな社会改革であったかがわかるだろう。

明治天皇

西郷は維新の立役者と言われているが、幕府を倒すこと以上に、実は藩をつぶし、武士階級を解体することのほうが難しかったはず。西郷の最大の功績は、実は倒幕ではなく廃藩置県だったのである。

明治四年七月十二日、西郷、木戸、大久保の三人が参内《さんだい》して廃藩置県を明治天皇に奏上し、裁可を受けた。ところが翌十三日、西郷一人だけが再度召し出される。本当に大丈夫かと念を押されたのだ。天皇も、それがいかに困難なものであるか十分御存じだった。

この時彼は、

「吉之助がおりますれば、御叡慮《ごえいりよ》を安んじ賜わりますように」

と奉答し、明治天皇も宸襟《しんきん》を安んぜられた。

こうして七月十四日、廃藩置県の詔書が発せられる。一万の御親兵がにらみを利かせていたこともあって、あえて異を唱える藩主はいなかったが、心配は島津久光がどう反応するかである。

果たして動きはあった。廃藩置県が布告されたことを知った日の夜、彼は家臣に命じて庭で花火をあげさせたのだ。祝ってのことではない。憤りを抑えようとしての気散じであった。

「わしはいつになったら将軍になれるのじゃ？」

幕府が倒れた際、そう西郷に尋ねたとされるのはおそらく事実だろう。久光にとって戊辰戦争は第二の関ヶ原の戦いであり、勝利したからには島津幕府が徳川幕府にとって代わるはずだった。それに値する働きもした。それだけに西郷や大久保に裏切られたという気持ちは後々まで尾を引いた。

各県にはそれまでの藩知事に代わって県令が置かれることとなり、主として旧藩主以外の人間が政府からの指名で赴任していくこととなった。鹿児島県には大山綱良が着任した。ところが彼は久光に遠慮して大参事にとどまり、県令は空席とした。すると久光は、自分を県令にせよと言い始める。

西郷は渋面を作った。

（維新の大業をなした薩摩が、そんな体《てい》たらくでどげんする！）

三条実美も説得にあたってくれ、世間に知られないままこの件は沙汰やみとなった。

また何を言い出すかわからない。そこで西郷は一計を案じる。明治天皇に鹿児島に行幸していただき、久光の不平不満を取り除こうと考えたのだ。そして明治五年（一八七二年）六月、西国行幸の一環として、天皇の鹿児島入りが実現する。だが久光は、その後も西郷を悩まし続けるのである。

岩倉使節団。左から木戸孝允、山口尚芳、岩倉具視、伊藤博文、大久保利通

廃藩置県直後、外務卿の岩倉具視が大規模な欧米使節団派遣を発表する。いわゆる〝岩倉使節団〟である。見直し期限が翌年に迫っていた不平等条約改正交渉と、欧米の実情を視察することを目的としていた。

特命全権大使の岩倉、副使の木戸孝允、大久保利通、伊藤博文、山口尚芳《なおよし》(後の元老院議官)以下の政府高官四十六名と、随員や津田梅子(津田塾大創始者)ら留学生をあわせると総勢百七名という大使節団である。政府の中枢にあるものがこれほど一度に国内を留守にするというのは、洋の東西を問わずまれな事例だろう。

留守をあずかるのは三条実美太政大臣と、参議である西郷ほか、大隈重信、江藤新平、板垣退助、後藤象二郎《しょうじろう》、大木喬任《たかとう》といった面々。三条の存在は形式的なものであり、国家の運営は西郷に任されたと言ってよかった。後世〝西郷留守内閣〟と呼ばれている。

人選にあたっては、舞台裏で微妙な調整が行われていた。元長州派公卿でもある三条は気心の知れた木戸を残してほしいと希望していたが、それでは西郷とぶつかるだろうからと、岩倉が木戸を使節団に加えたのはその最たるものである。

大蔵卿だった大久保は、自ら率先して使節団に加わった。天皇親政を強固にするべく宮内省か中務省《なかつかさしょう》を担当したかった彼は、財政に明るいわけでもないのに大蔵省の切り盛りを任されたことに不満を抱いていた。江戸幕府でも勘定奉行の地位が低かったように、金勘定は身分の低い者の仕事と相場が決まっていたこともあった。

当時の大蔵省は、井上馨が主導して民部省を吸収し、徴税、財政に社会資本整備という膨大な権能を持つ役所となっていたが、根回し不足もあって不協和音を生んでいた。おまけに、士族に対して支払っている家禄をどうやって減らしていくかという大問題を抱えている。そんな大久保にとって、海外視察は願ってもないチャンスだった。

横浜からの出港は明治四年十一月十二日に決まった。期間は当初の予定では十カ月半である。まだ廃藩置県からわずか四カ月しか経っていない。藩主のみならず失業した士族たちが怒り狂っている後始末を、全部西郷たちに押しつけての船出だった。

出発にあたって、留守をあずかる西郷たちとの間で「十二カ条の約定書《やくじょうしょ》」が結ばれた。外遊中に大きな人事変更や政策変更は行わないよう念を押した文書である。何とも失礼な話だ。こうした約定書が交わされたこと自体、明治新政府が一枚岩でないことを示している。そしてそのことが、後の征韓論論争（明治六年の政変）の伏線となっていくのである。

鳴り物入りで出発した岩倉使節団だったが、最初からつまずいてしまう。最初の訪問国だった米国で全権委任状を持参していないとの指摘を受け、大久保と伊藤が全権委任状を取りに帰国するという失態を演じたのだ。

このメンバーでは不平等条約の改正交渉は荷が重すぎる。外交の実務トップだった寺島宗則外務大輔《たいふ》は不利な条件をのませられかねないと判断し、正式な条約改正交渉は行わないよう指示した。

条約は結びそこない金は捨て
　世間へ大使何と岩倉

という狂歌は、このあたりの事情を痛烈に皮肉っていて秀逸である。

その後彼らは大西洋を越え、英国に約四カ月間滞在するなど、欧州の国々を一年近くにわたって歴訪し、もっぱら国情視察に専念することとなった。

西郷留守内閣と明治六年の政変

明治五年（一八七二年）三月、御親兵制度が廃止されて代わりに近衛《このえ》兵が置かれ、山縣有朋が近衛都督《ととく》に任ぜられた。だが兵士の中には薩摩出身者が多い。山縣の近衛都督就任に不満の声が出た。

間の悪いことに、陸軍内で長州閥のスキャンダルが発覚する。長州出身のよしみで御用商人を務めていた山城屋和助《わすけ》が、陸軍省から借りた金で生糸相場に手を出して失敗し、さらに金を借り出して生糸相場の中心地であるフランスに行って出直しを図ったはいいが、その金を使って豪遊していたことがわかったのだ。

国家財政厳しい折、莫大な金額が無担保で一業者に貸し出されていたことといい、費消された借入金の返済めどがまったく立っていないことといい大問題となった。

山縣の人事に不満を抱いていた桐野利秋ら元薩摩藩の陸軍関係者は、この背景には長州閥の専横があるとして厳しく非難。山縣は就任わずか四カ月で近衛都督を引責辞任することとなる。

司法卿であった江藤新平《しんぺい》は、長州閥弱体化の好機としてこの事件を本格調査しようとしたが、山城屋が割腹自殺したこともあって真相は闇に葬られた。

この時、西郷は明治天皇の西国行幸に随行中であったが、帰京直後の明治五年七月十九日、わが国最初の陸軍元帥に任じられ、山縣に代わって近衛都督を兼務することとなる。これで騒ぎは沈静化し、彼の声望は一段と高まった。

おもしろくないのは島津久光である。彼は西郷に宛て「詰問状《きつもんじょう》十四カ条」なるものを突きつけた。原文を交えて要約すると以下の二点である。

一つは、皇国上下の階級を打破して、結髪《けっぱつ》、服装、婚姻等の美風良俗を破壊し、西洋に心酔していること。もう一つは、維新の鴻業《こうぎょう》における薩藩の絶大の寄与を忘却し、自ら政府の要路に立って旧藩主を無視し、廃藩以後は天下の大政に関し報知連絡せず、兵馬の功労を自分一身に属していること。

〝西洋に心酔している〟〝兵馬の功労を自分一身に属している〟などとは誤解も甚《はなは》だしいが、あえて反論しなかった。早速帰鹿する旨届けを出すと、明治五年十一月下旬、久光に面会して詫びを入れている。だが久光は許さない。罪状書を自書して差し出せと命じた。西郷はこの屈辱に黙って耐えた。

久光とのことは自分が耐えればいいからまだよかった。むしろ悩ましかったのが徴兵制導入の問題である。政府は大村益次郎が主張していた国民皆兵制度に沿って軍隊を組織しようとしていたが、士族の志願兵のみによって構成するべきだと主張する者も多い。後者の筆頭が桐野たち西郷子飼いの者たちだった。

武士の特権を剝奪された上、軍隊に入ることも保証されないとなると、彼らはどうやって生きていくのか？　教師や警察官になるといっても数には限りがある。迷いはあったが、明治六年（一八七三年）一月、西郷は徴兵令を施行する。

この時、西郷はこう語ったという。

「恨みは私が引き受けもんそ」

廃藩置県同様、これもまた西郷でなくては騒動になっていたに違いない。この後、彼は士族の授産事業に全力を傾注していく。


さて岩倉遣欧使節団に参加していた大久保についてである。

日本人を下に見て軽んずる者も多い中、言葉は通じずとも大久保の風格には欧米人たちも一目置いた。そんな自信の表れか、旅先で撮った自分の写真を手紙とともに西郷へ送ったところ、次のようにひやかされている。

〈尚々《なおなお》、貴兄の写真参り候処《ところ》、いかにも醜体《しゅうたい》を極《きわ》め候間《あいだ》、もう写真取りはお取り止《や》め下さるべ

く候。誠にお気の毒千万に御座候〉(明治五年二月十五日付)

この頃の大久保の写真と言えば、美髯《びぜん》を蓄《たくわ》えた堂々たるものだ。だが有名な写真嫌いの西郷にすれば〝醜態を極め〟たものに感じられたのだろう。

こんなことを書いているのも大久保に対する親愛の情ゆえである。ところが、二人の蜜月に隙間風《すきまかぜ》が吹き始める。それは西郷が大久保たちの留守中に重要施策を行わないという「十二カ条の約定書」を破ったためであった。

「十二カ条の約定書」には月に二度、国政報告文書を使節団宛てに送るという条項があった。報告しながらであれば問題ないと考えたのかもしれない。国政は動いている。重要な政治判断を使節団の留守中すべて停止させるという取り決め自体にそもそも無理があったのだが、西郷留守内閣の行った政策には〝先進的社会改革〟と呼んでいい重要なものが含まれていた。

先述の徴兵令のほか、学制発布、府県裁判所設置、田畑永代売買解禁、キリスト教解禁、国立銀行条例制定、太陽暦採用、華士族と平民の結婚許可、地租改正などがそうである。

福沢諭吉は、西郷の施政の間は言論も自由で、農民一揆や反政府運動も減ったと高く評価する一方、使節団が帰国して以降、苛酷な言論弾圧が始まったことを厳しく批判している。

政府内では比較的早い時期から、朝鮮に対し武力開国を迫ろうという意見が出ていた。それは国辱的対応をされたことが背景にあった。

当時の朝鮮は、清国を宗主国と仰いで従属していたこと以外、開国前の日本ときわめて似た状況にあった。鎖国政策を堅持する一方で、国内には激しい攘夷運動が起こり、欧米に対して門戸を開いた日本をむしろ軽蔑していた。

明治政府は維新後すぐ、朝鮮に対して新政府発足を通告したが、彼らは外交文書の受け取りを拒否してきた。その無礼さに、木戸孝允はすでに明治二年正月の段階で、大村益次郎に〈主として兵力を以て、韓地釜山《ぶさん》港を開かせられたく〉と書き送っている。

だが政府は、十分相手に敬意を払いながら慎重に事を進めた。旧例にならい対馬《つしま》藩の宗《そう》氏を仲介しないと交渉に応じないと言ってきたので、わざわざ宗重正《しげまさ》を外務大丞《だいじょう》（現在で言う局長クラス）に任命するという特例措置まで講じた。

それでも朝鮮側は、印章の違いや、手渡した文章中に〝皇〟や〝勅〟の字があることをとがめ、外交文書の受領を拒否し続ける。これらの字は、宗主国と仰ぐ清国皇帝だけに許されるものであり、日本が清国に代わって朝鮮を属国にしようとする意図を持っているのではないかと警戒していた。

明治三年（一八七〇年）二月、政府は外務権大禄《ごんのたいろく》（一党書記官クラス）の佐田白茅《はくぼう》と権小禄（二等書記官クラス）の森山茂、斎藤栄を派遣したが、交渉はおろか首都漢城（現在のソウル）にさえ入れず、釜山浦《ぷさんぽ》の倭館《わかん》（日本人居留地）に足止めされるという ひどい扱いを受けた。

明治四年（一八七一年）十一月には副島種臣《そえじまたねおみ》が外務卿となり、外務大丞に花房義質《はなぶさよしもと》を起用して交渉を継続させたが相手にされない。先述の佐田は朝鮮の対応に憤慨し、帰国後、政府に征韓（朝鮮に対する武力行使）を建白《けんぱく》する。ちなみに佐田が朝鮮滞在中に提出した報告書の中のあいまいな記述が、後に韓国側の竹島領有権主張の根拠として利用されるのだが、主題の外なのでここでは触れない。

朝鮮の対応はしだいにエスカレートしていく。明治六年（一八七三年）一月には、日本を〝洋《よう》夷《い》〟扱いとして国交を断絶。倭館を封鎖し、物資の補給を停止してきた。背後に宗主国の清国がいたから彼らも強い姿勢に出られたのだが、朝鮮に振り回される姿は、現代の日本外交に重なるものがある。

さすがに彼らも我慢の限界にきていた。くすぶっていた征韓論がいよいよ表面化し、強硬論が大勢を占める情勢になる。事の大きさにあわてた太政大臣の三条実美は、外遊中の岩倉使節団に書簡を送り、早期帰国を促した。

これに応じて大久保は同年五月、一足早く帰国するが、自分一人では征韓論者を説得しきれないと判断し、地方を旅行して時間をつぶしながら岩倉たち使節団一行の帰りを待つことにした。

三条実美

明治六年六月十二日、兵士一大隊をもって渡海し、武力を背景にして国交を迫ろうとする〝護兵帯同論〟が正院（廃藩置県後の太政官制の最高機関）の朝議に付され、決定をみた。

だが西郷はこの朝議に、肥満から来る胸痛の持病のため出席していなかった。彼は五月初旬から、弟の西郷従道が渋谷金王町《こんのうちょう》（現在の渋谷区渋谷三丁目）に持っていた別邸で養生していたのだ。明治天皇より宮内省大侍医の岩佐純とドイツ人医師ホフマンが遣《つか》わされ、食事は少量の麦飯や脂身のない鶏肉にし、蓖麻子油《ひましゆ》を下剤として飲んだりしていた。

そこへ太政官の使者が来て、議事録への署名を求められて初めて閣議決定のことを知った。彼の顔色が変わる。

（兵士など連れていけば、必ず戦火が交えられる！）

加療中の身でありながら登院し、護兵帯同論者を説得しにかかった。代わりに自分が単身使節として朝鮮に渡ると主張したのだ。

『南洲翁遺訓』の中に、

〈正道を踏み国をもって斃《たお》るるの精神なくば、外国交際は全《まった》かるべからず〉

という名言があるが、この時の西郷の心中がまさにこれであった。当時も今も、外交官、いや国政に携《たずさ》わる者はみな、心に留めておくべき言葉だろう。

生命の危険があることは先刻承知である。とにかく人事を尽くそうという思いだった。彼はあくまで平和的解決を第一に考えていたのであり、そういう意味からも〝征韓論者〟ではなく〝遣韓《けんかん》論者〟だったとするべきだろう。

だが事情を知らない韓国では、〝日本の三大悪人〟として、朝鮮侵攻を行った豊臣秀吉、日韓併合の伊藤博文、そして征韓論の西郷隆盛が、今でも憎悪の対象になっている。伊藤博文も実は日韓併合論者ではない。誤解なのだ。

ただ西郷征韓論説も、まったく根拠がないわけでないことが話を複雑にしている。

参議の一人で護兵帯同論者だった板垣退助を説得するべく、西郷は七月末から九月初めにかけて八通の書簡を出しているが、そのうちの七月二十九日付書簡の中で、〈必ず戦うべき機会を引き起こす〉といった過激な言葉を使っているからだ。だが強硬派の板垣を静かにさせるためには、時としてこうした言葉も使わざるを得なかったのではないか。

勝海舟はこうも証言している。

「西郷の念頭に征韓があれば、渡海に軍艦・軍船は必要不可欠だが、このことについて西郷から準備や検討の指示は一切なかった」

板垣を説得するため、西郷は手紙を送るだけでなく、肥満治療のため下剤を飲んでいたにもかかわらず、八月二日には板垣邸を訪問している。

板垣邸のあった木挽町《こびきちょう》は今の歌舞伎座のあたりだから、渋谷金王町からだと東京を西から東に横断した形だ。彼の立場なら、まして病身であってみれば、板垣に来てもらうことだってできたろうに、西郷という人はそういうことをしない人だった。

板垣宛て書簡以外にもう一つ、西郷征韓論者説の根拠としてよく挙げられるのが、政府高官の一人として征韓論争を近くで見聞きしていた元土佐藩士佐々木高行《たかゆき》(後の工部卿)の日記『保古飛呂比《ほごひろい》』の記述である。佐々木は西郷の主張について、〈朝鮮へ自身立越シ、談判ヲ遂ゲ、時宜《じぎ》ニヨリ征討スルコト〉と要約しているのだ。

だが、この〝時宜ニヨリ〟というのは、談判が成立しない場合には武力行使も辞さないと解釈するべきだろう。これまでに受けた朝鮮からの手ひどい対応を考えれば、武力行使を先行する考えがなかったというだけでも十分寛容だと言えるのではないだろうか。

そして明治六年八月下旬、西郷遺韓の件が天皇に内奏され、派遣が内定される。この段階ではあくまで内定だったが、西郷は静養先から日本橋小網町《こあみちょう》の自宅に戻り、朝鮮に渡る準備を始める。

岩倉使節団は、予定の日数を大幅に上回る一年十カ月が経った九月十三日、ようやく帰国してきた。

先に帰国していた大久保は八月中旬に富士登山をし、その後、関西方面にまで足を延ばして有馬温泉にもつかっている。悠長にも見えるが、その間ずっと考えていたに違いない。どうやったらうまく西郷に身を引かせることができるかを。そのことは、長い間友情を温めてきた西郷との分袂《ぶんべい》を意味している。非情な決意を胸に、岩倉の帰国にあわせて上京してきた。

帰国後の使節団メンバーの団結力には目を見張るべきものがある。欧米視察によってこれから日本という国をどの方向に向かわせるべきか、具体的イメージを共有した彼らはあふれんばかりの抱負を胸にしていた。

ところが意外にも西郷留守内閣は、難問にもがっぷり四つで取り組みながら着実に近代国家への歩みを進めていた。彼らへの求心力が増している中で、果たして自分たちに活躍の場は与えられるのか。そんな疑問が彼らの胸にわくのは当然のことだ。使節団の面々が強い危機感の下、留守組に対して一致団結したのは理由のないことではなかったのだ。

そして朝鮮問題は、〝征韓論〟に名を借りた権力闘争の色彩を帯び始める。岩倉や大久保らは次のように言って、すでに内定済みだった西郷遣韓を白紙に戻そうとした。

「宗主国として清国が口を出してくる可能性が大きい。しかし彼らと事を構えられるだけの軍備はまだ整っておらん。まずは内治を整えることが先決だ」

もし西郷が本当に征韓論者であったならば、軍備を整えてからにしようという彼らの延引策を受け入れたかもしれないが、そんな考えなどないから当然議論はかみ合わない。

そして十月十四日、ついに閣議の席上、全員注視の中で西郷と大久保は激しくぶつかる。口火を切ったのは大久保である。

「外遊留守中大事を決めぬ約束を破ったとは、卑怯ではごわはんか!」

西郷に向かって、よりによって卑怯もの呼ばわりとは……その場の空気が凍りついた。西郷を怒らせ理性をなくさせるための挑発であったろうが、郷中《ごじゅう》教育を受けている人間にとってこれ以上の辱《はずかし》めはない。帰国以降雲隠れし、岩倉が帰ってきたと見るや、やにわに攻撃し始めた大久保のほうがよほど卑怯である。

「征韓議論図」(鈴木年基画)。軍服姿の西郷が中央に描かれている

西郷は大きな目に怒りの炎を宿《やど》しながら、

「どちらが卑怯か、自分の胸に聞いてみればよか！」

と応じると、二人の間で口角泡《こうかく》を飛ばす大激論が始まった。

列席していた板垣退助も、

「この時の西郷と大久保の議論は感情に走って、ややもすれば道理の外に出た」

と語っている。

ところがどうしたことか、この時の太政官閣議議事録はいまだに行方不明なのだ。何者かによって破棄されたものか、記録をしないよう誰かの指示があったのか判然としない。いずれにせよ、それほど激しく火花が散ったのである。

これは西郷のまったく予期していない事態だった。もし彼がこの閣議を武力行使の可否を議論する場にしようと考えていたなら、当然海軍大輔《たいふ》の勝海舟を呼んだはずだ。ところが彼は出席していない。

ともかく、この日の閣議は収拾がつかなくなり、翌日仕切り直しということで散会となった。だが自邸に帰って冷静に戻った時、西郷の胸にふつふつと後悔の念がわいてきた。大久保の作戦にまんまと乗せられてしまった自分が恥ずかしくもあった。

翌日の閣議には出席しないことにし、その代わりに「朝鮮御交際の儀」という文書を三条太政大臣に提出して、これまでの経緯と自分の思いとを伝えておくことにした。

朝鮮御交際の儀

御一新の涯《きわ》より数度に及び使節差し立てられ、百方御手を尽くされ候得共、悉《ことごと》く水泡と相成り候のみならず、数々無礼を働き候儀これあり、近来は人民互いの商道を相塞《ふさ》ぎ、倭館詰め居りの者も甚だ困難の場合に立ち至り候故、御拠《おんよんどころ》なく護兵一大隊差し出さるべく御評議の趣承知いたし候に付き、護兵の儀は決して宜しからず、是よりして闘争に及び候ては、最初の御趣意に相反し候間、此の節は公然と使節差し立てらるる相当の事にこれあるべし、若《も》し彼より交わりを破り、戦を以て拒絶致すべくや、其の意底慥《たし》かに相顕《あいあらわ》れ候処迄は、尽くさせられず候わでは、人事においても残る処これあるべく、自然暴挙も計られず抔《など》との御疑念を以て、非常の備えを設け差し遣わされ候ては、又礼を失せられ候得ば、是非交誼《こうぎ》を厚く成され候御趣意貫徹いたし候様これありたく、其の上暴挙の時機に至り候て、初めて彼の曲事分明《きょくじぶんめい》に天下に鳴らし、其の罪を問うべき訳に御座候。いまだ十分尽くさざるものを以て、彼の非をのみ責め候ては、其の罪を真に知る所これなく、彼我《ひが》共疑惑致し候故、討つ人も怒らず、討たるるものも服せず候に付き、是非曲直判然と相定め候儀、肝要の事と見居《みすえ》建言いたし候処、御採用相成り、御伺いの上使節私へ仰せ付けられ候筋、御内定相成り居り候次第に御座候。此の段形行《なりゆき》申し上げ候。

この内容を読めば、西郷が強硬な征韓論を唱えたわけではなく、むしろ先方の無礼を〝赦《ゆる》す〟大きな度量を持って、あくまで平和的外交交渉を主張していたことがわかるだろう。だがこの問題は、三条太政大臣には荷が重すぎた。こじれにこじれた西郷と岩倉や大久保たちとの関係を修復する力は彼にはない。

十月十七日、ついに三条は高熱を発して倒れ、翌十八日には人事不省《じんじふせい》に陥った。ノイローゼのような状態になったのだろう。三条の戦線離脱が、事態を西郷にとって一層不利な展開とする。それは、太政大臣代理に就任したのがほかならぬ岩倉具視だったからだ。

十月二十三日、岩倉は太政大臣代理として、すでに内定済みの西郷遣韓について最終的な判断を仰ぐべく明治天皇に上奏を行うことになった。その際彼は、

「正式の太政大臣でしたら閣議決定をそのまま上奏せねばならないのでしょうが、代理でございますので、代理としての見解を付言させていただきます」

そう前置きすると、

「朝鮮で西郷の身に万が一のことがございますと、とうてい後事が続きませんので、不可とすべきかと考えます」

と否定的見解を述べたのだ。これでは天皇も了承するはずがない。

このことを伝え聞いた西郷は、もはやこれまでと覚悟を決めた。〝胸痛の患《わずら》いこれあり〟と、体調不良を理由に参議を辞し、陸軍大将の肩書きのまま、ほかの留守政府組である板垣退助、後藤象二郎、江藤新平たちとともに下野《げや》した。

これを世に〝明治六年の政変〟と呼ぶ。

ボウズヲシサツセヨ

参議を辞して鹿児島に帰るという時、西郷は大久保のところへ挨拶に訪れた。

「また、おまんさあの悪い癖が出もうしたの」

大久保は憮然《ぶぜん》とした表情でそう言うと、口をへの字に結んだ。〝悪い癖〟とは、物事を途中で投げ出すという意味である。西郷はこれには答えず、

「あとん事は、おはんにまかせもす」

と言って頭を下げ、そのまま背中を向けた。

これが二人の永遠の別れとなる。この時、横須賀軍港にいた勝は引き留めようとして西郷邸へと駆けつけたが、すでに西郷は出発した後であった。

征韓論後の政府は〝大久保政権〟と呼んでいいだろう。西郷留守内閣の民権的改革路線は、大久保らによる国権的早期欧米化路線へと大きく舵《かじ》を切られることとなる。

わが国を支えた優秀な官僚制度の基礎を築いたのも大久保である。その中核としたのが、政

変直後に設置された内務省であった。大久保は自ら初代内務卿として実権を握り、〝富国強兵・殖産興業〟を推進していく。

一方で、下野した者たちも静かにしてはいなかった。

明治七年（一八七四年）一月十四日午後八時ごろ、参内した帰りの岩倉具視が赤坂喰違坂《くいちがいざか》で何者かに襲撃される。現場に脱ぎ捨ててあった下駄《げた》の刻印から武市熊吉《たけちくまきち》ら元土佐藩士が逮捕された。土佐藩出身の板垣や後藤が下野した恨みによる犯行だった。

そして二月には、江藤新平が佐賀の乱を起こす。大久保は自ら兵を率いて遠征し、ただちに鎮圧している。逮捕するやいなや弁明の機会も与えずに処刑し、江戸時代に戻ったようなさらし首という残酷な刑を科した。それでもまだ飽き足らないのか、さらされている江藤の生首写真を全国に配ったというから酸鼻《さんび》の極みである。

政治家として必要な冷血を誰よりも多く持っていると評された大久保の真価が、いよいよ発揮され始めたのだ。降伏した者に思いやりの心を示した西郷と、降伏した者を見せしめとした大久保の間には、同じ郷中《ごじゅう》教育を受けた者とは思えない大きな隔たりがあった。

岩倉はこの頃になって西郷の「朝鮮御交際の儀」を読み、大久保宛ての手紙の中で、西郷のことを誤解していたと悔やんでいるが後の祭りである。

大久保はもう後ろを振り返らない。明治七年五月には台湾出兵を行い、自身で戦後処理のため全権弁理大使として清国に渡ると、彼らに台湾出兵を義挙と認めさせて賠償金支払いを求め、琉球を日本領と承認させた日清両国間互換条款《じょうかん》を締結する。

同じ岩倉使節団に参加していた木戸さえも、これはあまりに道義にもとるとし、

「前年〝内治優先〟として征韓論をしりぞけておきながら征台《せいたい》の役《えき》を起こすとは、天下に恥ずべきだ。江藤の首をつなげ！」

と激しく批判し、西郷に続いて下野した。

だが長州藩時代には木戸の配下だった伊藤博文も井上馨《かおる》もすっかり大久保になびいてしまっていたために、木戸の抜けたことによる動揺はほとんどなかった。

木戸の忠告などどこ吹く風。大久保は明治八年九月二十日、朝鮮との間に江華島《こうかとう》事件を引き起こす。

きっかけは日本側の挑発によるものだった。わが国の軍艦雲揚《うんよう》は、給水補給のためであるとしてボートを出し、首都漢城《かんじょう》の北西岸にある江華島への上陸を試みた。

攘夷中の朝鮮守備隊が砲撃してくると、雲揚は応射して砲台を破壊し、敵陣地を占拠する。まるで馬関戦争の再現だ。そして強引に謝罪と開国を求め、明治九年二月二十六日、日朝修好条規を締結する。かつて日本が欧米諸国に押しつけられたのと同じ不平等条約であった。

（自分たちが苦しんだものを他国に押しつけるとは！）

西郷は天を仰いだ。

大久保は自らの目で見た欧米列強に割って入るべく、道義より力でもって帝国主義国家への道をまっすぐに歩み始めていた。だが西郷はまだ徳治《とくち》国家の夢と〝敬天愛人《けいてんあいじん》〟の精神を捨ててはいない。道義を失うような国になっては死んでいった者たちに顔向けできない。

いつしか心通わなくなった二人の決着の時が、刻一刻と近づいていた。

征韓論に敗れて西郷が下野した時、彼を慕う薩摩出身者たちは、せっかく手に入れた政府高官としての社会的地位に何の未練も見せず、続々と鹿児島へ帰っていった。

陸軍中佐だった淵辺群平《ふちべぐんぺい》などは、西郷下野を聞いたとたん自宅にも帰らず、陸軍省からそのまま鹿児島へと帰郷した。あとで彼の家に入ってみると、布団が朝起きた時のままになっていて、枕もとに寝酒と思われる洋酒の瓶が二つ転がっていたという。

村田新八は鹿児島に帰る際、従弟の高橋新吉（後の日本勧業銀行総裁）に対し、次のように語っている。

「征韓論の衝突は、西郷、大久保という両大関の衝突であって、われわれがこれに批評を試みる余地はごわはん。わしは西郷と離るべからざる関係があるので鹿児島に帰りもす」

いかにも〝議を言うな〟という郷中《ごじゅう》教育を受けた者らしい言葉である。

長く西郷の近くにいて薫陶《くんとう》を受け、島流しという苦難までともに経験した村田は、〝小西郷〟とでもいうべき胆識《たんしき》を備えた人格者に成長していた。西南戦争の折、元肥後藩重臣の池辺吉《きち》十郎《じゅうろう》は、彼との友情ゆえに熊本の同志七百名を率いてはせ参じてきたほどである。宮内大丞《くないだいじょう》（宮内省の局長級）になっていた彼は岩倉使節団にも加えられ、大久保は将来自分の右腕になってほしいと嘱望《しょくぼう》していただけに、村田の帰鹿を聞くとひどく落胆したという。

明治天皇は勅諭《ちょくゆ》をもって慰留したが、陸軍最高幹部の桐野利秋や篠原国幹《くにもと》らも、次々と鹿児島へ帰っていった。西郷はまるで人を吸いつける磁石のようである。大久保たち政府に残った者にとって、それは名状しがたい脅威だった。言論界の巨人三宅雪嶺《せつれい》は『同時代史』の中で、西郷には政府内で〝ボンベン〟というあだ名がついていたと述べている。英語の〝*bomb*〟（爆弾）と同じ意味のオランダ語である。

だが鹿児島に帰った彼は一切の俗事を離れ、畑を耕したり、魚を釣りに行ったり、ウサギ狩りに出かけたりと、まるで農民のような生活を始めた。

上野の西郷像は、まさにこのウサギ狩りに出かけている時の姿だと言われている。息子の菊次郎によれば、西郷の狩りは罠《わな》を仕かける程度で、猟銃を肩にして出かけるようなことはほとんどなかったという。大変な愛犬家で二十頭ばかり犬を飼っていたが、銅像のモデルになったのは〝ツン〟という名のメス犬だった。

西郷とともに下野した中には、仕事もせずいたずらに日々を過ごす者もいた。毎日のように酒を飲み、わがもの顔で町を歩く若者たちの将来を心配した元近衛兵の渋谷精一らは、西郷に学校を作ってやってほしいと願い出た。

資金は大山綱良が県の予算から捻出《ねんしゆつ》し、明治七年（一八七四年）六月、鶴丸城の厩跡《うまやあと》に銃隊学校、砲隊学校と幼年学校が設立され、〝私学校《しがつこう》〟と総称された。そのうちいくつも分校が設立されていく。明治八年（一八七五年）四月には西郷が建設を命じた吉野開墾社《よしのかいこんしや》の事務所が完成し、これも私学校の主要なものの一つとなった。

欧米列強の脅威に備えるべく人材を養成しようとしたのだと言われているが、実際には西郷の私兵養成所のような形となっていく。庄内藩の元藩士たちも、彼を慕って続々と入学を申し込んできた。

大山は私学校から人材を選んで、県内各地の区長（後の郡長にあたる）や副区長などに就かせた。やがて学校長や鹿児島警察署長などにも私学校出身者が採用され、結果として県下の行政組織や警察網はみな私学校一派が掌握することとなっていく。そのうち鹿児島県は新政府に租税も納めなくなり、あたかも独立国家の様相を呈し始めた。

そんな明治九年（一八七六年）の年明け早々、島津久光の意を受けた島津家の家令《かれい》内田政風《まさかぜ》

（前石川県令）が鹿児島にやってくる。政府へ戻るよう西郷を説得するためである。

久光は二年前、左大臣に就いていた。形式上は副首相格である。だが彼はこのような名誉職に甘んじるつもりはない。盲目的な欧米化は精神的に彼らの植民地になるに等しいと警鐘を鳴らし、改革のいくつかを旧に復するよう三条実美太政大臣に建言。欧米化の急先鋒であった参議大隈重信の辞任を求めた。

言っていることは理解できるのだが、いかんせん彼の場合、言動が過激すぎた。聞き入れられない場合は大久保を罷免《ひめん》せよと命じ、しまいには動きが鈍いと太政大臣の三条まで罷免するべきだと言い出して周囲にあきれられる。結局黙殺され、怒り心頭に発した彼はわずか一年で左大臣を辞した。

今となっては、よほど西郷のほうが大久保より君臣の礼をもって接してくれていることに気づいた久光は、今度は西郷の力を借りて自らの抱負を実現しようと考えたのだ。だが西郷にそのつもりはない。三月四日、内田に返書を送り、きっぱりと断った。

久光に限らず、誘いは方々からあった。ともに下野した板垣退助もその一人である。明治七年一月十七日、板垣は、後藤や江藤たちとともに民選議員設立建白書《けんぱくしょ》（現代風に言えば国会開設要望書）を左院に提出し、ここから自由民権運動が始まるのだが、この建白書を連名で提出しようと誘われた西郷は、

「言論をもってこの目的を達しうべしとは信ぜず、自ら政権をとりてのち、この未曾有《みぞう》の盛事《せいじ》を行わん」

と語って誘いを断っている（板垣退助著『自由党史』）。

もともと西郷は板垣以上の自由民権家である。そもそも彼が維新で目指した政体は、かつて横井小楠《しょうなん》の掲げた理想の実現にあり、アーネスト・サトウと論じ合った〝全国民による国会〟の設立にあった。岩倉使節団外遊中、板垣らと国会議院開設、憲法制定の準備を始めていたほどである。

だが、中央集権国家を目指す大久保たちが政権を握った以上、すぐに国会開設に応じるはずもない。実際、大久保政権は民主的な方向とは逆に動き出していた。明治八年（一八七五年）に新聞紙条例と讒謗律《ざんぼうりつ》（名誉棄損を取り締まる法律）を制定し、言論弾圧を始める。

民主的な政治を行うには、第二の維新によってもう一度政権を奪回するほかない。板垣にはこの西郷の言葉は傲慢に映ったようだが、彼はあくまで現実主義者だったのである。

西郷が大久保政権を武力で倒すしかないと腹を決め始めていることは、明治九年十月に前原一誠《いっせい》が起こした萩の乱の報に接した時の手紙からもうかがえる。

〈両三日愉快《ゆかい》の報を得申し候。去る二十八日、長州前原、奥平《おくだいら》等石州口《せきしゅうぐち》より突出《とっしゅつ》候よし（中略）

前原の手はよほど手広く仕掛け居り候ゆえ、この末四方に蜂起いたすべくと相楽《あいたの》しみ居り申し候（中略）相急ぎ罷《まか》り帰り候ては、壮士輩《そうしはい》騒ぎ立て候わんかと推慮《すいりょ》致し、決して此の方の挙動は見せ申さず（中略）一度相動き候わば、天下の驚くべきことをなし候わん〉（桂久武宛書簡）

前原たちの反乱を〝愉快〟と表現していることなど、現政権への激しい嫌悪感が伝わってくる。自らの去就《きょしゅう》についてはまだ慎重な姿勢ながら、行動を起こす用意があることをすでに明言していることは注目される。

斉彬が夢見た世直しのための東上は、久光の手で曲がりなりにも実行され、明治維新が実現した。今度は自分が東上し、おごり高ぶった大久保政権に鉄槌《てっつい》を下し、国民の安寧《あんねい》を重視する徳治政治の実現を見たい。西郷は維新で失った若者たちの命の重さを思いつつ、人生最後の働き場所を探していた。

大久保は県令の大山綱良を東京に召還する。私学校派の登用が目に余ると、県庁人事の刷新を求めたのだ。要するに、おれにつくのか西郷につくのかはっきりしろ、というわけだ。だが大山は大久保より五年年長。郷中教育で長幼の序は絶対である。

「それじゃ、おはんが鹿児島の県令をやればよかろう！　その代わり、わしが後任の内務卿になってやる」

と言い放たれ、思わず渋面《じゆうめん》を作った。

大山は操縦不能だとあきらめた彼は、腹心の五代友厚《ともあつ》に西郷の動静を探るよう命じた。

五代という人物は大久保や川路利良《かわじとしよし》同様、今も鹿児島では大変不人気だ。才走ったところにどこか胡散《うさん》臭いところを感じていた西郷は、登用しながらも距離を置いていた。やがて五代は大久保と密接な関係を築き、政商として頭角を現していく。

大久保には、死後借金しか残さなかった清貧な政治家だというイメージがあるが、地券を担保に入れ、五代から七千円（現在価値にして五千万円程度）という多額の政治資金を融通してもらっている。政治献金でなく融資という形をとってはいるが、西郷なら〝李下《りか》に冠《かんむり》を正さず〟と、そうしたことはしなかっただろう。

その五代からもたらされた報告は、

「西郷はいよいよ率兵上京する。時期は来春、桜の時節」

というものだった。

これを受けて大久保は川路利良大警視を呼び、五代の報告を伝えるとともに、西郷の率兵上京阻止のための具体策について協議した。川路は西南戦争勃発に深くかかわった人物であり、少し詳しく触れておきたい。

人がみな故郷を懐かしく思うわけではない。中には忌《い》まわしい記憶とともに早く忘れてしま

大山綱良

いたい人もいる。川路がまさにそうであった。

　彼は鹿児島県比志島《ひしじま》の郷士《ごうし》の家に生まれた。郷士は最下層の武士である。人間というのは醜いもので、わずかな身分の違いになるほど、上の者は下の者にことさら強く出て威張りたがるものだ。下級武士ではあっても城下に住める城下士《じょうかし》たちの中には、自分たちも半農であることを棚に上げて〝唐芋《からいも》郷士〟という蔑称《べっしょう》で呼ぶ者もいた。

　川路は江戸藩邸にいた頃、西洋軍学を独学で学んだ秀才だ。優秀であるほど恨みも深い。

（あんな阿呆《あほう》たちになぜ馬鹿にされねばならん……）

そんな思いは沈殿し、どろどろして黒い渦を巻いた。

戊辰戦争では足軽大隊長を務めた。維新後に東京へ出て、明治四年には東京府大属《だいさかん》（現在の課長職）になり、その後とんとん拍子に出世していく。皮肉なことに、川路を最初に引き立てたのは大久保ではなく、西郷その人であった。

明治五年の二月から三月にかけ、時の東京府大参事黒田清綱《きよつな》に宛てた書簡の中で、西郷はしばしば〝ポリス制度〟という言葉を使って治安の大切さを説いた。そして欧米のポリス制度を導入するにあたって、薩摩の郷士たちを警察官に採用している。

「オイ、コラ」

という巡査言葉が薩摩弁なのも、そうしたことが背景にある。

大警視になった年に、川路は岩倉使節団の一員として海を渡り、欧米の警察制度を視察して回った。帰国後は大久保内務卿の下で初代大警視（現在の警視総監）として警察制度の整備に腕をふるい、濃密な人間関係を形成していく。

〝西郷暗殺計画〟があったと言われることが多いが、実は好戦的だった桐野利秋を除くことが川路の目的だったとも言われている。桐野と川路は生家が近かったが、桐野は城下士の家に生まれた。桐野も川路も出世したが、桐野は西郷につき、川路は大久保についた。微妙な対抗意識があったのだ。

川路利良

大久保の命を受け、川路は二十五名からなる密偵団を組織した。すべて薩摩藩出身で、ほとんどが川路と同じ郷士である。中でも密偵団のリーダーである中原尚雄《なおお》警視庁二等小警部は、妙円寺詣りで城下士とよくいさかいを起こした伊集院《いじゅういん》出身の郷士だ。川路はそうした彼らの〝恨み〟を上手に利用したのである。

明治十年一月十五日、密偵団は鹿児島県内に潜入した。この時、川路は中原に二つの任務を与えていたと言われている。

私学校生の中にも郷士はいる。まずは城下士と郷士の反目を利用して、一人でも多くの者を私学校から離脱させることである。もう一点が重要なのだが、西郷らが暴発するという時には、面識のある中原が西郷と面会して説得にあたり、聞き入れない場合は刺殺するというものだ。

中原はまず川路の指示通り、私学校にいる郷士たちの説得工作にとりかかった。最初に訪れたのは串木野の親戚長平八郎《ちようへいはちろう》のところだったが、

「私学校さ入らんと、村八分のごたなってしまいもうそう」

と、私学校に入るよう逆に忠告されるほど彼らの結束は固く、中原らの説得工作は遅々として進まなかった。

逆に密偵が潜入しているという情報を入手した私学校側は、何と中原たちの中にスパイを送り込む。現代で言う〝逆スパイ〟である。郷士の谷口登太《とうた》がそうだった。当時三十歳。旧藩時代は中原とともに兵器隊に所属し、親しい間柄だった。

一月三十日、谷口は伊集院に帰っていた中原を訪ね、焼酎を酌み交わして旧交を温めるうち中原の口から、

「西郷どんがもし事をあげる時が来れば、話し合いをし、それでも聞き入れない場合は刺し違えるほかに手はありもはん」

という言葉を聞き出し、ただちに私学校に報告した。

実はその前日の一月二十九日の晩から、鹿児島城下では大事件が起きていた。陸軍は鹿児島の草牟田《そうむた》に弾薬庫を持っていたが、私学校に使われてはたまらないと、明治十年（一八七七年）一月下旬、岩崎弥太郎《やたろう》率いる三菱会社の赤龍丸《せきりゅうまる》を鹿児島に寄港させ、夜間のうちに貯蔵されていた武器弾薬を運び出そうとしたのだ。政府側の挑発だったとも言われている。

血気盛んな私学校の生徒たちは、これを黙って見ていることができなかった。三十日より三晩にわたって陸軍火薬庫と磯《いそ》の銃器製作所を襲撃し、運び出されようとしていた武器弾薬を奪い取ったのである。

この私学校の暴発は、二日後の二月一日には、大隅半島の先の小根占《こねじめ》で狩猟中だった西郷の耳に入った。知らせてくれたのは末弟の小兵衛である。

この時、西郷が、

「しもた！」

と叫んだことはよく知られている。

飛脚船で武村の自邸に戻った時、集まっていた私学校の生徒たちを、

「おはんたちは何ということをしでかしたのか！」

と大声でしかりつけている。そのあまりの激しさに一同悄然《しょうぜん》となったという。

川村純義

一方で、同じ知らせを受けた大久保は、

（しめた！）

と内心叫んでいた。二月七日付で京に滞在中だった伊藤博文に宛てた手紙の中で、彼は次のように書いている。

〈この節の端緒《たんちょ》（火薬庫襲撃）から、もし干戈《かんか》（戦争）と相成りますれば、名もなく義もなく、実に天下、後世、中外《ちゅうがい》に対しても一辞柄《いちじへい》（口実）これをもって、言訳《いいわけ》も相立たぬ次第、実に曲直《きょくちょく》分明です。正々堂々その罪を鳴らし、鼓《つづみ》を打ってこれを討っても、誰がこれを間然《かんぜん》するもの（あれこれ批判すること）がありましょうか。ついてはこの節、事端をこの事に発《ひら》きしは誠に朝廷不幸の幸いと、ひそかに心中には笑いを生じておるぐらいでございます〉

〝ひそかに心中には笑いを生じておるぐらい〟という一節は、古来、大久保の冷徹さを示すものとして、しばしば引用されてきた。しかし大久保は、西郷たちが反乱を起こすところまで追い込もうとしていたわけではあるまい。それは政府としてもあまりにリスクが大きいからだ。むしろ今回の一件で、勅命などを有効に使いながら無駄な血を流さず、私学校の勢力を減殺《げんさい》する口実ができたとして喜んだのだろう。だから当然、次に大久保がするべきことは、まずいことをしたと思っているであろう西郷側に譲歩を迫ることだった。

二月九日、早速大久保は川村純義《すみよし》を使者に立てた。彼の妻が西郷の母方のいとこにあたることから指名されたのだ。

ところが鹿児島に着いたところで、彼の乗った軍艦に興奮した私学校の生徒たちが小舟で漕《こ》ぎ寄ってきて無理やり乗り込もうとしたため、あわてて錨《いかり》を切って出帆するはめになる。

それを聞いた村田新八は沈んだ表情を見せた。聡明な彼にはわかっていたのだ。これで交渉の道を自ら閉ざしてしまったということが。

私学校では中原たち密偵団のことを、同じ元薩摩藩士ながら獅子身中《しししんちゅう》の虫だということで〝東獅子《あずましし》〟と呼んでいたが、西郷が急遽《きゅうきょ》鹿児島に帰った二月三日、谷口からの情報により〝東獅子狩り〟が実行に移された。県境には私学校が臨時に雇用した巡査が配置され、港も封鎖され、彼らは袋の鼠《ねずみ》となった。

中原は谷口から大事な相談があると呼び出され、自宅近くの永平橋《えいへいばし》にさしかかったところで私学校の生徒たちに取り押さえられ、後ろ手に縛られて城下へと護送された。そして数日の間に、県内に散っていたほかの東獅子たちも次々と逮捕される。

この時、中原は〈ボウズヲシサツセヨ〉と書かれた電報を所持していた。シサツは〝刺殺〟とも〝視察〟とも読めるが、私学校の面々は疑うことなく〝刺殺〟だと考え、赤黒い怒りが高圧電流のような激しさで、彼らの間を火花を散らしながら駆け巡った。

中原の取り調べは苛酷をきわめた。身体中棒で殴られ、皮膚は裂け、骨は砕け、血へどを吐いた。彼は終生両腕の自由がきかないままだったという。そして逮捕されて二日後の二月五日、西郷の刺殺計画があったことを自供する（強要されたものだとして後日撤回している）。

第二の維新を夢見て

中原尚雄《なおお》の自白を受け、私学校本校の大講堂で軍議が開かれた。西郷ほか幹部全員が出席している。強硬なのは例によって桐野利秋《としあき》だった。

「政体を一新するため、西郷先生を押し立てて総出兵するほか道はありもはん!」

こうした言動から、同時代の鹿児島人は西南戦争のことを〝桐野ドンの戦争〟と呼んだ。桐野たちは、熊本城に置かれた熊本鎮台への総攻撃を主張する。

桐野は明治五年四月から同六年三月まで、熊本鎮台司令長官の任にあった。したがって事情に明るい。

「熊本城んごと、いらさ棒(竹のこと)一本で抜き取りもうそう」

そう豪語していた。

一年前(明治九年)に熊本で起こった〝神風連《じんぷうれん》の乱〟の際、政府軍はその守りの甘さから、当時の司令長官の種田政明《まさあき》を殺害されていた。だから今回も簡単に攻め落とせると考えていたようだが、その後、政府は防備強化に乗り出していた。

この時の熊本鎮台司令長官は土佐出身の谷干城《たてき》少将である。西郷の従弟の大山巖《いわお》がそれまで司令長官だったが、西郷が決起したら情をかけるかもしれないということで、谷が二度目の任に就いていていた。

そして谷司令長官の下で参謀長として仕えていたのが、薩摩出身で西郷に心酔していた樺山資紀《すけのり》である。彼が寝返れば熊本城は落ちる。同じ薩摩出身で海軍を率いていた川村純義《すみよし》も協力する違いない。下関へ行って船を調達し、一気に京・大阪を衝《つ》く。その間に、各地で不平武士が呼応して蜂起するだろう。そうなれば大久保も、政権を投げ出すほかなくなる。桐野はそんなシナリオを描いていた。

楽観的な桐野たちに対し、慎重な意見を口にする者もいなかったわけではない。私学校派とは距離を置いていた元陸軍中佐の永山弥一郎《やいちろう》や西郷の弟の小兵衛らは、まずは数人の代表者を上京させて政府の非を訴えるべきだとした。それからでも出兵は遅くないというのだ。これまで西郷がとってきた、まずは誠実な交渉を心がけるやり方に忠実であろうとした。

小兵衛は熊本城総攻撃にも反対する。開戦するにしても、鹿児島と長崎で船を奪って二手に分かれ、阪神地区と京浜地区を急襲するべきだと主張した。作戦的にはこちらのほうが優れた策だったが、熊本の政府軍を恐れての発言ではないかと桐野たちの反発を呼ぶ。

明治７年（1874年）当時の熊本城。左奥に大天守が遠望できる。右は飯田丸五階櫓（いいだまるごかいやぐら）

私学校監督（校長）の篠原国幹《くにもと》が、

「死を恐れて議論するな！」

と一喝したことで空気が変わった。

篠原という男は日頃無口で派手な言辞を弄《ろう》さないだけに、その言葉には重みがある。千葉の大和田ヶ原《おおわだがはら》で近衛兵の大演習が行われた際、篠原は実に鮮やかな指揮ぶりを見せた。これに感銘を受けた天皇が「篠原に習《なら》え」とおっしゃったことから、一帯は〝習志野《ならしの》〟と呼ばれるようになったのだと言われている。

軍略に長じていた淵辺群平《ふちべぐんぺい》も桐野たちに賛成し、熊本城を総攻撃することが決まった。

軍議の間中、西郷は腕組みしたまま一言も発しなかったが、結論が出ると、

「おはんらにやった命、おいの身体は差し上げもうそう」

と決意を固めた。

軍の編成は篠原に一任され、早速準備に取りかかった。中原が自供してからわずか十日後という迅速さである。

だが明らかに準備不足だ。熊本城を攻めるにも、攻城戦に必須の大砲が少なかった。軍艦に至っては一隻も持っていない。長期戦を予想していなかったため軍資金も不十分で、一カ月ほ

篠原国幹

ど戦闘を継続したら底をつきそうな程度しか手持ちがなかった。熊本城を短時日のうちに落とし、政府軍の武器弾薬を手中に収めながら行軍していこうとしたのだろうが、この見通しの甘さが悲劇を呼んでいく。

そして二月十五日、ついに西郷軍は兵を動かす。彼らの悲壮な覚悟が天に届いたのか、この日は五十年ぶりとも言われる大雪となった。桜島からの降灰のために純白ではなかったが、それでも一面の銀世界である。その中を、まずは篠原率いる一番大隊が先陣を切り、熊本目指して北上していった。

十七日午前八時には西郷も、参謀の淵辺や五番大隊、砲隊とともに進発する。陸軍大将の略服に制帽をかぶり腰には大刀をさしていた。

愛加那《あいがな》との間に生まれた菊次郎も従軍している。彼は九歳の時、西郷の手元に引きとられた。十三歳の時にアメリカへ留学し、この時すでに十六歳。父親譲りの太い眉と大きな目をしており、立派な若武者ぶりであった。

雪はこの日になってもやむ気配がなく、二、三十センチも積もっている。草鞋《わらじ》に脚絆《きゃはん》をつけた足で冷たい雪を踏みしめながら進んでいくと、沿道から、

「おやっとさあ、頼んみゃげもんで！」（御苦労さま、頼み申します）

と声がかかる。西郷人気は領民の間でも絶大であった。

見送りの人垣の中から、当時十一歳の長男寅太郎が飛び出してきた。

「おお、来たか……」

西郷は破顔《はがん》し、しばらく二人黙って並んで歩いていたが、ややあって、

「もうこのあたりでよか」

と、帰るよう促した。

立ち止まって見送る寅太郎の目に、父親の大きな背中が次第に遠くなっていく。ややもすれば涙でぼやけてしまいそうであったが、これが親子の今生《こんじょう》の別れとなった。

そして隊列が島津久光邸前にさしかかった時、進軍を一時止めさせ、屋敷に向かって三拝し

た。いろいろな思いはあったが、最後まで臣下の礼を尽くしたのだ。

進軍に際し、西郷は桐野、篠原との連名で、兵を動かしたことについて県令の大山綱良《つなよし》に宛てた形で政府に届け出を行っている。そこには、

〈拙者共《せっしゃども》こと、先般御暇《おひま》の上、非役《ひえき》にて帰県致し居り候ところ、今般政府へ尋問《じんもん》の筋《すじ》これあり、不日当地出発致し候間、御含《おふくみ》のため、この段届出候。もっとも旧兵隊の者共随行、多人数出立致し候間、人民動揺致さざる様、一層の御保護、御依頼に及び候也〉

と書かれていた。遠回しな表現ながら実質的な宣戦布告文である。

〝尋問の筋これあり〟という表現には、中原の自白した西郷暗殺計画のみならず、さまざまな思いが込められていた。政府高官の腐敗、強権的政治手法、士族の反乱への無慈悲な対応、相手国の事情を考慮しない帝国主義的外交など……大久保政権に反省を促し、もう一度世直しをするための挙兵だった。目指したものは〝第二の維新〟と言っていいだろう。

ただ、それを前面に押し出すと〝反乱〟と受け取られる。そこであえて西郷暗殺計画への〝尋問〟とした。苦肉の策だったが、このことが大義名分を矮小化《わいしょうか》し、各地で不平勢力が一斉に蜂起しようとするエネルギーを削《そ》いでしまう結果となる。

政府にその知らせが届いた翌日、大久保の下で内政の実務に携わっていた前島密《ひそか》は、日頃沈

着冷静な大久保が、

「昨夜は一睡もしなかった」

と憔悴《しょうすい》した面持《おもも》ちでつぶやくのを聞いている。

〝西郷立つ〟という電報が何度来ても、それを信じようとはしなかった。いや信じたくなかったのだ。当時、開成学校（東京大学の前身）の学生だった次男の牧野伸顕《のぶあき》の前でも、

「西郷は決して加わってはおらん！」

と語っていたが、それが事実だと知った時、

「そうであったか……」

とつぶやいて、誰にも見せたことのなかった涙を流した。

大久保は、西郷の理想とする徳治国家が実現可能だとは思っていない。そんな甘いやり方で、一流国の仲間入りなどできるはずがないと確信している。それゆえに、今回の西郷の行動に同情するつもりはない。むしろ強い怒りを覚えている。

しかし、いくら大久保が冷徹であろうと、萩の乱を起こした江藤新平に対する時と、その心のありようが同じはずがない。若い頃からの盟友を討たねばならないことへの哀惜の思いが、彼の目に涙の露を宿らせたのだ。

弟の従道もまた、挙兵の知らせを沈痛な思いで聞いた。帰宅した彼があまりに悄然とした様

西郷菊の家紋二種。十六弁菊をあしらった左の紋は天皇から下賜されたとされる

子だったことから、清子夫人が思わず、

「鹿児島で何か起こりましたか？」

とたずねたところ、

「私学校の奴らが戦を始めたよ。兄さんの本心ではないので残念だ……」

と、悔しそうに答えたという。

そしてもう一人、耳に蓋《ふた》したい思いだったのが、ほかならぬ明治天皇である。維新の功臣の中で、西郷ほど陛下に愛された者はいない。

王政復古の功により、西郷が天皇から抱き菊の葉に十六弁菊をあしらった家紋を下賜されたという伝説がある。皇室の正式紋章は十六弁八重表菊だが、十六弁菊は南朝のシンボルであり、何より西郷家のルーツである菊池の〝菊〟である。

かつて西郷同様、天皇から菊花をあしらった家紋を下賜された人物がいた。後醍醐《ごだいご》天皇に仕え、七生報国《しちしょうほうこく》を誓った伝説の忠臣楠木正成《くすのきまさしげ》だ。彼に与えられたのは、あの有名な菊水紋だった。明治天皇は、西郷の忠義を楠木正成になぞらえられたのだ。

この家紋は後世〝西郷菊〟と呼ばれるようになるが、真ん中の菊花を二枚の菊の葉が両側から支える形となっており、まるで菊花が天皇で、菊の葉は西郷のようである。

（これからも朕《ちん》を支えてくれ）

というお気持ちが、そこには込められていた。

「この畏《おそ》れ多い紋は一代限りにせよ」

西郷は家人にそう言って、代わりに三枚菊葉紋を使うよう命じたという。

西南戦争勃発直前、天皇は関西に行幸中で、二月十一日には神武天皇陵に参拝された。翌日はこちらにも雪が降り、〈崇高の気天地に満つ〉と『明治天皇紀』は記している。

日本で最初の天気図が作られたのは明治十六年（一八八三年）のことだから当時の天気図はわからないが、西南戦争が勃発した前後は西日本中心に雪の日が多かったようだ。

西郷が兵を挙げようとしているとの報《しら》せはすでに届いている。天皇は玉顔を曇らせられた。おそらくこの一件に直面するのがおつらかったのだろう、もう少し奈良に滞在していたいとおっしゃられた。二月十四日に神戸発の船で帰京されるご予定だったが、京都に着かれたのち、帰京は延期とされた。

かつてない規模の内乱勃発に、政府首脳は少しでも鹿児島に近く、天皇のおられる京都へと集まることとなり、大久保も急ぎ西下してきた。そして京都の行在所《あんざいしょ》（天皇の仮御所）に到着するや否や、征討令《せいとうれい》を下していただくよう奏上する。

天皇は西郷が自分に弓を引くはずのないことを一点の迷いもなく信じておられたが、事ここに至ってはその思いは届かない。征討令は裁下された。

勤王の念の人一倍強い西郷にとって、天皇に反旗を翻《ひるがえ》した存在になることが何よりつらいことを大久保は知っていたはずだ。実際、征討令が下ったことを知った西郷は自決を図ろうとする。

一方、天皇の行幸に随行していた木戸孝允は京都で急に胸の痛みを訴えた。最初はリウマチくらいに思い、征討軍を大久保とともに指揮していたが、痛みは徐々に激しさを増し身体も衰弱していく。胃癌《がん》が肝臓に転移していたのではないかとも言われている。

彼は最後まで西郷や大久保とは気持ちが通じないままであった。暴発を防げなかった大久保を責め、戦いを起こした西郷に怒りながら、西南戦争の勝敗もほぼ見えつつあった五月二十六日、京都で没する。死の床で口にした、

「西郷……いいかげんにせんか……」

が最期の言葉とされる。

遺言により、盟友坂本龍馬らの眠る京都の洛東霊山《らくとうりょうぜん》に葬られた。〝維新の三傑〟と呼ばれた三人(西郷、大久保、木戸)のうち、結局、畳の上で死ねたのは木戸だけであった。

木戸に責められはしたが、大久保はきわめて周到に対処していた。鹿児島士族に不穏な動きが見え出した明治九年(一八七六年)十二月、地租を三パーセントから二・五パーセントに軽減する建議を上げたのは、農民の不満を鎮めるための絶妙な一手であった。明治初年に各地で農民一揆が頻発したことはすでに触れた。彼らが西郷に呼応して蜂起するのを未然に防いだのだ。

逆に言えば、西郷たちはこうした勢力を利用するべきだった。だが桐野らは徴兵制に反対していたくらいだから、彼らの手を借りることなど毛頭考えず、戊辰戦争の時に協力してくれた鹿児島の門閥地主層にさえ助力を求めなかった。

彼らが兵を動かす前日にあたる二月十四日、熊本鎮台の谷司令長官は不穏な動きがあることをつかみ、山縣陸軍卿に打電している。それに対する返電は、

〈攻守其宜《そのよろし》きに従ふべし。ただ万死《ばんし》を期して、以《もっ》て熊本城を保たざるべからず〉

というものであった。〝戦術は任せるから熊本城は命に代えても守り抜け〟というのである。これには谷も苦笑したろうが、すぐに援軍派兵を決定してくれたのは助かった。

二月十九日午前八時十五分、熊本鎮台に征討令が発令されたという電報が届いた。これで鎮台兵は〝官軍〟となり、西郷軍は天皇に弓引く〝賊軍〟となった。戊辰戦争の時に東征大総督であった有栖川宮熾仁親王《ありすがわのみやたるひと》が鹿児島県逆徒征討総督に任じられ、実際の指揮を執る参軍には山縣有朋と川村純義が就任した。

この時、彼を〝賊将〟にしてはならないと、意外な人物が命懸けの行動に出ていた。福沢諭吉である。彼は、征討令を発する前に西郷の言い分を聞いてやるべきだと建白書をしたため、京都の行在所に提出しようとしたが、すでに臨戦態勢のため船便が得られず、手間取っているうちに征討令が出てしまった。

（この国の将来のためにも、西郷さんを死なせてはならない！）

彼は諦めなかった。一時休戦を行って臨時裁判所を開くべきだと建白書を書き改めて提出している。

開戦の知らせを聞いた勝海舟は、

「西郷が勝つ。新政府はもう一度やり直しだ」

と期待を込めて口にした。

だが戊辰戦争で官軍一の戦上手と言われた板垣退助は、西郷軍が熊本城を囲んだと聞いて、

「用兵を知らず。西郷の負けだ」

と言ったという。

西郷軍は薩摩兵の強さを信じ、あえて軍略を用いず無策を選んだ。それはまるで武士の魂とともに、歴史の表舞台から消え去っていこうとするかのようである。そして西郷はゴルゴタの丘に向かうキリストのように、城山での終焉《しゆうえん》へと向かっていくのである。

西郷星

彼らが熊本を目指していると知った谷は、迷わず籠城戦を選んだ。そして二月十九日、世間があっと驚く挙に出る。熊本城の天守閣と本丸御殿を焼き払ったのだ。

籠城するには堀と城壁と櫓《やぐら》があれば十分だ。大きな建物があると見通しが悪くなって守りにくい。焦土策は〝堅壁清野《けんぺきせいや》〟と呼ばれ、『後漢書《ごかんじょ》』の記述にもある古来の兵法だが、それにしても大胆だ。

西郷は戦う前、熊本鎮台に対して抵抗せずに開城するよう呼びかけた。ところが熊本城に向かわせた軍使の手紙の中に、西郷の知らない間に〈城兵を整列させて指揮を受けよ〉という一節が書き加えられていたのだ。これでは彼らの面目がつぶれてしまう。説得に応じるわけがない。

熊本城が燃えた翌二十日夜、西郷たちより先に出発していた桐野率いる第一陣は、熊本城の南約八キロの地点にある川尻村《かわじり》（現在の熊本市南区川尻町）に本営を置いていたが、様子を探りに来た熊本鎮台の偵察隊との間で、早くも小ぜり合いを起こしている。

血の気の多い桐野は、すぐさま熊本城を攻め落としてくれると、まだ到着していなかった西郷の了解を取らずに兵を動かした。

「すでに軍機《ぐんき》を失えり！」

桐野の突出を聞いた西郷はこう言って天を仰いだという。ここで言う軍機とは、政府側と話し合いに持ち込む戦略上のチャンスを指している。西郷は一切を任せ、戦闘指揮をしていなかったこともあるが、彼らの暴走は止まらなくなっていた。

そして二月二十一日夕刻、川尻の薩軍本営に入ったところで西郷は、征討令が出たことを知る。戊辰戦争で仕えた有栖川宮が、今度は自分たちを討つ側に回った。逆徒征討総督などとは、聞くもおぞましい名前である。明治天皇の御意《ぎょい》でないことはわかっているが、征討令が出されたことは彼に冷静さを失わせ、衝動的に自決を図ろうとしてあわてて周囲に止められた。

そして落ち着いたところで、有栖川宮に宛てて手紙をしたためた。暗殺者を送った大久保や川路たちこそ〝天地の罪人〟であり、〝天に仕うるの心をもってよくご熟慮あらせられ、ご後悔これなきよう〟と再考を促す文面であった。

賊軍となった以上、もはや政府軍の軍服を着ているわけにはいかない。彼は、それまで着ていた陸軍大将の軍服を脱いだ。

熊本鎮台将校。前列向かって右から二人目が司令長官・谷干城。左隣が参謀長・樺山資紀、二人の間に立っているのが参謀副長・児玉源太郎

その後は軍議にも出ず、

薩摩西郷は仏か神か
姿見せずに戦《いくさ》する

と、当時の俗謡にうたわれたように、いよいよ自分の身体は桐野たちに預けたという思いになっていった。

翌二十二日、薩軍一万三千は焼け跡も痛々しい熊本城を取り囲み、総攻撃を仕掛けた。城内にいる鎮台兵はわずか三千五百名であったが、鉄壁の守りでつけいる隙を見せない。

樺山資紀《すけのり》参謀長は、籠城でなく出撃を主張していた。もし彼らが出撃していたら薩軍は勝利していただろう。樺山は西郷側に寝返ろうとしていたのかもしれない。実際桐野たちは、樺山ならそうしてくれるだろうと期待していた。

樺山資紀

だが籠城戦になったために彼らは城を出られない。それどころか戦闘の中で樺山は重傷を負い、同じく鎮台幹部だった与倉知実《よくらともざね》歩兵第十三連隊長（薩摩出身）は戦死している。内通していると疑われ、弾が後ろから飛んできたのだとも言われている。

一方、熊本鎮台に属する小倉《こくら》駐屯第十四連隊連隊長心得だった乃木希典《のぎまれすけ》少佐は、小倉から一路熊本を目指していたが、あと八キロほどという植木町で薩軍の夜襲を受け、命より大事な連隊旗を奪われてしまう。

色を失った乃木は戦死を覚悟で単身敵陣に斬り込もうとするが、周囲が何とか押しとどめた。翌二十三日、失意の乃木は戦いの指揮を執れず副官が代役を務めたが、今度はその副官を戦死させてしまう。

重ね重ねの失態が乃木を奮起させた。彼が後に〝軍神〟と讃えられる名将となるのは、この時の屈辱をかみしめながら死地を求め続けた結果だった。実際、西南戦争でもこの後は人が変わったようになって鬼神の働きを見せていく。

二月二十四日以降、熊本城攻防戦は膠着《こうちゃく》状態に入った。加藤清正の築いた天下の名城は明治の世になってなお、西郷たちの前に大きな壁となって立ちはだかるのである。

「清正公と戦《いくさ》しちょるごたる！」

そう西郷は嘆《たん》じた。

熊本隊（千九百五十名）や熊本協同隊（四百名）など、九州各地から応援部隊が集まってきてくれていたが、

（熊本城を落とせば九州のみならず全国の不平士族が立ち上がってくれるはずだ）

という桐野たちの楽観的シナリオに、早くも黄信号がともり始めていた。

熊本鎮台が時間を稼いでくれている間に、政府の増援部隊は続々と九州入りしてきた。

二月二十五日、陸軍参軍の山縣有朋中将が第三旅団の約五千人とともに博多に上陸。二十六日には征討軍総督の有栖川宮熾仁親王と海軍参軍の川村純義中将が到着。有栖川宮総督と、実

戦指揮を執る山縣と川村の三人がそろいぶみした。

薩軍は主力の一番大隊（篠原国幹《くにもと》率いる一千二百名）、二番大隊（村田新八率いる一千二百名）以下、ほぼ全軍を挙げて北上し、彼らを迎え撃とうとする。そして二月二十五日、両軍は熊本城から北西十五キロほどの場所にあたる高瀬（現在の熊本県玉名市高瀬）の地で相まみえることとなった。

高瀬は菊池川の流れる玉名《たまな》平野のほぼ中心に位置する。視界の開けた場所でのがっぷり四つの戦いであり、薩軍の自信のほどがうかがえる。

高瀬の会戦は三日にわたって戦われた。最初の二日間はほぼ互角の戦いで、三日目にあたる二月二十七日もはじめは薩軍優勢であったが、政府軍の砲隊が到着した午後に入って形勢は逆転。砲弾不足もあって薩軍は撤退を余儀なくされた。

この戦いの最中、篠原隊の第一小隊長として前線で指揮を執っていた西郷の一番下の弟小兵衛が被弾してしまう。死を覚悟した彼は、

「兄さあに先立って死ぬこと、許してたもんせ……」

そう西郷に言い遺して息を引き取った。

菊次郎もまた右脚切断という重傷を負い、川尻の野戦病院に収容されている。

兵力を大きく損耗《そんもう》した薩軍は、三月に入るとこれまでの方針を転換して農民兵を募《つの》ることに

した。辺見《へんみ》十郎太はそのために一旦鹿児島へ戻っている。辺見はこの戦いの中で頭角を現していった人物の一人だった。危機に直面すると人間の度量がわかるものだ。〝猛将の下に弱卒《じやくそつ》なし〟（強いリーダーの下に弱い部下はいない）。彼が集めた兵は雷撃隊と名付けられ、勇猛果敢な戦いぶりで政府軍を悩ませ続けることになる。

この時、大久保が恐れていたのは、久光が西郷と手を握ることであった。日頃から政府への不満を口にしているだけに可能性はある。そうなると政府内の旧薩摩藩士は当然浮き足立つ。さすがの彼も、旧主を賊呼ばわりすることだけは避けたかった。

勅使を派遣して自重をお願いしようとしたが、意外にも病の床にあった木戸孝允がこれに反対する。旧薩摩藩ばかりが重視されることへの嫉妬だった。だがことは急を要する。大久保は反対を押し切って勅使柳原前光《やなぎわらさきみつ》の派遣を決め、柳原は三月八日、海路鹿児島入りする。

面談した久光は、

「主上には、ご心配には及びませぬとお伝えいただこう」

と、相手が勅使だけに丁寧な物言いではあったが、憮然《ぶぜん》とした表情で応えた。

その言葉が聞ければ十分だ。柳原たちは帰途、つかまっていた密偵団のリーダー中原尚雄を救出し、県令の大山綱良《つなよし》を同道させた。大山は神戸に着いたところで逮捕され、西郷たちに加担した罪により、西南戦争終結後、長崎で死罪に処されている。大久保はこの点、容赦なかった。

久光は本心では西郷に同情的で、大山の逮捕にも不満だった。そこで勅使派遣に対する答礼という形で三男珍彦《うずひこ》を京へ派遣し、三条実美に意見書を提出する。とりあえず休戦として関係者を尋問するべきだという内容だったが、一顧だにされなかった。

政府軍は高瀬の会戦の後、玉名に本営を置いて攻撃態勢を整えた。三月一日には大山巖少将も九州入りする。対する薩軍は、本営を吉次《きちじ》峠に近い木留《きとめ》(現在の熊本市北区植木町木留)に置いた。両者は十キロほどしか離れていない。薩軍本営から熊本城まではさらに十キロ南東という位置関係。いよいよ政府軍は熊本に迫ってきていた。

薩軍は政府軍を迎撃する場所として、熊本から玉名平野に向かって北へと延びる丘陵地帯を選んだ。いや、選んだというより、大軍が通れる道はここしかなく、決戦場になるのは必然だった。

そもそもこの一帯は、加藤清正が熊本城築城に際し、北から攻められた場合に敵を迎え撃つことを想定していた場所である。道は凹状に掘られ、両側から攻撃しやすい形となっている。しかも蛇行して作ってあるから見通しが悪く、守りやすく攻めにくい。熊本城攻めが清正の設計通りの堅い守りに阻まれたお返しに、今度は彼が守りの要衝《ようしょう》とした場所で政府軍を迎え撃とうとしたのである。

そして南下してくる政府軍が最初に上ることになる坂道が、標高百メートルの地点にある田《た》原坂《ばるざか》だ。この〝田原坂の戦い〟こそ、西南戦争の激しさを象徴する戦いであった。

薩軍はわずかな間に、延べ二十数キロにわたって藁《わら》で編まれた土嚢《どのう》を積み、丸太の先を鋭く削って斜めに並べた柵を設け、〝五十歩ごとに一堡塁《ほるい》、百歩ごとに一胸壁《きょうへき》〟と言われる厚い防衛線を築き上げた。

三月四日、春先の冷たい雨がそぼ降る中、田原坂の戦いの火ぶたが切って落とされた。

戦闘期間中、雨が多かったことは、装備が旧式だった薩軍にとって不利であった。政府軍のスナイドル銃は雨に強い。薩軍が使っている先込め式のエンフィールド銃に比べ、五、六倍の早さで次の発射ができる最新式の元込め銃だ。軍服も、木綿の着物にわらじ履きが多い薩軍に対し、政府軍は雨をはじくラシャ服に革靴。だがそれでも薩軍は政府軍を苦しめ続けた。

坂道では歩みが遅くなる。彼らを見下ろす形で待ち受けている薩軍は、政府軍をひきつけておいて狙い撃った。潰走《かいそう》したところを示現流《じげんりゅう》の使い手たちで構成された抜刀隊《ばっとうたい》が襲いかかって退路を断つ。各個撃破されては数の有利さを発揮できない。

雨は降る降る人馬は濡れる
　越すに越されぬ田原坂

という民謡「田原坂」の中の有名な一節は、まさに政府軍が薩軍の猛攻の前に進軍を阻まれている様子をうたっているのだ。今度は彼らのほうが〝清正公と戦っているようだ〟とため息をつく番だった。

一日三十万発という途方もない数の銃弾が数百メートルという至近距離で飛び交った。田原坂付近からは空中で互いの銃弾がぶつかってくっついた〝かち合い弾〟と呼ばれるものが幾組も発見されており、戦闘の激しさを今に伝えている。

田原坂で戦いの火ぶたが切って落とされた時、そこから五キロほど南西に位置する吉次峠でも両軍は衝突していた。ここを守っていた薩軍の指揮官は、一番大隊長の篠原国幹である。

午後に入って彼は奇妙な行動をとり始める。彼は緋色《ひいろ》(深紅色)のマントを着て、腰には銀装の大刀をさげるというひときわ派手な出で立ちで指揮をしていた。ただでさえ目立つ彼が、わざと敵陣から見えるところに身をさらし始めたのだ。部下が止めるのも聞かず、彼らの手を振り払って防塁《ぼうるい》の上に立った。

薩摩出身である政府軍の江田国通《くにみち》少佐は、それが篠原であることにすぐ気づいた。見逃すわけにはいかない。射撃の腕がたつ者に狙い撃ちするよう命じ、たちまちのうちに篠原を斃《たお》した。士気を鼓舞《こぶ》するための覚悟の戦死であった。享年四十。篠原を狙撃したのは、後に村田銃(十

無数の弾痕が残る
田原坂附近の蔵

三年式歩兵銃）を考案する村田経芳《つねよし》だったと言われている。

篠原の狙い通り、薩軍は弔《とむら》い合戦だと勢いを盛り返し、吉次峠は政府軍の間で〝地獄峠〟という別名で呼ばれるほど凄《せい》惨《さん》な戦場となる。皮肉にも、篠原を狙わせた江田もまた、この戦いで戦死しているのだ。

戦場には若武者の姿も見られた。

右手《めて》に血刀《ちがたな》　左手《ゆんで》に手綱《たづな》
　馬上豊かな美少年

そう「田原坂」の中でもうたわれているが、村田新八の息子で米国留学から帰国したばかりの村田岩熊《いわくま》が、この〝美少年〟のモデルの一人だと言われている。奮戦空しく戦場の露と散ったが、遺体には英語交じりで記された手帳が残されていた。いつの時代も戦争は、次代を担うはずの有為《ゆうい》な人材を奪っていく。

勇敢だったのは薩摩側ばかりではない。薩軍の抜刀隊と同じく勇猛ぶりで知られたのが政府軍の警視庁抜刀隊だった。三月十四日付郵便報知新聞に、現地で取材していた犬養毅《いぬかいつよし》記者（後の首相）が、

「戊辰の仇《あだ》！」

と叫びながら薩兵十三人を斬った元会津藩士のことを書いている。会津や旧幕臣などからなっていたこの部隊は、隊員百余名中、無傷で帰還したのはわずか十三名だった。

兵力・弾薬・食糧ともに豊富な政府軍の前に、薩軍はじりじりと後退を余儀なくされ、吉次峠を再び攻めると見せかけた政府軍のおとり作戦によって、少なくなっていた兵力はさらに分断されてしまう。

そして三月二十日、前日の夜半からすさまじい豪雨となり、兵士はもちろん銃や火薬を濡らし、防塁も水浸しとなってしまった。明け方近くなって雨が上がり、必死に水をかき出していた薩兵たちもやっとのことで眠りについた。やがてあたりは濃い霧に包まれていく。

この時、政府軍は薩軍の防塁に静かに忍び寄っていた。午前六時、三発の号砲を合図に襲いかかり、泥のように眠っている薩兵たちを次々に銃剣で刺し貫いていく。阿鼻叫喚《あびきょうかん》の地獄絵図だ。薩軍はたまらず潰走する。こうして十七日間に及んだ田原坂の戦いは、あっけない形で終わりを告げるのである。

この戦いで、西南戦争全体の約半分にあたる六千名の戦死者が出た。両軍の犠牲者はほぼ同

数であったが、要衝の地を奪われ、補給のかなわない貴重な兵力を失った薩軍のダメージは大きい。

政府軍はずたずたになっていた電線をすぐに張り直し、戦いが終わった当日の夜七時には、早くも電信で戦勝を東京に報告している。戦地に設けられた臨時郵便局から出された、家族に無事を知らせる葉書も発見されていることから、政府軍側がいかに余裕のある戦いを展開していたかがうかがえる。

それでもなお、半年もの間、戦いは続くのである。

田原坂を制圧された後、村田新八らが奮戦を続けたのが植木の戦い（三月二十一日～四月十五日）である。

「こん戦《いくさ》は近い将来、外国と戦わねばならん時のいい練習になりもそう」

村田は周囲にそう語っていたという。愛息《あいそく》岩熊を失った傷心の身でありながら、夜になるとフランスから持ち帰ったアコーディオンを弾いて兵たちを慰めた。

しかし、精神力で物量差は跳ね返せない。衆寡《しゅうか》敵せず、四月一日には吉次峠が、翌二日には木留の薩軍本営が陥落。西に延びる街道筋を政府軍に制圧され、十五日の午前には再び敗走を余儀なくされた。

三月十九日、背後を衝《つ》くべく海上から八代《やつしろ》（熊本の二十キロほど南）に上陸していた川村純義の部隊は、植木の戦いが終結した四月十五日には熊本城に到達。薩軍はついに熊本城の包囲を解いた。籠城戦は結局大成功で、終わってみれば政府軍の戦死者はわずか五十名ほどでしかなかった。

不思議なことに、敗走に次ぐ敗走を続けながらも薩軍の士気はさほど落ちなかった。

四月十二日から展開された御船《みふね》（現在の熊本県上益城郡《かみましきぐん》御船町）方面での戦いでは、四面楚歌の状況に追い込まれた三番大隊長の永山弥一郎《やいちろう》が自決に追い込まれたが、四月二十日の健軍《けんぐん》・保田窪《ほたくぼ》の戦いでは再び盛り返し、政府軍に一日で二百九十一名もの戦死者を出させている。

だが駒返山《こまがえしやま》が占領され、御船川一帯に布陣する薩軍を砲撃し始めると、見る間に川が血で染まっていった。平野での戦いはこれが最後であり、この後、薩軍は球磨川《くまがわ》沿いに山中へと分け入っていく。ゲリラ戦を展開しながら熊本と鹿児島の中間地点にあたる人吉《ひとよし》で兵力の再集結を行おうと考えたのだ。

戦争の長期化は国家財政を急速に悪化させ、明治政府の土台をも揺るがしかねない状況となっていった。英国はこれを憂慮し、四月十六日、パークス公使は陸軍卿代理の西郷従道を夕食に招くと、西郷たちを海外に亡命させることで戦争を終結させてはどうかと進言した。

しかし従道はこの時、

「たとえそのような機会を与えても、兄はその機会を利用しないでしょう。そしてたぶん死刑執行人によらず、別の方法で最期を遂げると思います」

と返事をしたと伝えられる。

パークスとの会食の十日後にあたる四月二十六日、従道は東京を出発して西へと向かっている。西郷の実弟ということで、当初は関与しないよう配慮されていたが、戦況がほぼ決定的になったことから、彼も前線に送られることになったのである。

薩軍はなおも希望を失っていなかった。人吉に入ってからも、弾薬を毎日二千発作るという頑張りを見せている。ここでしばらく持ちこたえれば土佐などの不平士族が立ち上がり、政府軍は兵を分散せねばならなくなって、おのずと勝機も見えてくると信じていた。

実際、それは絵空事ではなかった。土佐の立志社《りっししゃ》（自由民権運動の政治結社）では、手薄になった大阪城を攻めて政府を転覆させようという計画もあった。西南戦争後、吉田茂の実父である竹内綱《つな》は、そのための準備として英国商社から武器を購入した容疑で逮捕されている。だが実際には、薩軍が劣勢のままじりじり後退していったため、彼らとしても様子見しているほかなかったのだ。

土手町《どてまち》（現在の熊本県人吉市土手町）の永国寺に腰を落ち着けた西郷は、久々に狩猟を楽しむ余裕さえ見せたが、政府軍は甘くない。五月三十日から人吉を攻め、六月一日には早くも占領。薩軍は有明海《ありあけかい》に面し食糧豊富な水俣《みなまた》方面に撤退したかったが進軍を阻《はば》まれ、反対の山深い霧島（現在の宮崎県方面）の方角へと落ちていった。

八月二日、西郷たちは延岡《のべおか》郊外の大貫村《おおぬきむら》（現在の宮崎県延岡市大貫町）へとたどりついた。ここで山縣を総大将とする政府軍は、逃走できないよう包囲して一網打尽《いちもうだじん》にする作戦に出る。

ところが西郷たちは包囲網の盲点をつき、少人数に分かれて八月十日の夜陰にまぎれ、まんまと北方への脱出に成功する。陸軍きっての戦《いくさ》巧者と自他ともに認める山縣の、自慢の鼻を見事に折ってみせたのである。

急いで追撃した政府軍は十五日、薩軍が大貫から九キロほど北東に位置する俵野《ひようの》（現在の延岡市北川町長井俵野）に集結しつつあることをつかみ、再びその場所を四キロ四方ほどに範囲を狭めて包囲し始めた。その数五万。対する薩軍は三千五百である。今度また逃げられたら、それこそいい笑いものだ。夜もかがり火を燃やしてあたりを照らし出し、逃すものかと袋の鼠《ねずみ》にした。

絶体絶命である。覚悟を決めた西郷は八月十六日の午後、全軍に対して解散命令を出した。〈我軍の窮迫此処《きゆうはくここ》に至る。今日の事唯一死《ただいっし》を奮って決戦あるのみ。この際諸隊をして降《くだ》らんとする者は降り、死せんとする者は死し、士の卒となり、卒の士となる、唯其《その》欲する所に任せよ〉

〝士の卒となり、卒の士となる〟とは、従来の階級に関係なく行動せよという意味である。

ここまで助勢してくれていた地方部隊も、その多くが政府軍に投降することを決め、傷病兵も残していくことにした。

その中に、片足を失いながらも従軍していた菊次郎が含まれていた。偉大な父の名に傷はつけられないという思い、本土の人間には負けられないという意地、さまざまなものがこれまで彼を支え続けてきた。そのことを西郷は痛いほどわかっていた。そして〝もうよい〟と、政府軍に投降するよう命じたのだ。

菊次郎は生き延びて後に京都市長となり、琵琶湖疏水《そすい》で発電した電力で市電を走らせるなどの業績を残す。

西郷はこの時、いつか再び袖を通す日も来るかもしれないと捨てずにいた陸軍大将の軍服を火に投じた。出兵以来ずっと連れていた二頭の愛犬も放すことにした。

なおも六百名ほどが西郷につき従っている。あらためて軍議が開かれ、山縣の鼻をもう一度明かしてやろうと一決した。

西にそびえる可愛岳《えのだけ》を越えようというのだ。標高七二七・七メートル。高さはさほどでなくても峻嶮《しゆんけん》そのもの。およそ山越えするなどということを考える人間はいない。西郷たちはここで戦史に残る脱出劇を試みるのである。

西郷菊次郎

「煙草《たばこ》を吸うな。発砲するな。私語するな」

そう全員に徹底し、猟師二名、樵《きこり》数名に道案内させて、八月十七日の午後十時ごろから山登りが始まった。

獣《けもの》道さえない場所を、山刀で藪《やぶ》を払い、白い紙をつけて後続の目印にしながら前に進んでいく。松明《たいまつ》などかざそうものならすぐ見つかってしまう。頼るものといえば星空と月の光しかない。この夜の月が、半月より少し膨《ふく》らんでいたのは幸いだった。

この頃、夜の九時頃になると、東南の方角にひときわ大きく輝く星が現れるようになっていた。世に乱が生じる時、天に異変があるという。世間では誰言うとなく〝西郷星〟だと騒ぎ出していた。目を凝《こ》らすと星の中に大将服に身を包んだ西郷が見えるという尾ひれまでついて噂が広まり、江戸を救ってくれた恩人として、人々が星に手を合わせている錦絵《にしきえ》が今に残されている。

たまたま火星が地球に大接近していただけなのだが、可愛岳越えという奇跡への挑戦を前にして、すでに西郷は生きながら星になっていたのである。

西郷には駕籠《かご》が用意されたが、そんな悠長《ゆうちょう》なものが使えるのはわずかな間でしかない。ほどなくして駕籠を降り、自らの足で登っていった。前後を桐野と村田が守っている。やがて歩くというより、よじ登るような形となっていった。木の根をつかみ、岩角に足をかける。まるでロック・クライミングだ。彼らがわらじ履きだったことを考えると、その苦労は想像を絶する。

そんな時ふと西郷が、

「夜ばいごとある（夜ばいしているようだな）」

とつぶやいた。その言葉にみな吹き出し、力がよみがえってきた。約六時間かけて登り続け、十八日午前四時、稜線《りょうせん》に出た。

北側に政府軍が野営しているのが見える。彼らは薩軍がここに現れることなど予想だにしていない。油断に乗じて襲撃し、大砲一門、弾薬三万発、その他食糧などを確保した。

そうとは知らない山縣は、十八日、俵野の薩軍陣営に突入する。追いつめられた薩軍による

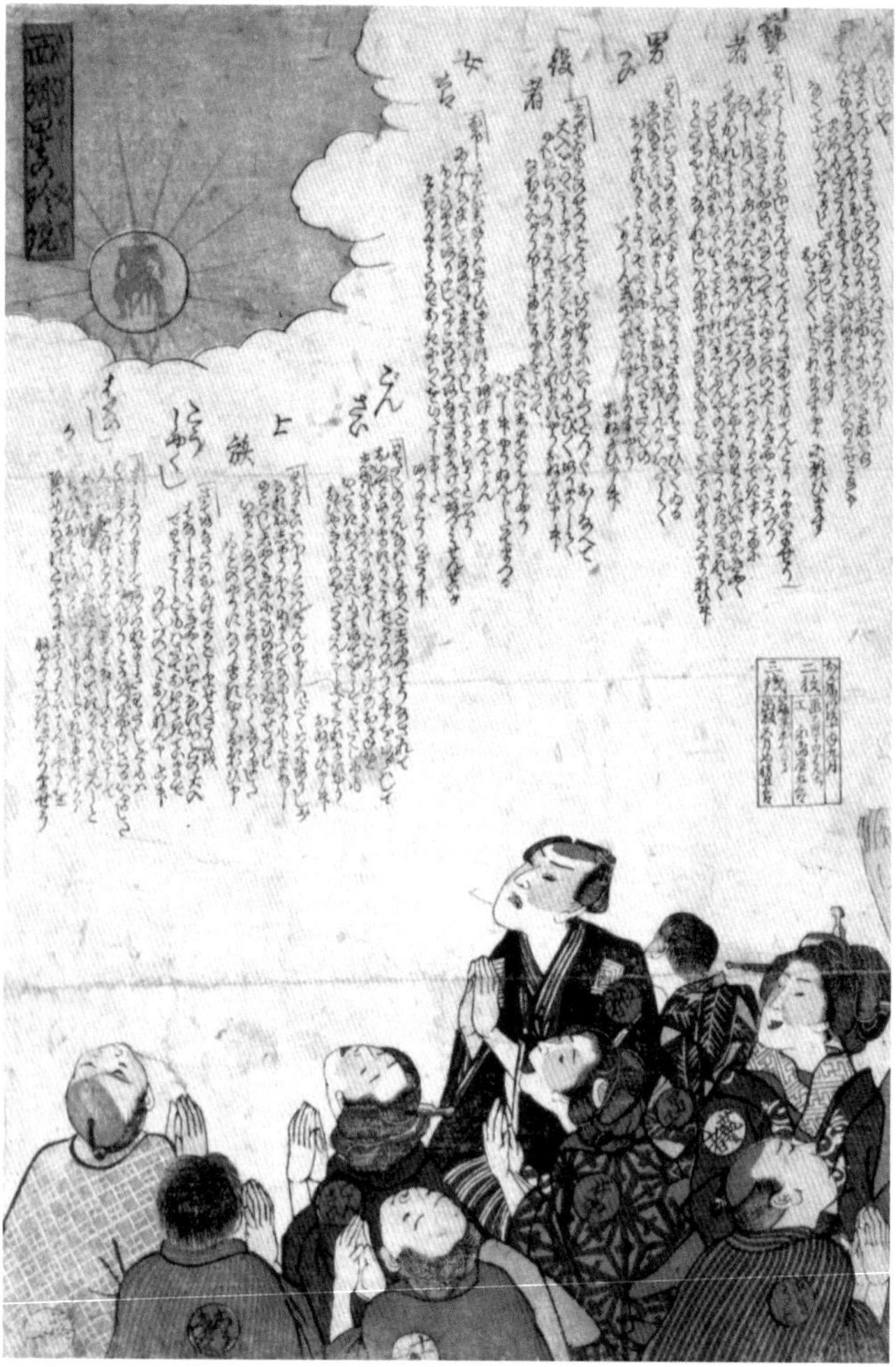

西郷星に手を合わせる庶民を描いた錦絵「西郷星の珍説」。永島辰五郎(歌川芳虎)画。
千葉市立郷土博物館蔵

反撃は覚悟の上だ。すぐ近くまで来ていた従道は、その方向に硝煙が立ちのぼるのを眺めながら、

「兄は、もうすでに腹を切っておるでしょう」

と、哀切な言葉を口にした。

火力を総動員して一斉砲火を浴びせた後、あまりに手ごたえがないのをいぶかしく思いながら、先に目を凝らすと白旗が見える。ついに降伏かと陣地に足を踏み入れてみると、そこにいたのはわずかな兵で、抵抗らしきものもせずみな投降してきたことに目を白黒させた。だが、やがて事態を把握した山縣は、地団駄《じだんだ》踏んで悔しがった。

西郷たちは険しい山岳地帯を踏み越えて進軍し、可愛岳から北西に十五キロほど離れた三田《み た》井《い》(現在の宮崎県西臼杵《にしうすき》郡《ぐん》高千穂町三田井)でも五百の政府軍を撃破し、金貨二万三千円と米二千五百俵を奪いとった。

意気上がる薩兵たちに向かって西郷は、

「鹿児島へ帰っど!」

と号令した。熊本城の虚を衝くべきだとする桐野の意見を制した上での決断だった。

鹿児島に戻っても政府軍が待ち受けている。〝どうせ死ぬなら故郷へ戻って死のう〟という

意味でしかなく、おまけに鹿児島までは八十キロ以上ある。途中の困難を考えると気の遠くなる話だが、それでも彼らの士気は上がった。

そして山中を行軍すること二週間、九月一日午前十一時、ついに鹿児島へとたどりつくのである。何たる気力であろう。関ヶ原の合戦の敵中突破の再現と言っていい。やはり西郷軍は疑うべくもなく強かったのだ。西南戦争全体を通してみれば、装備と兵力にまさっていたはずの政府軍の損害が、西郷軍とさほど違わなかったという事実がそのことを雄弁に物語っている。

この時、彼らは人夫を含めても三百七十名程度になっていた。銃を持っている者はさらに少なく、百五十名ほどでしかない。髪も髭《ひげ》も伸び放題で、みな山賊のような姿である。

彼らは一気に旧鶴丸城周辺の政府軍守備隊陣地へと襲いかかった。百九十九日ぶりに踏みしめた故郷が力を与えてくれたのだろう、不意を突かれてあわてふためく政府軍を蹴散《けち》らすと、懐かしい私学校跡に陣を敷いた。

そして周辺の民家から鍋や釜を供出してもらうと、最後の抵抗のための弾薬作りに着手する。私学校から二の丸周辺にかけてと、その背後にある城山《しろやま》(標高百七メートル)が彼らの最後の拠点となり、頂上に本営が置かれた。

まだ中津隊も行動をともにしていたが、さすがにもうここが死地だという思いがある。鹿児島に入った九月一日、中津隊隊長である増田宋太郎《そうたろう》(福沢諭吉の再従弟《またいとこ》)は部下に帰国をうながしながら、自分は最後まで行動をともにするつもりだという決意を口にした。この時彼が涙ながらに語った。

「一日西郷先生に接すれば一日の愛が生じる。十日接すれば十日の愛が生じる」

という言葉は、西郷の人をひきつけてやまない魅力を表した名言として人口《じんこう》に膾炙《かいしゃ》している。

増田は西郷より一足早く、城山陥落直前にこの地で戦死した。二十八年の生涯であった。

晋どん、晋どん、もうここらでよか

西郷たちが鹿児島に現れたという報を受け取った時、山縣はまだ宮崎にいた。彼は〝包囲してこちらからは攻撃するな〟と命じる。長かったこの戦争を終結する攻撃命令は、自ら下したいという思いからであった。

山縣は到着してもあわてて攻撃せず、城山の周囲に二重三重の竹矢来《たけやらい》を巡らせ、猫の子一匹出てこられなくした。もう可愛岳《えのだけ》の奇跡の脱出劇の再現はない。今度こそ西郷たちに最期の時が迫っていた。

この時、薩軍内部では法廷の場で義挙の大義を明らかにし、あわせて西郷の助命を求めるべきだとの声が上がっていた。相談を受けた村田新八は、もはや遅かろうと言いながらも止めなかった。

そして九月十九日、小隊長である河野主一郎《しゆいちろう》と山野田一輔《やまのだいつぽ》は政府軍の本営へと向かった。最初はたらいまわしにされたが、ようやく翌日、川村純義との面会がかなう。

川村は二人の顔を見るなり、

「貴様らはとんでもないことをしてくれた！」

と、西郷をかつぎ出したことを責めた。それでも川村は、明治天皇の御慈悲が下ることを信じ、自分の一存で助命の条件を出した。明日には総攻撃が予定されている。今日の午後五時までに恭順《きょうじゅん》の意を示して降伏することがその条件だった。

河野は留められ、山野田だけが帰還を許された。結果として山野田は戦死し、河野は生き残ることになる。戦後は戦没者の慰霊に力を尽くし、西郷たちの眠る南洲墓地が今のように整備されたのも河野の力によるところが大きい。

そして二十三日、山野田が川村からの伝言を城山に持ち帰ってきた。時間の猶予はない。その報告を聞いた西郷は、

「回答の要なし！」

と断じ、全員枕を並べて討ち死にの覚悟を決めた。

この夜、薩軍では最後の宴《うたげ》が催された。謡《うた》いや舞、笑い声、それはまるで祝宴のようであった。中秋の名月の二日後にあたり、まだ丸い月が中天から彼らを照らしている。

やがて政府軍の軍楽隊が、城山から二キロほど西にある明神山《みょうじんやま》の山頂から惜別の意を込めて

西洋音楽を演奏し始めた。すると薩軍本営からそれに応えるように、薩摩琵琶の音色が地を這《は》うようにして聞こえてきたという。

距離を考えるとにわかには信じがたいが、当時はよほど静寂だったのだろう。その薩摩琵琶の音色はいつになく哀愁を帯びていたに違いなく、政府軍の中にいた薩摩出身者が軍服の袖を絞ったであろうことは想像にあまりある。

この時、大山巖《いわお》は空に数十発の花火を挙げさせた。幼い頃から世話になった西郷たちへの死出のはなむけのつもりであった。

そして二十四日午前三時五十五分、三発の号砲とともに政府軍の総攻撃が始まった。海からは艦砲射撃までもが加えられた。城山が今も殺風景なのは、この時、裸山同然となったためである。

午前五時頃には城山の頂上にあった薩軍本営が制圧される。西郷たちはそこから砲撃に追われるように山中を転々とし、最後は岩崎谷《いわさきだに》に今も残る〝西郷洞窟〟へと身を隠した。最初からここに洞窟があったわけではない。もともと砂をとるための〝砂取穴〟があったのを、スコップもない中、必死に掘って穴を大きくしたのである。

洞窟内で一息つくと、西郷はなぜか世界地図を眺め出したという。この国の行く末がどうなっていくかに思いを馳《は》せていたのではあるまいか。そして村田を呼ぶと碁を打ち始めた。およそ

城山の西郷洞窟（写真提供：西郷南洲顕彰会）

死が目前に迫っている人間の取る行動ではない。

政府軍がここに来るのも時間の問題だ。村田と一局打ち終わると、熊吉に命じ、下帯《したおび》（ふんどし）から何から新しいものと着替えた。死に装束である。紺の絹地の筒袖《つつそで》に白縮緬《しろちりめん》の兵児帯《へこおび》を締め、朱鞘の脇差とフランス製の拳銃をたばさんだ。

支度ができると、洞窟前に桐野利秋、桂久武、村田新八、池上四郎（五番大隊長）、別府晋介《べっぷしんすけ》（六番七番連合大隊長）、辺見十郎太ら四十人ほどの幹部が整列し、最後の閲兵《えっぺい》が行われた。どの顔にも悲壮感などなく、むしろ晴れ晴れとしている。

そして彼らは一列になって、谷間の細い坂道を下り始めた。弾丸は容赦なく降り注いでくる。桂が斃《たお》れ、ほかの将兵も次々に負傷していった。

辺見が、

「もうここでよかごあはんどかい？（もうここで

よいのではないですか）」

と西郷に自刃を促したが、西郷は、

「まだまだ、本道に出てから」

と、尻端折《しりはしより》をして走るように坂道を下り始めた。前後を五、六名の兵が盾となって守っている。途中で辺見が念のためもう一度声をかけたが、それでも西郷は、

「まだまだ！」

と言いながら歩みを止めなかった。

だが洞窟を出て三百メートルほど下り、島津応吉邸の前まで来たところで、突然西郷の巨体がどうとばかりに崩れ落ちた。股と腹を続けざまに銃弾が貫通したのだ。

村田たちは急いで駆け寄った。西郷のひたいには早くもあぶら汗がにじみ出ている。苦しそうな息の下、心配そうに集まった面々を見回して軽くうなずくと、かたわらの別府晋介に向かって、

「晋どん、晋どん……もうここらでよか」

と声をかけた。

これが彼のこの世に遺した最期の言葉となる。常人に数倍する重荷を背負った人生に、ついに終止符の打たれる時が来たのだ。

この時、別府は腰を負傷して駕籠に乗っていたが、足を引きずりながら降りてくると抜刀した。西郷は激痛に顔を歪《ゆが》めながら、万感の思いを込め、皇居の方角に向かって身体を折った。

この時、彼の胸中に去来したものは、果たして何であったか。

「ごめんなったもんし」

一礼した別府は背中越しにそう声をかけると、首を落とした。享年四十九。明治十年九月二十四日午前七時のことであった。

介錯《かいしやく》した別府はその場で自刃して果てた。

西郷の首は、政府軍に奪われまいと熊吉の手で布に包んで付近に埋められ、胴体部分だけは運んでいけるところまで運ぶことになった。折田正助邸門前に埋められたという説が有力だが異説も多く、明治末年に出版された『西南記伝』には九つもの説が挙げられている。

(先生が亡くなられた!)

西郷を守って戦うためだけにここまできた薩兵たちは、この瞬間虚脱状態に陥り、一斉に銃声が止まった。これに政府軍は戸惑い、様子を見ようとする。

この一瞬の隙をついて、幹部たちは死力を振り絞って岩崎谷口《いわさきだにぐち》を突破し、私学校の一角にあった防塁に立て籠《こ》もった。われに返った政府軍がここに殺到する。

「南洲翁終焉之地」碑
（鹿児島市城山町）

桐野は右足のすねに刀傷を負い、左の太ももと腹部に銃弾を受けてすでに血まみれになっていたが、それでも気力を振り絞って塁上に上がると銃を構えた。

そして一発撃つごとに、

「そら当たった！」

「今度は当たらなかった！」

と叫んでいた。

そこへ左右から政府軍兵士が這い上がってくる。かつて〝人斬り半次郎〟と恐れられていた彼は、それを一刀のもとになぎはらったが、その直後、狙いすました銃弾が額の真ん中を撃ち抜いた。たまらず仰向けにのけぞると、真っ逆さまに落ちて絶命した。

村田新八、池上四郎、辺見十郎太……みな壮烈な討ち死にをとげた。午前七時過ぎに銃声はやみ、あたりを静寂が包み込んだ。

午前八時頃山縣が検分のため塁に入ってみると、桐野をはじめ諸将三十九名が枕を並べて討死している。中でも村田の死に顔は壮絶なものだったと伝えられる。そこに一つだけ首のない大きな死体が横たわっていた。腕の古傷から西郷と知れ、すぐに首の捜索が命じられた。

しばらくすると政府軍に捕まった熊吉の証言から首が発見され、土まみれのまま運び込まれた。清水で洗ってみるとまさしく西郷である。山縣は静かに目礼すると、毛布を手に取ってその上にかぶせ、周囲の幕僚に賊軍鎮定の報を発するよう命じた。

たび重なる政府軍勝利の知らせにも、鬱々《うつうつ》と心晴れずにおられたのが明治天皇である。開戦初期に大阪鎮台で行われた出兵式にも出席されず、負傷兵の見舞いだけして帰京された。そして西南戦争の間、一度も西下されることはなかった。

昭和天皇が日米開戦時に引用された明治天皇の御製、

よもの海みなはらからと思ふ世に
　など浪風の立ちさはぐらん

は、日露戦争開戦時のものとされているが、実はこの西南戦争の時に詠まれた歌だという説もある。

そして西郷死すの知らせは、当日深夜、陸軍演習閲兵のためご滞在中だった習志野《ならしの》に届いた。

宿直であった藤波言忠《ことただ》侍従が奏上すると、

「とうとう死んだか……」

と沈痛の表情でつぶやかれた後、

「朕《ちん》は西郷を殺せとは言わなかった……」

と絞り出すような声でおっしゃられた。

それからしばらく御座所《ござしょ》に出御《しゅつぎょ》されなくなり、毎夜遅くまで深酒され、明け方まで続くこともたびたびだったという。

気散じにと皇后や女官を集め、〝西郷隆盛〟という題で和歌を詠じるよう命じられた天皇は、

「西郷の罪過《ざいか》をそしらないで詠ぜよ」

と、特に付け加えられた。

明治十六年(一八八三年)、侍講《じこう》の秋月種樹《たねたつ》は鹿児島を訪れた際、佐藤一斎《いっさい》の『言志四録《げんししろく》』を西郷自ら書き抜いた抄録《しょうろく》が椎原国幹《しいはらくにもと》(西郷の母方の叔父)の家に遺されていることを知り、東京へ戻って天皇の御覧に供した。

それを手に取られた明治天皇はハラハラと涙をこぼされ、

「朕、今日《こんにち》再び西郷に会うことをえたり……」

と仰せになられたという。秋月は後にこの抄録に解説を付し、『南洲手抄《しゅしょう》言志録』として世に出した。

こうした天皇の思いは、当然政府高官にも敏感に伝わる。山縣は西南戦争終結直後の十月二十四日と二十五日の二日にわたって、西郷に送った降伏勧告文を朝野《ちょうや》新聞紙上に〝涙の書簡〟として発表した。しばしば政府が言論弾圧した民権派新聞に掲載するとは悪い冗談としか思えない。

熊本鎮台の谷司令長官も西郷を哀惜《あいせき》する漢詩を発表するなど、誰も西郷が憎くて戦ったわけではないと急いで言い訳をし始めた。

そして西郷を死に追いやった人物として、大久保に人々の冷たい視線が集まっていく。

西南戦争平定の功を賞され、勲一等旭日大綬章《きょくじつだいじゅしょう》を受けた彼だが、この国を欧米列強に伍《ご》する強力な中央集権国家とする夢がある。西郷を失ってまでもそれを目指したのだ。不退転の決意で臨んでいた。だが天は無慈悲にもそんな彼に、西郷が死んで後、八カ月足らずしか時間を与えてはくれなかったのである。

郵便事業の整備に邁進《まいしん》していた前島密が、相談事があって大久保の屋敷を訪れた時のこと、夕食の席で大久保が妙なことを口にしたという。

「ゆうべ変な夢を見た。西郷どんと言い争って、しまいには取っ組み合いになり、西郷どんに追われてわしは高い崖から落ちてしもうた。頭をひどく石に打ちつけて頭蓋骨が砕け、中の自分の脳がぴくぴく動いているのがありありと見えたんじゃ」

そもそも大久保は、自分が見た夢の話などするような男ではない。前島には妙にこのことが気にかかった。

そしてその数日後、運命の明治十一年（一八七八年）五月十四日がやってくる。その日も大久保は早朝から多忙だった。午前六時には福島県令山吉盛典《やまよしもりすけ》と会い、安積疏水《あさかそすい》の件など、賊軍とされたために遅れた福島県の社会資本整備について二時間近くも話し込んでいる。

出勤はいつも二頭立ての馬車である。この日は太政官で緊急会議があり、いつもより早く行かねばならなかったのだが、子どもがなかなか離れてくれない。

彼は八男一女の子福者であったが、同時に非常な子煩悩《こぼんのう》でもあった。子どもを叱ったことがなかったとも言われている。末っ子の芳子《よしこ》はまだ二歳でかわいい盛り。仕方なく子どもたちを馬車に乗せて庭を一周し、

「さあさあ、もう行かせておくれ」

と懇願してようやく解放され、赤坂仮御所へと向かった。

午前八時過ぎ、馬車は紀尾井坂にさしかかった。

紀州、尾張、井伊の屋敷があったところから〝紀尾井坂〟と名付けられたこの坂は、当時は一面茫々《ぼうぼう》たる草むらで人が隠れていてもわからない。そこへ突然抜刀した男たちが飛び出し、大久保の馬車に襲いかかった。男たちは、石川県士族島田一郎、長連豪《ちょうつらひで》、杉本乙菊《おとぎく》、脇田巧一、杉村文一《ぶんいち》、島根県士族浅井寿篤《としあつ》の六名である。

後ろに乗っていた馬丁《ばてい》の芳松《よしまつ》は、暗殺者の襲撃に気づいて馬車から飛び降りた。背後から白刃が襲ったが、一瞬身をすくめたのが幸いして帽子を切られただけで済み、助けを求めに近くの宮内省目指して駆けに駆けた。

その間に、まずは長連豪が刀で左の馬の前脚を払った。しかしなおも駆けていく。続いて脇田が前額に刀をふるうと、さすがにどうと倒れた。右の馬も横腹を刀で突かれて血まみれである。御者《ぎょしゃ》の中村太郎は抵抗する暇もなく、短刀で喉を突かれて絶命した。

大久保は馬車の中から

「無礼者っ！」

と一喝したが、リーダー格の島田が馬車に駆け寄って戸を開き、手に持っていた刀で大久保の身体を刺し貫いた。

「ぐうっ……」

くぐもったうなり声をあげながら、大久保は凄《すさ》まじい形相《ぎょうそう》で島田をにらみつけた。

「その顔の凄《すご》さ、恐ろしさは、何とも言えぬものだった」

と、島田は後の取り調べの際、肌に粟《あわ》しながら述懐している。

次に左のほうからも、ほかの者が二刀、三刀と刺し貫き、血まみれの大久保を馬車から引きずり出した。するとと彼は、瀕死の状態でありながら、なおもよろよろと幽鬼のような姿で歩いたという。何という精神力であろうか。

「しつこい奴だ。とどめを刺せ！」

彼らは容赦なく、寄ってたかって乱刃《らんじん》を加え、なますのように切り刻んだ。検死の結果、全身に五十数カ所の傷を受けていたことが判明している。

その後、宮内省に駆け込んだ芳松の報で人々が現場に駆けつけた時には、すでに犯人たちは立ち去った後であった。

馬車の傍らに血まみれの大久保が仰向けに斃れている。何とその喉には大刀が一本、短刀が三本突き立っていた。御者席で息絶えている中村の喉にも短刀が刺さったまま。あまりの凄惨《せいさん》な光景にみな声もない。

そのうち急を聞いて前島も駆けつけてきた。血まみれの大久保に近づいて見ると、頭蓋骨が砕け、中からのぞいた脳がまだぴくぴく動いている。

大久保利通が襲われた紀尾井坂に近い清水谷公園（東京都千代田区）にある「大久保公哀悼碑」（著者撮影）

〈二、三日前に親しく聞いた公の悪夢を憶《おも》い出して慄然《ぞっ》とした〉

彼は『報知新聞』（明治四十三年一月二日付）に、そう書き残している。

この時、大久保が馬車の中で読んでいたのは西郷からの手紙だったと言われている。彼は何を思ってそれを読み返していたのだろうか。

豊後岡藩《ぶんごおかはん》の元家老で西郷とかねて深い親交のあった小河一敏《おごうかずとし》は、自宅でたまたま訪問客と話をしていた時に大久保の遭難を知らされた。

それを聞いた彼はしばらくじっと黙っていたが、やがて、

「ああ、天というものはあるか……」

と感に堪えぬ様子で漏らしたという。

上野の西郷銅像
（著者撮影）

西郷の名誉回復には時間がかかった。

再び不平士族の反乱が起こることを恐れた政府は慎重に様子を見たのである。賊名《ぞくめい》が晴れたのは、実に死後十二年が経過した明治二十二年（一八八九年）、大日本帝国憲法発布の大赦《たいしゃ》によってであり、正三位が遺贈されることとなった。

上野の銅像はそれを記念して計画されたものだ。幼馴染《おさななじみ》である吉井友実らが中心になって寄付金を集め、銅像製作の第一人者である東京美術学校彫刻科教授の高村光雲《こううん》に任せることとなったが、そこからもなお紆余曲折《うよきよくせつ》が待っていた。

まずは、どんな格好の銅像にするかである。軍服姿は西南戦争を想起させる。そこで猟犬を連れてウサギ狩りに出かける着流し姿が選ばれた。偉人の銅像としては極めて異例である。設置場所も問題となった。明治天皇の信頼篤《あつ》かった西郷である。皇居周辺に設置する案も出たが、結局そこまでの名誉回復は許されず、上野に設置されることとなる。

明治三十一年（一八九八年）十二月十八日午前十時、除幕式が行われた。建設委員長を樺山資紀、除幕委員長を川村純義が務め、山縣有朋、西郷従道、大山巖、黒田清隆、勝海舟、榎本武揚といったそうそうたる来賓《らいひん》たちが居並んだ。

もちろん彼の家族も招待されている。この時、銅像をしげしげと眺めていたイト夫人が、

「宿《やど》んし（うちの人）は、こげなお人じゃやなか……」

とつぶやいて周囲をあわてさせた。

それは巷間《こうかん》言われているように、容貌が似ていなかったからなのだろうか。福岡藩出身で、日露戦争の講和締結に尽力したことで知られる金子堅太郎《けんたろう》は〈顔かたちは上野の銅像そっくりの印象が残っておる〉と書き残している（『戊辰物語』東京日日新聞社会部編）。まったく似ていなかったはずはない。

むしろ、あれほど国家のために尽くした夫が、着流し姿でしか銅像にしてもらえなかったこ

とに対する抗議の言葉だったのではないだろうか。泉下の彼は笑って意に介さないだろうが、大久保利通が従一位《じゆいちい》を遺贈され、維新の功が格段に違う吉井友実でさえ正二位《しようにい》だが、西郷は正《しよ》三位《うさんみ》に甘んじている。

〈命もいらず名もいらず、官位も金もいらぬ人は、仕末に困るもの也。この仕末に困る人ならでは、艱難《かんなん》を共にして国家の大業は成し得られぬ也〉（『南洲翁遺訓』）

そう周囲に語った通りの人生を彼は生きた。西郷隆盛の無私の精神は、日本人の到達した一つの頂点である。

エピローグ　城山はゴルゴタの丘ではなかったか

内村鑑三《かんぞう》の書いた『代表的日本人』（英文原題『*Japan and The Japanese*（日本及び日本人）』）は、新渡戸稲造《にとべいなぞう》の『武士道』などと並び、わが国の文化、思想を海外に紹介するために英語で書かれた著作としてつとに知られている。

鹿鳴館《ろくめいかん》外交が欧米諸国の物笑いの種に終わったように、独自の文化を持たないサルまね国家は決して尊敬を受けない。彼はむしろこの国が、いかに成熟した独自の精神世界を持っているかを、五人の日本人の人生を通して伝えようとした。

そして巻頭を飾るべく選んだ人物こそ西郷隆盛だった。内村は、胸を張るようにしてこう述べている。

〈聖アクィナスの謙遜《けんそん》をもってしても、このわが西郷の謙遜にはおよばなかったでありましょう〉（『代表的日本人』岩波文庫）

トマス・アクィナスと言えばスコラ学を確立した十三世紀の神学者であり、キリスト教社会で最も尊敬される聖人の一人だ。「お国自慢の大言壮語か?」と冷笑されることを承知で、それでも内村はこう書かずにはいられなかったのだ。

彼はこの日本という国が、欧米列強と比べて寸分の引け目も感じるものではないと、揺るぎない自信を持っていた。いやむしろ資本主義に毒された欧米諸国の醜態を、金と物欲の邪神に毒されていると憐憫《れんびん》の情さえ寄せている。

そして、日本人の持つ高い倫理性と精神性を純粋に練り上げていった人物として、彼は自信を持って西郷を〝最後のサムライ〟(ラストサムライ)と呼んで紹介したのである。

西郷の人生と思想は尋常ならざるものであり、〝代表的〟という言葉からは遠く離れるものかもしれない。しかし彼の偉大さは、どの民族にも理解される普遍性を持っている。

それは人類が共通して抱き、宗教へと昇華した、人智を超えた何ものか(西郷はそれを〝天〟と表現する)に対する敬虔《けいけん》な気持ちであり、無差別、無定量な〝愛〟であった。

『南洲翁遺訓』をひもとくと、

〈天は人も我も同一に愛し給ふゆえ、我を愛する心を以て人を愛するなり〉

などという言葉が見られるが、それはまるで聖書の一節のようである。

西郷は柔軟な精神の持ち主であった。欧米思想も積極的に学ぼうとし、福沢諭吉の啓蒙書にも目を通し、薩摩の若者に慶應義塾への入塾を勧めている。

城山の西郷銅像(著者撮影)

南洲墓地にある西郷の墓（鹿児島市上竜尾町。著者撮影）

そして彼の出した結論は、
〈道は天地自然の物なれば、西洋と雖《いえど》も決して別なし〉（『南洲翁遺訓』）
というものであった。

内村鑑三は、西郷の「敬天愛人」の教えについて〈キリスト教に極めて近い位置にある〉と述べているが、清《しん》の康熙帝《こうきてい》が「敬天愛人」と書かれた扁額《へんがく》を天主教会堂に掲げさせたという史実が示すように、この言葉は以前からキリスト教と関連づけられていた。

ちなみに有馬藤太聞書《ききがき》『私の明治維新』（上野一郎編）には次のような一節がある。

〈ある日西郷先生を訪問すると「日本も

内村鑑三

いよいよ王政復古の世の中になり、おいおい西洋諸国と交際せにゃならんようになる。（中略）西洋と交際するにはぜひ耶《や》蘇《そ》の研究もしておかにゃ具合が悪い。この本はその経典じゃ。よくみておくがよい」といいながら、二冊ものの漢文の書物を貸してくれた〉

　聖書は旧約と新約に分かれている。この〝二冊ものの漢文の書物〟が聖書であることは、まず疑う余地がない。

　西郷のいきついた境地は、イエス・キリスト同様、人類全体に対する深い〝愛〟だったのではないか。そう思った時、薩摩の若者たちに担がれて西南戦争を戦い、終焉《しゅうえん》の地となる城山に向かっていく西郷の姿と、十字架を背負ってゴルゴタの丘を上っていくキリストが、二重写しになって心に浮かんだ。

西郷の死の直後、一陣の風とともに雷鳴がとどろいてはげしく雨が降り、城山の血を洗い流したという。ゴルゴタの丘でキリストが磔《はりつけ》になった時も、その直後に嵐が来た。

不思議な符合である。

あとがき

幕末、未曾有の国難に直面したこの国は、既存の体制の見直し程度で果たして独立国家として生き残れるのかを自らに問いながら、ある時は協力し、ある時は対立し、ついには誰が敵で誰が味方かもわからない状態にまで攪乱し、血みどろになりながら自らのあるべき姿を見つけ出していった。

開国に反発して攘夷を掲げ、それが倒幕になったはずなのに、気がついてみれば開国に戻っていた。新政府の掲げる政策も判然としないまま、自らの命を賭して戊辰戦争を戦った者も多かったが、結果として幕府は倒れ、廃藩置県にも成功し、中央集権国家の成立を見た。それは最も効率的な形で近代化を推進することのできる体制のはずであった。

しかし純粋に国を思う心を持っていた志士の多くは途中で斃れ、新政府が樹立された瞬間から猛烈な腐敗が起こった。西郷は腐臭に耐えられず、死んだ者に顔向けができないといたたまれなくなる。

だが現実主義者の大久保は、多少の問題には目をつむり、一刻も早くこの国を強くしようと急いだ。理想を追う人間には現実と妥協できる人間ほどの権謀術数はない。果たして西郷は明治六年の政変に敗れ、それでも第二の維新を目指そうとしたが、彼の思いとはまったく違う形で西南戦争が起こってしまう。

結局西郷は、一度目の維新には成功したが二度目の維新は果たせなかった。西南戦争は、大久保の国権的な中央集権国家か西郷の民主的な徳治国家かの二者択一に結論を出したのである。

しかし、彼の死は意味のないことではなかった。森の中の倒木のことを英語で〝*nurse log*〟という。倒木は新しく出ずる生命のための肥やしとなり、生命の循環を自らの死によって促進している。西郷もまた、多くの血を要求した明治維新の〝業《ごう》〟を一身に背負って死んでいくことによって、もう〝武士の世〟ではないことをこれ以上なく効果的な形で世の中に示し得た。そして新政府の求心力を高め、不満を封じ込めることに成功した。彼は大いなる〝*nurse log*〟だったのである。

われわれは、こうした先人たちの貴い犠牲の上に生きていることを忘れてはならない。襟を正して彼らの人生に思いを致し、命を賭けて守ろうとしたこの国への熱い思いを、西郷が果たせなかった徳治国家の夢を、今一度考えるべき時なのではないだろうか。

本書には、ワック株式会社の鈴木隆一社長、『歴史通』の立林昭彦編集長、恩蔵茂さん、装幀家の間村俊一さんほか、西郷南洲顕彰館の高柳毅館長、株式会社島津興業代表取締役副社長島津忠裕様、尚古集成館松尾千歳副館長、保岡興治元法相ならびに岩元章則様、山野博史先生、加藤晴之さん、川口浩司君、川北頼子さんほか、多くの方の御指導御支援をいただいた。

執筆の過程でのいろいろな出来事がよみがえってくるが、中でも格別なのが谷澤永一先生からいただいた言葉である。西郷隆盛を書きたいと申し上げた時、谷澤先生は、
「司馬さんは『翔ぶがごとく』を書き終えられてもなお、〝西郷はわからない。結局わからないままに終わった〟と言っておられた。難しいと思うが頑張りなさい」
と言って励ましてくださった。

先生が亡くなられて今年の三月八日で丸二年、三回忌になる。その喪失感は言いようがない。お会いするたび、見はるかす知の高みの風景を、何度も表現を変えながら語ってくださった。それは私にとって至福の時間だったが、このできの悪い弟子は衣鉢を継ぐどころか、その山裾にすらたどり着けずにいる。ただ一つだけ肝に銘じているのは、この国に古来〝学恩〟という考え方があることだ。師から受けた恩は返さねばならないという社会的責任である。

私も、先生からいただいた学恩の万分の一でも世の中に返していきたい。先生ほどの明るい

灯でなくても、それが社会の〝一隅を照らす〟ことになるのだと自分に言い聞かせている。
本書が、みなさんの心の中に小さな灯をともしてくれることを祈りつつ擱筆としたい。

平成二十五年三月八日
今は亡き谷澤永一先生の墓前に捧げる

北　康利

（参考文献）

『西郷隆盛全集』（全六巻）大和書房
『西郷南洲遺訓』岩波文庫
『西郷隆盛のすべて』濱田尚友著、久保書店
『斉興公史料』市来四郎編
『元帥西郷従道伝』西郷従宏著、芙蓉書房出版
『西郷隆盛』（全十四巻）海音寺潮五郎著、朝日文庫
『終わりなき命　西郷隆盛伝』南日本新聞社編、新人物往来社
『海舟座談』岩波文庫
『氷川清話』角川文庫
『島津久光と明治維新』芳即正著、新人物往来社
『鹿児島県の歴史』原口泉、日隈正守、松尾千歳、皆村武一編、山川出版社
『敬天愛人』（一〜十九号）西郷南洲顕彰会
『西郷南洲翁逸話』川崎三郎著、磊落堂
『西南戦争　西郷隆盛と日本最後の内戦』小川原正道著、中公新書
『島津斉彬』綱淵謙錠著、ＰＨＰ研究所
『大村益次郎』土橋治重著、成美堂出版

『龍馬を超えた男 小松帯刀』原口泉著、ＰＨＰ文庫
『西郷隆盛』田中惣五郎著、吉川弘文館
『島津斉彬』芳即正著、吉川弘文館
『島津斉彬の挑戦―集成館事業』尚古集成館編著、春苑堂出版
『寺島宗則』犬塚孝明著、吉川弘文館
『大久保利通日記』（全二巻）日本史籍協会叢書
『大久保利通』佐々木克著、講談社学術文庫
『大久保利通』毛利敏彦著、中公新書
『同時代史』（全六巻）三宅雪嶺著、岩波書店
『明治六年政変』毛利敏彦著、中公新書
『西郷さんを語る　義妹・岩山トクの回想』岩山清子・岩山和子編著、至言社
『西郷菊次郎と台湾』佐野幸夫著、南日本新聞開発センター
『西郷隆盛と徳之島』益田宗児著、浪速社
『代表的日本人』内村鑑三著、岩波文庫
『幕末動乱の男たち』海音寺潮五郎著、新潮社
『山岡鉄舟の武士道』勝部真長著、角川学芸出版
『西郷隆盛写真集』福田敏之編著、新人物往来社
『図解で迫る西郷隆盛』木村武仁著、淡交社

北　康利（きた・やすとし）

昭和35年12月24日名古屋市生まれ。東京大学法学部卒業後、富士銀行入行。資産証券化の専門家として富士証券投資戦略部長、みずほ証券財務開発部長等を歴任。平成20年6月末、みずほ証券退職。本格的な作家活動に入る。著書に『白洲次郎　占領を背負った男』（第14回山本七平賞受賞）『福沢諭吉　国を支えて国を頼らず』『吉田茂　ポピュリズムに背を向けて』『佐治敬三と開高健　最後のふたり』（以上、講談社）、『陰徳を積む　銀行王・安田善次郎伝』（新潮社）、『吉田茂の見た夢　独立心なくして国家なし』（扶桑社）、『同行二人 松下幸之助と歩む旅』（PHP研究所）、『日本を創った男たち』（致知出版社）、『名銀行家列伝』（中公新書ラクレ）、『叛骨の宰相　岸信介』（KADOKAWA）などがある。

命《いのち》もいらず 名《な》もいらず
西郷隆盛《さいごうたかもり》

2017年11月19日　初版発行
2023年11月 4 日　2刷発行

著　者　北　康利

発行者　鈴木　隆一

発行所　ワック株式会社
東京都千代田区五番町 4-5　五番町コスモビル　〒 102-0076
電話　03-5226-7622
http://web-wac.co.jp/

印刷製本　大日本印刷株式会社

ISBN978-4-89831-765-5